吴中统计年鉴

WUZHONG STATISTICAL YEARBOOK

2007

苏州市吴中区统计局 编

方志出版社

图书在版编目（CIP）数据

吴中统计年鉴．2007/苏州市吴中区统计局编．—北京：方志出版社，2007.7

ISBN 978-7-80238-087-5

Ⅰ．吴…　Ⅱ．苏…　Ⅲ．统计资料—苏州市—2007—年鉴　Ⅳ.C832.533-54

中国版本图书馆CIP数据核字（2007）第103069号

吴中统计年鉴（2007）

编　　者：苏州市吴中区统计局
责任编辑：罗　滔

出 版 者：方 志 出 版 社
（北京市建国门内大街5号中国社会科学院科研大楼12层）
邮编 100732
网址 http：//www.fzph.org
发　　行：方志出版社出版发行部
（010）85195814　85196281
经　　销：新华书店总店北京发行所
法律顾问：北京市京诚律师事务所
印　　刷：无锡时代印刷有限公司
开　　本：787 × 1092　1/16

印　　张：41
字　　数：515千
版　　次：2007年7月第1版　2007年7月第1次印刷
印　　数：001-800册

ISBN 978-7-80238-087-5/K · 832　定价：150.00元

《吴中统计年鉴—2007》编辑委员会

主　任：赵小平

副主任：杨　龙　吴菊林　顾焕忠

编　委：（以姓氏笔划为序）

尤根生　尹旭青　吴菊林　杨　龙

杨　慧　陈月锋　周一心　赵小平

顾焕忠　薛继红

《吴中统计年鉴—2007》编辑部

主　编：杨　龙

副主编：顾焕忠

编辑部成员：（以姓氏笔划为序）

尹旭青　卢　静　朱彩萍　张　燕

陈　洁　陈月锋　周加明　鲁莉琼

薛继红

彩页策划：张红星

编辑说明

《吴中统计年鉴－2007》以大量的统计数据，全面、系统地反映了2006年吴中区社会事业、经济发展、科技进步等各方面的发展情况，是一本信息密集的资料性年刊和工具书。

《吴中统计年鉴－2007》内容丰富，具体包括：综合、人口劳动力、农业、工业、建筑业、交通运输业、批发和零售 住宿和餐饮业、对外经济 市场主体、能源消费、固定资产投资、财政 金融 社会保险、人民生活、人才资源 科技活动、教育 文化 体育卫生、民政 司法、城市建设 环境保护等部分。

年鉴中所列示的苏州太湖国家旅游度假区简称度假区，其中包括光福镇、西山镇、香山街道办事处和西山农业示范园区。苏州市吴中经济开发区简称开发区，其中包括郭巷街道办事处、横泾街道办事处、越溪街道办事处、城南街道办事处。2006年吴中区对甪直、车坊、木渎、藏书、胥口、浦庄、渡村进行了区划调整，考虑统计数据的延续性，本年鉴中仍按上述各镇列示统计数据。

本年鉴中符号说明：

“…” 表示数据不足本表最小单位数；

“空格”表示该项统计数据不详；

“—” 表示无该项统计数据；

“#” 表示其中数。

本年鉴在编辑过程中，得到了社会各界的关心支持，在此深表衷心的感谢。由于编辑水平有限，如有不足之处，欢迎广大读者提出宝贵意见和建议，我们将在今后的工作中不遗余力地加以改进和提高。

编　者

二〇〇七年六月

地区生产总值

单位：亿元

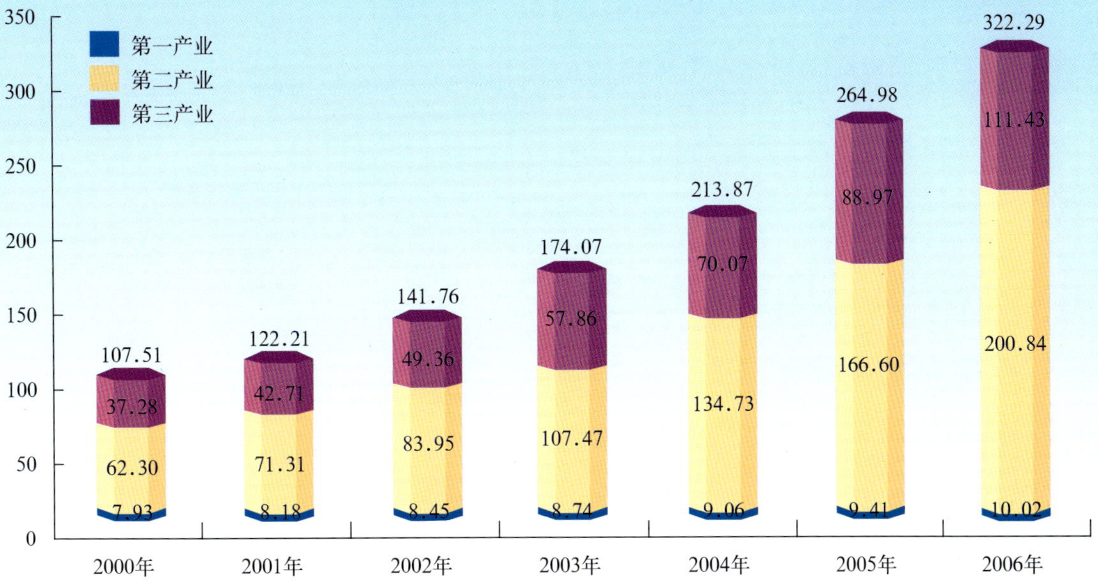

财政收入

单位：亿元

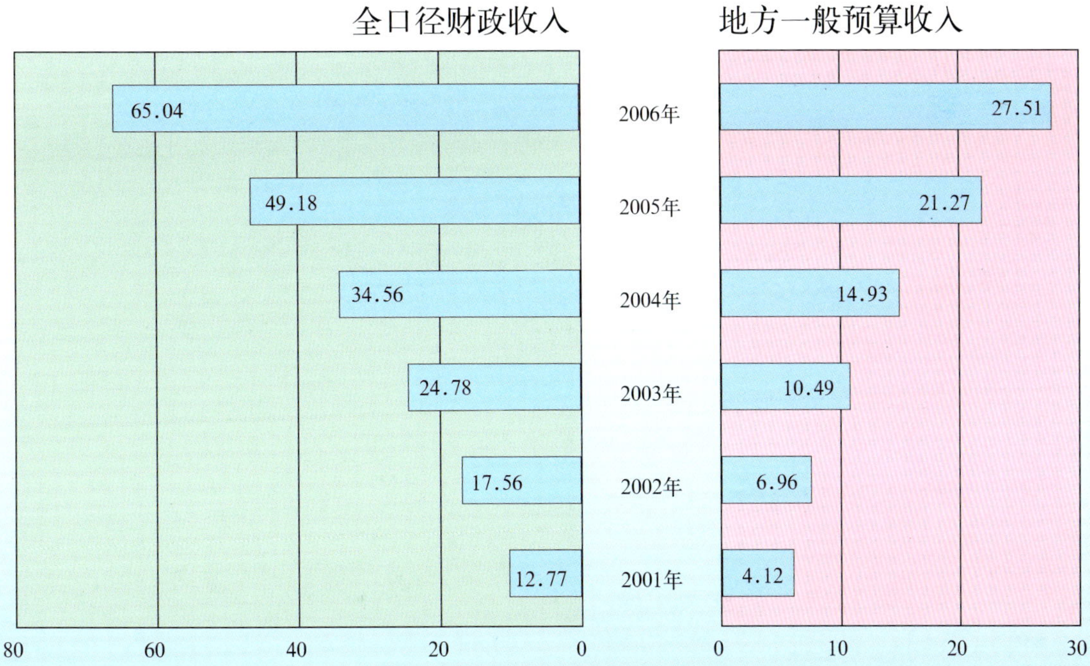

吴中区国民经济发展成果图

农林牧渔业总产值

单位：亿元

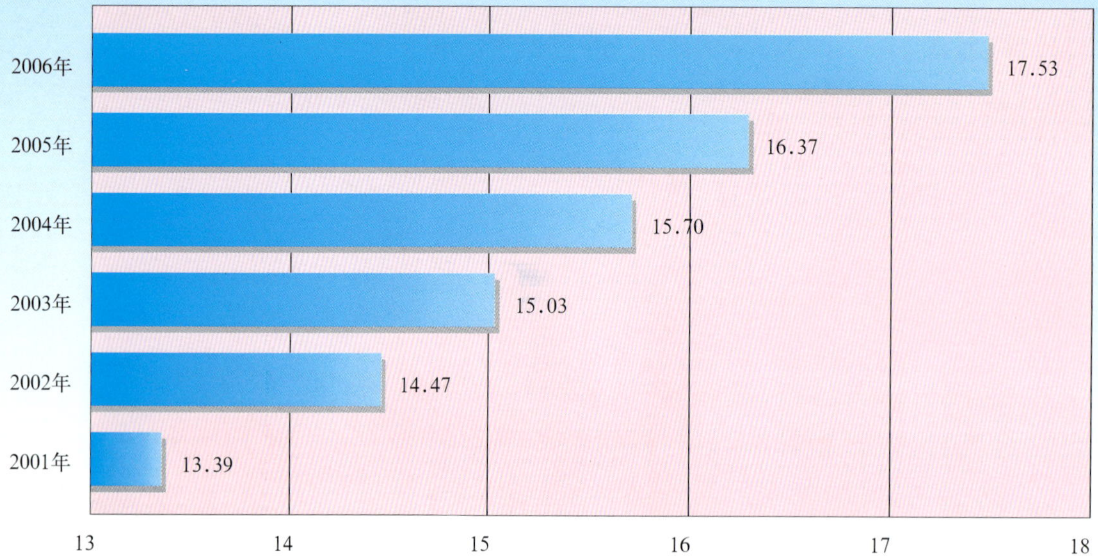

工业总产值

单位：亿元

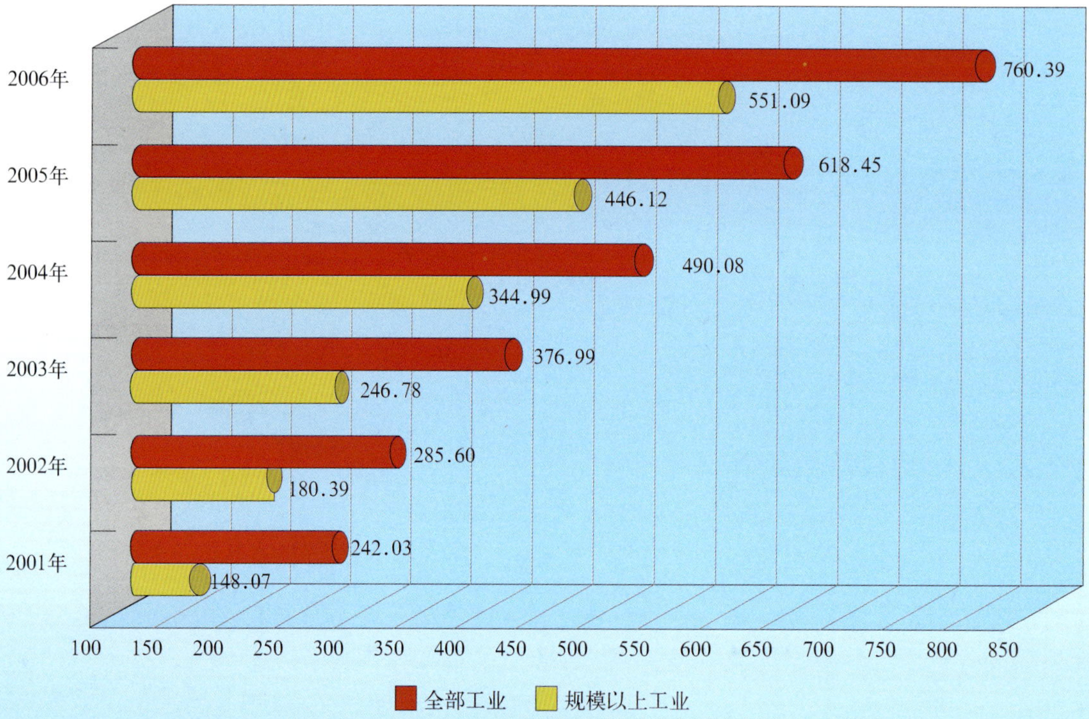

教学团队竞赛，并参加市、全国比赛，获苏州市中学组一等奖3项，全国中学组三等奖1项；苏州市小学组一等奖1项、二等奖2项，全国小学组特等奖2项，一等奖7项、二等奖1项。碧波实验小学“机器人”团队在各级各类竞赛活动中屡创佳绩，至今已获得10多项全国及世界冠军，学校被国际机器人奥林匹克委员会中国事务局、中国少年先锋队事业发展中心、青少年科普教育俱乐部联合授予国内首家机器人研发、培训基地。

国际机器人奥林匹克大赛“机器人爬楼梯”项目金牌获得者

教育发展水平不断提升。3周岁以上幼儿入园率达99.3%；小学入学率、巩固率、普及率、毕业率连续多年100%；初中入学率、巩固率、毕业率均达100%。残疾儿童少年和贫困家庭子女入学率均达到100%。初中毕业生升入高中段比例98.06%，普高与职高之比为49:51，高中段教育毛入学率达96%，中等职业学校毕业生就业率达到99.2%以上。劳动力人均受教育年限14年以上。高等教育毛入学率达51.53%。

学生良好个性充分发展。2006年学生在全国、省、市各类学科竞赛中屡获佳绩。29人次获全国一等奖、79人次获全国二等奖、100人次获全国三等奖；61人次获江苏省一等奖、121人次获江苏省二等奖、210人次获江苏省三等奖；90人次获苏州市一等奖、94人次获苏州市二等奖、116人次获苏州市三等奖。

吴中区中学生军训会操

苏州市吴中区科学

①

②

吴中科技创业园坚持“一流水准、制度创新”的工作方针，充分利用开发区的政策资源，引进国内外的高新技术企业和项目人园，以市场为导向，重点发展信息技术、新材料（包括生物医学材料、生态建筑材料、纳米复合材料等）技术、新能源技术、先进制造技术、环保工程等产业，致力形成有鲜明特色的研发与孵化基地。

创业园管理公司作为科技创业园的管理与动作主体，提供企业策划、法律咨询、风险投资、工商注册、学术交流、成果展示与交易等一系列服务，促进科技成果、科研项目转化为生产力，并利用园区完善的服务体系，为进驻创业园的高新技术企业提供全过程、全方位的一站式优质服务。

吴中科技创业园将加强与海外留学人员、国内外著名院校、科研机构、大企业集团研发中心的合作与联系，吸引高等院校、科研院所进园发展，吸引海外留学人员和中小科技企业进园企业。积极探索高新技术成果转化的有效形式和机制，不断完善园区的创业环境，努力培育有民族自主知识产权的产品和企业，迅速推动科技型企业快速成长，形成一批在国内外市场有一定知名度的骨干龙头企业，把科技创业园建设成为基础设施完善，信息网络发达、生态环境优美、企业富有活力、对高科技产业具有强劲推动力的、国内一流水平的科研开发和高新技术产业基地。

⑤

⑧

技术局

① 创业园主楼
② 综合孵化楼A楼
③ 苏州吴中科技创业园
④ 苏州东创科技园
⑤ 江苏省动物实验开放服务中心
⑥ 长江节能科技产业园
⑦ 吴中木渎科技创业园
⑧ 苏州博济科技园
⑨ 苏州石湖科技创业园
⑩ 西山国家现代农业示范园区

苏州市吴中区经济贸易局

中小企业局

吴中区经济贸易局（中小企业局）系全区工业经济的管理部门，2006年大力推进机关作风建设，着力打造“学习、调研、服务型”机关，把扶持和服务民营经济作为工作的重中之重，重点构建和拓展融资担保、远程教育、会展服务、信息资讯、创业发展、社会化服务等6个平台。其中，由该局牵头组建的苏州国发中小企业担保有限公司吴中分公司。2006年为70多家中小企业提供贷款担保75笔，担保金额达2.5亿元，缓解了中小企业发展中融资方面的燃眉之急。加强管理，做强做大工业资产。金茂工业园一期8.5万平方米标准厂房如期竣工，目前出租率达到95%以上。该局努力做好对上的争取工作，2006年为企业申报批准各类省市级技改项目26个，争取到各级财政支持880万元。为企业做好各类技改备案54项，帮助企业获得减免税收7000多万元。

2004年至2006年，该局连续三年被苏州市人民政府授予民营经济工作先进集体的荣誉称号，还获得吴中区区级机关“窗口服务”先进单位等荣誉称号。

苏州市吴中区民政局

2006年，吴中区民政工作突出重点，狠抓落实，较好地完成了年度工作任务，全区民政工作得到和谐健康发展。城乡居民低保在实现城乡全部覆盖的基础上，实现了应保尽保；对全区因灾、因病、因祸致贫的突发性困难户及时进行应急救助，“五保”供养得到全面落实，慈善募捐氛围初步形成，福利彩票销售首次突破二千万元大关超额完成任务；优抚政策得到严格执行，退伍士兵安置如期完成，实现了双拥模范区“四连冠”；基层政权建设不断加强，社区建设成效明显；区划地名、婚姻收养、殡葬管理等专项社会行政事务管理工作继续朝着依法行政、文明服务、寓管理于服务的方向推进；民间组织和社团管理严格有序；老龄和养老服务事业健康发展。全区民政工作在调节社会利益、化解社会矛盾、促进社会公平、维护社会稳定方面，充分发挥了应有的作用，为全区经济社会全面协调可持续发展和社会的和谐稳定做出了积极贡献。

“中福在线”开业庆典

老年文体活动丰富多彩

社区文化活动

社区创建工作会议

苏州市吴中区建设局

吴中区行政服务中心建设窗口

吴中区建设局是区政府主管全区建设事业的职能部门。多年来，全局在区委、区政府的正确领导下，在上级业务部门的具体指导下，坚持以“三个代表”重要思想为指导，认真贯彻十六届五中、六中全会精神，牢固树立和全面落实科学发展观，以服务社会主义新农村建设和加快城区改造为重点，统筹城乡协调发展，努力开创城市建设新局面。

2006年，全局全面完成了年度的各项工作任务，有力地促进了建设工作整体提高，全区在加快与苏州中心城区无缝对接的进程中，城市建设日新月异，城市总体服务功能进一步增强，人居环境进一步改善；新农村建设扎实稳步推进，村庄综合整治全面铺开，古镇古村得到有效保护和开发，房屋拆迁依法实施，城镇载体功能不断完善；建筑业与房地产业持续、快速、健康发展，建筑市场秩序和安全生产形势进一步好转，工程质量整体显著提高。

在完成各项建设任务的同时，全局机关立足转变职能、系统廉政建设和效能建设，积极打造服务型机关，加强行业管理，树立行业形象，被上级部门评为2006年度江苏省建筑安全生产工作先进单位、苏州市有形建筑市场建设先进单位、苏州市村镇建设先进集体和苏州市创建平安单位先进集体。

获国家双节双优金奖、省创星楼盘奖(胥香园)

局长：陈嘉维

地址：苏州市吴中东路169号建设大厦

电话：0512-65286004

传真：0512-65622129

邮编：215128

①	②
③	④
	⑤

⑥

①② 江苏省村庄整治示范村

③④ 古镇古村开发和保护

⑤ 苏州市“菇苏杯”获奖工程

⑥ 城区道路改造

苏州市吴中区

2006年，吴中区交通局在区委、区政府的正确领导和市交通局的业务指导下，以党的十六大及十六届四中、五中、六中全会精神为指导，开拓创新，迎难而上，团结一致，奋力拼搏，各项工作取得了显著成绩。主要表现在以下几个方面：

一是交通基础设施建设加快推进。吴中大道按照城市快速干道的标准实施改建扩建，主车道路面全线完工，灵天路、角直至锦溪公路、浦庄长青路苏东运河桥工程顺利完成，穹窿山景区茅蓬环山路工程、西山庭山路、藏书天池山路、东山紫金庵路、浒光运河虎山桥改建加快推进，太湖避风港工程即将竣工。太湖东路、开发区红庄、旺山公交首末站建设顺利推进。

二是交通行业管理进一步加强。认真实施了船型标准化、客运站牌标准化和农村班车通达等“三项工程”。全面完成了挂浆机船型标准化改造，共262艘，标准化改造率达100%；完成了《吴中区公共交通规划》编制，在建设红庄、太湖东路和旺山三个公交首末站的同时，积极配合盘蠡路、苏蠡路、东吴南路城市道路改造，实施完成公交候车亭建设13对，面对辖区内公交、班车线路尚不能覆盖的客运盲点，在木渎镇区、东山环山和开发区开通了区域性公交，在提高公共交通服务能力上有所新突破。开展了交通法制专项宣传，联合交警、公安、城管等部门，重点加大了对“黑中巴”、“黑摩的”的打击力度，形成了强大的舆论声势，基本解决了长期以来非法客运猖獗问题，有力地保障了客运市场秩序，并形成了一套长效管理机制，有力保障了辖区内运输市场秩序。加强巡路、巡航的力度，严肃查处超限运输和侵占、损害路产、航产的行为，保持了公路、航道的安全和畅通。工作目标责任制效果明显，交通规费征

交通局

收成绩显著。积极开展各类事故隐患大排查和对交通行业重点单位的安全监管工作，使系统安全工作和行业安全管理得到了有效加强。

三是交通服务水平得到进一步提高。以巩固、深化党员先进性教育活动和作风效能建设活动为载体，进一步切实转变职能，改进和加强工作作风，努力为管理对象办实事、做好事；进一步深化创建文明行业活动，巩固完善文明创建的成果；积极开展党群活动，调动了交通职工工作的积极性。树立了交通“为民、高效、务实、廉洁”的良好形象。

东方大道

吴中大道

苏州市吴中区

吴中区水利（水务）局在区委、区政府的正确领导和上级主管部门的指导帮助下，紧紧围绕2006年度工作目标任务，立足和谐社会和新农村建设，以建设和谐水利、实现人水和谐为目标，以建设水利安全网为基础，不断加快防洪除涝工程建设步伐，加大水环境整治力度，加强河道长效管理工作，全面推进城区污水处理工程建设，有效保障了水安全，改善了水环境，为吴中区经济社会可持续发展提供了良好的水利支撑和保障。

一是完善太湖治理工程建设。完成了环太湖大堤黄墅港、北港、新麓港等三座闸站的扩建工程，进一步增强了环太湖大堤的防洪能力。

二是推进水利配套建筑物工程建设。完成新建改建防洪闸16座，新建改建排涝站7座，改建灌溉站6座，新建山塘8座，完成衬砌渠道16.7公里，河道护坡46.3公里。

三是加大河道疏浚整治力度。完成疏浚整治村庄河道187条129公里，土方165万立方米，工程总经费达1237万元。完成打捞各类沉船518条，打通横泾新思、浦庄湖桥、角直等地的多处断头浜（河）。同时实施了区级河道苏东运河二期整治工程（浦庄、渡村段），整治长度11.6公里，总土方超过50万立方米，配套挡墙7.2公里，总投资超过1500万元。另外，还实施了藏书镇藏中河新开工程和渡村镇苏东新开河工程，其中藏书镇藏中河新开河道1.2公里，土方5万立方米，建设挡墙2.4公里，投资350万元；渡村镇苏东河至黄墅港新开河道2.3公里，河道宽度40米，土方25万立方米，新建挡墙4公里，新建公路大桥2座，总投资1500多万元。

四是完善河道长效管理机制。吴中区现有区级及以下河道1451条，1373公里，共聘用河道保洁员761名。全区各级各地坚持把河道长效管理工作摆上位置，不断完善长效管理机制，使吴中区的河道长效管理工作步入了正轨，基本做到了常年保洁，全区河道环境总体良好。

五是污水处理工程加快推进。城区污水处理厂扩建工程于4月全面竣工，完成投资1700万元，使城区污水厂处理能力达到了2万吨/日，污水排放标准达到了一级B标准。实施了吴中苑小区综合改造工程，雨污水全面分流，共铺设污水管道12公里，污水工程投资200万元。至此，城区西塘河以西2.1平方公里区域的污水收集工程全面完成，污水收集后全部送往苏州福星污水厂处理，平均每日收集并输送污水超过6000吨。完成了城区西塘河以东区域17公里道路污水管和北干河以南2.8平方公里内的居民小区和企事业单位的雨污分流改造工程，共完成投资5150万元。城南污水处理工程全面开工建设，至年底完成厂外管网建设20公里，共完成投资1亿元。

局　　长：殷忠明
党组书记：金永福
电　　话：0512－65250824
地　　址：吴中区吴中东路129号

水利（水务）局

城区污水处理厂

黄墅港闸

顺堤河

苏州市吴中区

苏州市吴中区卫生局是吴中区政府的卫生行政主管部门，行使卫生行政管理职能，内设办公室、人事、财务、医政和防保等5个职能科室，现有职工17人。下属卫生监督所、疾控预防中心、妇保所。卫生系统共有吴中和木渎两家二级综合性医院；老年病和皮肤病专科医院；12家乡镇卫生院。共有卫生技术人员2205名，执业医师（护师）1706人。

区卫生局担负着全区50多万人口的医疗、预防、保健、康复和卫生监督执法工作，在区委、区政府的领导及上级卫生主管部门的指导下，上下一心，精诚团结，开拓进取，奋发向上，在卫生事业改革、社区卫生服务、公共卫生保障能力等许多方面走在全市前列，全面完成了2006年年初的工作计划，取得了不菲的业绩，为全区经济建设和社会事业作出了巨大的贡献。

认真实践”三个代表”重要思想，我们始终坚持新时期卫生工作方针，以满足吴中卫生服务需求，以坚持以农村卫生工作为重点，以保障群众健康为己任，坚持深化改革，强化管理，严格依法执业，医药卫生体制改革取得突破性进展，三级医疗预防保健网络得到巩固和加强；卫生管理不断规范，医疗卫生服务质量明显提高；卫生执法力度进一步加大，卫生领域市场经济秩序得到了进一步规范；公共卫生服务功能得到有效强化，一些严重危害群众身体健康和生命安全的重大传染病得到有效控制，全区人民群众的健康素质明显提高，为保障全区群众的身体健康和促进“两个率先”作出了积极贡献。近年来积极开展“以病人为中心，以提高医疗质量为主题”的“医院管理年”活动、医院（卫生院）综合目标责任制考核、医院（卫生院）“药房协管”、治理医药购销领域商业贿赂等活动，缓解了群众“看病难看病贵”，赢得了较好的社会效益。

吴中卫生事业建设与发展的远景目标是：按照十六大全面建设小康社会的总体目标，根据区委提出

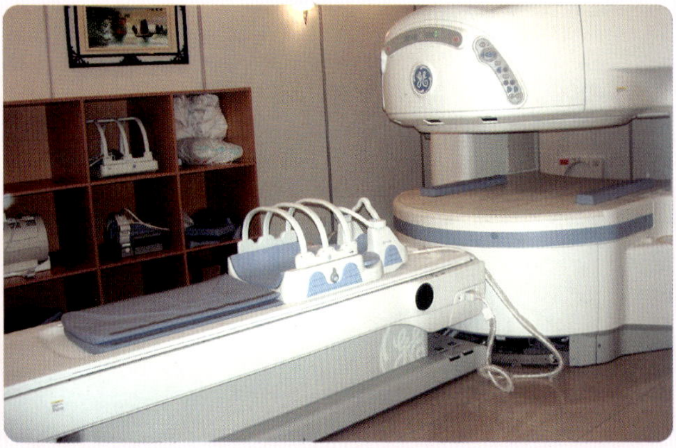

核磁共振仪

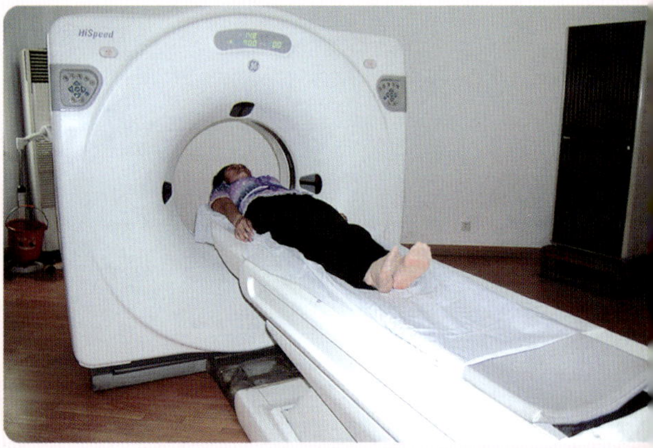

螺旋CT

卫生局

的加快推进吴中城市化进程要求，到2010年，建立一个与吴中地区发展相适应的现代综合卫生服务体系：以医院为核心的区域性医学中心；以社区卫生服务体系为外围，全面覆盖城乡地区的综合性医疗服务体系；以发展重点特色优势项目为主的学科体系；以慢性非传染性疾病和传染病防制为重点的城镇两级疾病预防保健体系；以综合执法为特征的强有力的卫生监督体系；以现代化、网络化为标志的医疗急救服务体系。

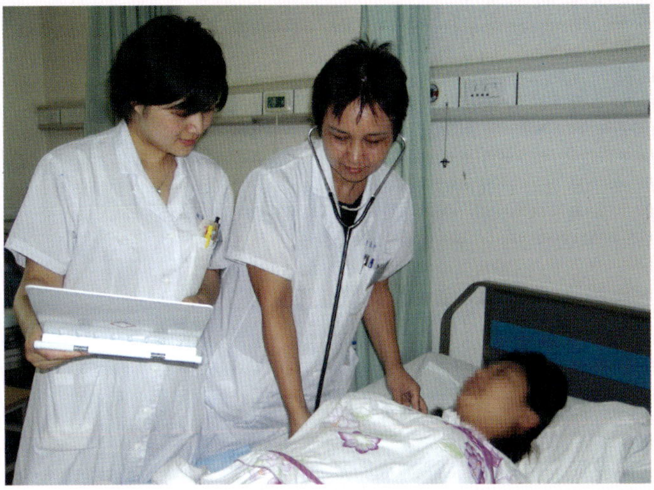

目标、任务已经明确，面临着良好的机遇和强有力的挑战。责任重大，任务光荣，关键在努力，关键在落实。让我们在区委、区政府的领导下，发扬求真务实的工作作风，团结奋斗，努力开创我区卫生工作新局面，为实现“两个率先”和富民强区的目标作出新的更大的贡献！

苏州市吴中区环境

吴中区环保局在区委、区政府和上级业务部门的直接领导下，在区人大、政协的关心监督下，在社会各界的支持下，坚持以邓小平理论和“三个代表”重要思想为指导，以实现“环保优先”为宗旨，与时俱进，开拓创新，坚持污染防治与生态保护并重，严格环境执法，强化环境管理，切实改善环境质量，维护群众环境权益，全面推进环境保护各项工作。

2006年，在环保系统全体干部职工的不懈努力下，全区环境质量进一步提升，水源地水质按地表水环境质量标准Ⅲ类标准评价，达标率为94.0%，太湖水质经Ⅱ类标准评价，达标率为94.3%。环境噪声达标区覆盖率达100%。空气质量达a到良好天数的比例为81.7%，小康社会环境质量综合指数86.1。

全面办结人大会议议案，基本实现工业

保护局

废水稳定达标排放。全区工业污染物排放总量保持平衡，削减COD排放总量864吨。主要河道水质达到水域功能区要求，水环境质量保持稳定。

不断开创环境综合管理新局面。在项目审批中，严格项目准入，2006年，规范高效审批项目3750件，比去年同期增加20%。环保执法重拳出击，全年现场监察频次达到3207厂（次）。2006年组织了八次环保专项执法检查，共检查316厂（次），立案查处24件，挂牌督办企业7家，有效震慑了环境违法企业，使环境违法案件明显下降。坚持以人为本，抓好环保信访调处，全年受理各类环境污染举报、投诉853件，通过积极开展专项整治活动，切实解决了群众身边的环境问题，维护了群众环境权益。认真开展太湖水污染防治和大气污染防治各项工作，使全区污染防治水平再上一个新台阶。积极实施生态建设与保护，加快生态工业、生态农业、生态服务业和生态环境建设，积极开展环境优美镇、生态村和绿色系列创建活动，全力推进国家生态区创建。进一步强化内部建设，队伍素质实现新提升，全局上下把人民的利益作为各项工作的出发点和落脚点，不断满足群众多方面要求，做到以利益导向帮民，以环境安全富民，以优质服务惠民。增强责任意识，促进环保队伍素质的提高，造就一支为民、务实、清廉、文明的环保队伍。

① 环保工作会议　　④ 绿色学校
② 环保宣传　　⑤ 污水处理
③ 生态村建设　　⑥ 环保监测

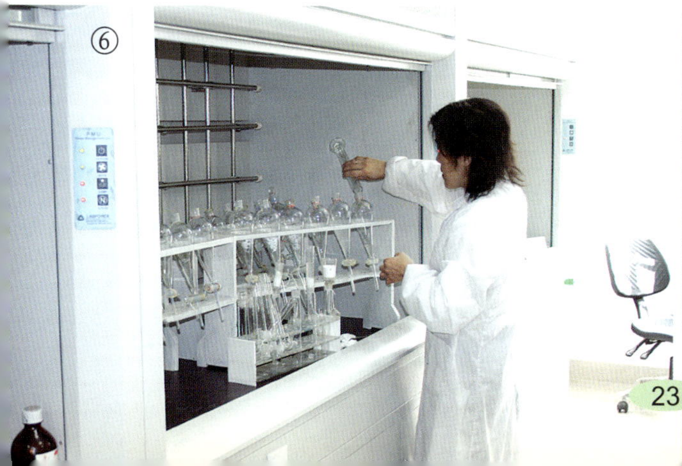

苏州市吴中区人口和计划生育局

2006年，区人口和计划生育局在区委、区政府的正确领导下，以"坚持科学发展，建设和谐吴中"为主题，以稳定低生育水平为首要任务，以提高出生人口素质为重点，创新宣教模式，倡导新型婚育文化；坚持以人为本，完善公共服务体系；推进依法行政，保障群众合法权益；坚持综合治理，加强流动人口管理；加快信息建设，实现管理服务现代化；开展人口研究，提高人口宏观调控能力；落实科学管理，提升基层工作水平；加强职业化建设，提升计生队伍综合素质。全面完成了市政府下达的各项指标任务，实现了"十一五"的良好开局，为建设社会主义和谐社会创造了良好的人口环境。

人口和计划生育局注重加强机关作风建设，提升干部素质，创建文明机关，树立良好形象，以队伍建设促工作发展，收到了良好效果。2006年，分别荣获江苏省人口和计划生育先进集体、苏州市人口和计划生育先进集体、2004～2005年度吴中区文明单位、吴中区先进基层党组织、吴中区社会治安综合治理先进集体、吴中区"三服务"先进集体等荣誉称号。

地址：吴中区东苑路48号
电话：0512-65283214
邮编：215128
网址：www.rkjsj.szwz.gov.cn

苏州市吴中区文化体育局

中央电视台“同一首歌”走进苏州吴中·相约碧螺春之乡

区文化体育局作为区政府的组成成员单位，是2001年3月撤市设区后由原吴县市的文化局和体育运动委员会合并而成的，为正科（局）级建制。工作范围和职能包括文化、体育、文物管理、新闻出版、文化市场管理、民族民间工艺等方面，具体工作业务受苏州市文广局、文物局、新闻出版局、体育局等部门的领导。2006年有机关行政编制11名，行政附属编制5名。其中局长1名，副局长4名，正副科长（主任）7名（包括兼职），主任、副主任科员4名（含退养2名）。文体局机关内设6个职能科室，均为股级，分别是：办公室、产业经济科、文化科、体育科、新闻出版管理科、财务科。2004年7月1日，新设立文体局驻区行政服务中心窗口1个，任命窗口负责人1名，为副股级。文体局2006年有10个下属单位，分别是：2个参照公务员管理事业单位（文物管理委员会办公室，文化市场管理办公室），5个全额拨款事业单位（文化馆、图书馆、少体校、体育市场管理办公室、苏州吴中孙武书院），3个差额拨款事业单位（沪剧团、评弹团、体育中心）。全系统共有编制数180名（含2个自收自支事业单位——角直保圣寺文保所、木渎韩世忠墓园文保所），实有在编人员124名，拥有中、高级职称的占29%。全区共有基层文体教育服务中心15个，基层文体教育服务中心共有工作人员75名，其中文体专职干部17名。

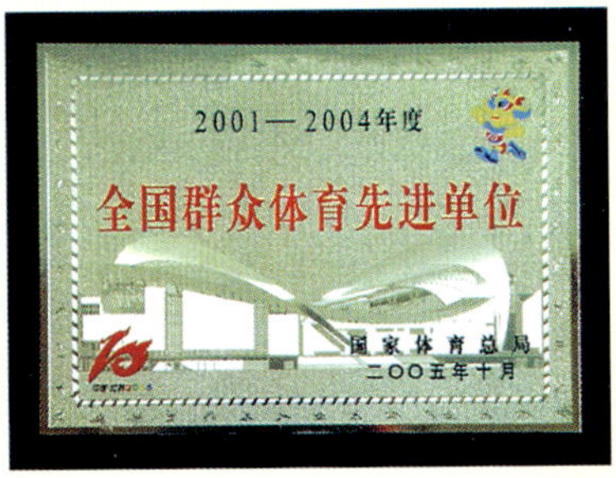

局党组书记、局长：李　强
地　址：苏州市吴中东路169号建设大厦12楼
电　话：0512—65251805
传　真：0512—65251785
邮　费：215128

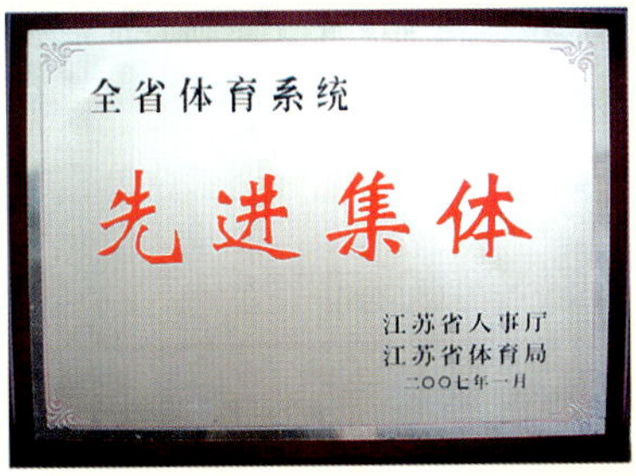

节庆文化活动影响深远

重大体育赛事接连不断

现代文体产业破冰解题

苏州市吴中区粮食局

粮食局是区政府主管粮食的行政管理部门，依据《粮食流通管理条例》，负责对全区粮食流通的监督管理，维护正常的粮食流通秩序。负责全区粮食收购、销售、加工的行政管理和行业指导。审核和认定本区粮食收购主体入市资格，监督管理全区粮食质量和粮食经营者执行粮食流通统计制度情况。制定实施全区粮食安全保障体系的建设规划。负责储备粮的计划管理，增强区政府对全区粮食流通宏观调控能力。加强全系统干部职工队伍建设。

局长：顾火泉

地址：苏州市吴中区宝带东路 400 号　　邮政编码：215128

电话：0512-65258230　　传真：0512-65258296　　电子邮箱：880778@163.com

在全区深入开展以放心粮油产品、放心粮食市场、放心粮油店为重点的放心粮油创建活动，积极营造放心消费环境。已创建的16家覆盖全区各个乡镇的“放心粮油店”，坚持做到品种多样化，质量标准化，服务优质化，管理规范化，起到了很好的示范和带头作用，确保了群众消费安全，受到了各级党委政府和群众的好评。

吴中区粮食储备库建有粮食存储区、粮食加工区、粮食交易区和配套设施服务区。总建筑面积为24790.7 平方米（分两期建设）。其中，粮食仓储区为 4 万吨仓容建设，粮食加工区建日产 300 吨大米的大米加工厂一座，粮食交易区可建交易门店 210 个，其中一期交易门店 60 户，二期建 150 户，配套设施服务区建 3300 平方米综合楼食堂及烘干房、码头等配套设施。储备库集粮油饲农副产品储存、加工、中转、交易、配送于一体；集粮油饲农副产品经营、军粮供应和省级、地方储备粮运作于一体；集传统现货交易与发展期货交易、进出口贸易和电子商务、网上交易、信息交易于一体；集传统市场交易与现代物流交易于一体。

地址：苏州市吴中区木渎镇禾粮路

邮编：215101

电话：66267004

苏州市吴中区物价局

吴中区物价局是区政府挂牌单位，一级局建制，是吴中区价格、收费管理、价格认证服务和价格监督检查的职能部门。其主要职能：负责贯彻执行国家价格方针、政策和法律、法规；贯彻落实上级管理的商品、服务价格和行政事业性收费；组织区内行政事业性收费年检；制定、调整区（县）级管理商品、服务价格，经营性收费标准；协调处理经济活动中出现的各类价格矛盾和价格纠纷；指导监督区其他业务主管部门的价格工作，指导管理区内各镇、街道办物价工作；同时，指导开展价格信息、价格咨询、价格鉴证、价格评估等服务工作；依法查处价格违法行为。

2006年，物价局围绕整顿和规范市场价格秩序做了大量的工作，取得了较好的成效。全年共检查单位45家（不含市场检查），查处价格违法案件39件，实现经济制裁85万元，其中上缴财政31万元。受理价格举报、咨询、投诉93件。全年共为公、检、法、司等执法部门和其他需要价格评估的单位评估价格1475件，评估总额达16亿元，为公正执法，公平交易提供了规范、有效的依据。

物价局认真加强队伍建设，切实转变全体干部职工的思想作风、工作作风，抓住创建“法治吴中”和市文明单位目标为契机，为吴中区经济发展作出物价部门应有的贡献。曾连续三届获区委、区政府授予的“文明单位”荣誉称号；多次获区“献血先进”单位的荣誉称号、“综合治理先进”荣誉称号；多次被上级物价部门授予价格（收费）管理先进集体、物价调控目标管理先进单位荣誉称号，2006年被上级授予2004～2005年度苏州市文明单位称号。

中共苏州市吴中区委党校

中共苏州市吴中区委党校前身系吴县市委党校，2001年吴县市撤市设区后，更名为吴中区委党校，现有在编教职员工39名，离退休人员38名，编外员工34名，其中，具有高级职称4名，中级职称5名，初级职称6名，下设一办（办公室）二部（客房部、餐饮部）三科（教育科、总务科、人事财务科）。吴中区委党校位于苏州市区，校址为宝带西路101号，占地面积23亩，建筑面积1万3千平方米，拥有标准客房141间，豪华单人房3间，豪华套房2间，一般套房3间，大中小会议室及教室15个。餐饮部拥有特级、一级厨师7名，大小餐厅7间，能够烹饪南北各种风味的菜肴，可以容纳350名学员在校学习与生活。学员楼配备三菱电梯和多媒体教学设备，房间内备有100兆宽带网络接口和虚拟程控电话，运动场集篮球、网球和羽毛球于一体，停车场可容纳二百余辆小车，校园内绿化、灯光、音响交相辉映。吴中区委党校地理位置优越，交通十分便利，门口设有通往市中心的“吴中党校”公共汽车站，是会议培训、专题研讨、联谊交友、商务洽谈、信息交流、访学考察、观光旅游、休闲度假的理想场所，是全国各地宾客来苏考察最理想的集散地。

在区委、区政府的正确领导下，该校的干部培训质量不断提高，函授学历教育不断壮大，对外社会办学不断延伸，内部管理水平不断提升。2006年围绕“贴近基层实际、把握时代要求、创出办学特色”的要求开展干部教育培训工作，共举办各种培训班49期，培训人数达5881人，主体班7期，937人；联合班7期，842人；条线干部班26期，3603人；外地干部班9期，499人。函授招生人数388名，位居苏州县（区）级党校第一。学校先后获得了江苏省文明单位、江苏省党校函授教育二十周年优秀学区、苏州市文明单位标兵、苏州市创建健康城市先进单位等荣誉称号。

舒适的就餐环境

安静的教学环境

校　　长：孙　卓　（区委副书记兼）
常务副校长：蔡正信
副 校 长：周凤祥　黄　东
电　　话：0512-67129365、67129200
地　　址：苏州市宝带西路101号

校园全景

苏州住房公积金管理中心吴中管理部

2006年，公积金吴中管理部在区政府的大力支持下，在市公积金中心的正确领导下，紧紧围绕“便民、高效、廉洁、规范”的服务宗旨，坚持“依法行政，办事高效，服务优良，群众满意”的工作目标，以非公企业住房公积金催建催缴为突破口，不断加大公积金的归集力度，公积金的归集使用、个人贷款等主要指标都有了快速增长，管理部的建设有了全面提高。

依法强化归集，实现住房公积金的持续增长。从维护广大职工合法权益出发，认真贯彻《住房公积金管理条例》，大力宣传公积金政策，加大归集监督力度，积极调动单位、职工自觉缴存公积金的积极性，提高广大职工的维权意识，最终实现了公积金归集额的持续增长。全年新增开户198个单位，新增缴存公积金15156人，净增缴存8603人。当年归集住房公积金达2.50亿元，较上年度增长了0.58亿元，增幅为30.21%，连续第四年住房公积金年增长率在20%以上，累计归集额突破10亿元，年底归集余额为5.59亿元。

大力发展公积金个人住房政策性贷款，加快改善职工住房条件。一年来，公积金吴中管理部以“规模更大、服务更优”作为发展个人住房贷款的努力目标。通过加大资金投入，扩大社会宣传，简化贷款手续，改善窗口服务质量等措施，实现了公积金个人住房消费贷款的快速增长，公积金贷款始终保持在运用率75%左右的最佳运用状态。全年共发放贷款992户，金额为2.03亿元，公积金贷款余额达4.41亿元，历年来累计发放公积金达7.01亿元，为5324户职工购建住房提供了资金保障。

严格管理，防范风险。认真贯彻落实市管理中心“四统一”的规定，根据内审意见，及时完善各项规章制度，确保资金动作安全；加强防范公积金个贷风险，强化“贷前审查、贷中检查、贷后监管、逾期即催”的措施，坚持“杜绝长期、消灭二期、监控一期”，已连续两年实现公积金贷款零逾期。

东吴广播电视管理中心

“同一首歌——走进吴中·相约碧螺春之乡”大型演唱会现场盛况

苏州广电总台东吴广播电视管理中心于2002年1月1日正式成立，它是在整合原吴县广播电视局单位的基础上，经苏州市委、市政府批准重新组建的独立法人单位。下设综合部、财务部、党群人事部、技术部、研究室5个职能部门。目前中心拥有一个广播频率（苏州生活广播网），一个电视频道（苏州生活资迅频道）以及网络总站（拥有吴中、相城、新区、园区近30万有线电视用户）、广视广告公司、影视策划部等，总资产达到3亿多元，已成为一个以广播、电视、网络为主业，兼营其他相关产业的综合性传媒实体。

生活资讯频道新栏目《民间收藏》的现场鉴宝活动

亮化一新的东吴塔

ICBC 中国工商银行 苏州吴中支行

历经二十多年的奋斗、耕耘，在金融改革与发展的大潮中，工商银行一路高歌，阔步跨越，2005年10月成立股份有限公司，2006年10月27日首创A+H同步发行模式，在上海、香港两地成功上市，开创了工商银行发展的新纪元。

乘着股份制改造的东风，工商银行苏州吴中支行认清新形势、明确新目标、迎接新挑战，落实科学发展观，始终坚持高标定位、率先发展，围绕质量效益这个中心，紧贴地方经济发展特点，强力开拓市场，稳步实施改革，创新服务手段，强化内部管理，注重企业文化，各项工作得到协调、快速、稳健发展，尤其是2000年以来，经营效益连年大副攀升，在苏州分行系统综合考评中2002年位居第二，2003年跃居首位，在江苏省分行县级支行综合考核中2002年和2003年分别名列第六名和第四名，并达到精品行标准。2004年被江苏省分行评为文明单位，并被苏州市政府授予市级文明单位称号，2005年再次荣获江苏省文明单位称号。

该行现有分布吴中城区、开发区、木渎、东山、光福、甪直等地网点15个，其中：综合网点6个，个金网点9个，并配有ATM等自助服务设备。该行正致力于分销渠道的规范化建设，逐步形成由财富管理中心、标准理财中心、一般理财中心、金融便利店、自助银行等定位清晰、多位一体的渠道服务体系。

事业之途无穷尽，更有新景在高峰。工商银行苏州吴中支行将秉承以客户为中心的经营理念，励精图治，奋发进取，努力打造“质量优良、结构合理、内控完善、管理规范、作风严谨、队伍精干、竞争有力、环境和谐”的现代金融企业。

吴中集团
WUZHONG GROUP

江蘇吳中集團有限公司

2006年8月，江苏省委书记李源潮视察吴中集团

2006年9月，吴中集团资产证券化项目获得圆满成功

江苏吴中集团有限公司组建于1993年，目前已初步形成实业制造、房地产开发、基础设施建设、教育投资、旅游投资、市政公用事业、汽车销售与服务、高新技术领域投资等多产业架构，始终保持着良性的快速发展。

2006年江苏吴中集团完成销售收入46.6亿元，实现利税总额4.35亿元，荣获苏州市委市政府颁发的“2006年度百强民营企业”等光荣称号，同时被列为2007～2008年江苏省重点培育发展企业。

2006年12月，吴中集团与中科院上海应用物理研究所进行电化学生物传感器项目签约仪式

2006年10月，吴中商城改造工程奠基

电话：0512-65620001
传真：0512-65251523
网址：www.wuzhong.com
E-mail：info@wuzhong.com

目 录

三、农　　业

八、对外经济　市场主体

九、能源消费

十二、人民生活

十三、人才资源　科技活动

十四、教育　文化　体育　卫生

“吴中风采”彩色插页目录

2006年吴中区国民经济和社会发展概况

2006年是“十一五”规划的开局之年，全区人民在区委、区政府的正确领导下，深入贯彻党的十六届五中、六中全会精神，坚持以科学发展观统领经济社会发展全局，务实奋进，开拓创新，扎实推进经济社会和谐快速发展，经济结构调整优化，增长方式加快转变，小康建设成果进一步巩固，富民强区、和谐社会建设取得新突破。

一、经济运行

综 合

经济总量持续攀升，产业结构继续改善。全区完成地区生产总值达322.29亿元，较上年增长21.6%，其中：第三产业完成增加值111.43亿元，增长25.2%。三次产业的比例为3.1∶62.3∶34.6，第三产业比重比上年提高1.0个百分点。按户籍人口计算的人均地区生产总值57346元，较上年增加8823元，按年末汇率折算人均地区生产总值达到7344美元。

财政收入快速增长，地方财力显著增强。全区实现全口径财政收入65.04亿元，地方一般预算收入27.51亿元，同比分别增长32.2%、29.3%。增值税、企业所得税和营业税是全区财政收入的重要组成部分，三者分别完成27.44亿元、8.32亿元、8.36亿元，同比分别增长25.7%、33.6%、31.3%，三者合计占全口径财政一般预算收入的比重达80.6%。财政支出结构不断优化，对科技、教育、农业、社会保障等领域的资金保障力度加大。

经济活力明显增强，全口径财政收入占地区生产总值的比重达20.2%，比上年提高1.6个多百分点。

农林牧渔业

都市农业产业化成效显著。围绕社会主义新农村建设要求，优化农业产业布局，农业产业化“六个一”工程加快推进，“康熙御茶碧螺春”、太湖大闸蟹、藏书羊肉等特色农产品的市场知名度和影响力全面提升，“太湖牌”太湖大闸蟹获中国名牌农产品称号，东山白沙枇杷和横泾无公害蔬菜等龙头基地、太湖生态农业等龙头企业不断发展壮大，水乡生态园、苏越生态园、涵村坞生态园等一批生态观光农业项目相继开发开放。

“三资农业”加速发展，全年共引进各类农业项目37个,总投资17.45亿元,增长22.8%,“三资”企业建立农产品生产基地面积已达14.37万亩，带动农户2.9万户。

大力推进绿色基地产业化建设。东山槎湾建设茶叶、枇杷经济林330亩，西山水月坞建设茶叶、枇杷经济林800亩，全年新建绿色基地2914亩，其中茶果经济林1461亩、苗圃1453亩，苗木、茶叶等经济林面积得到稳步扩展。

农业标准化建设进一步加强。到2006年末，全区拥有无公害农产品116个、比上年末增加30个，绿色和有机食品46个，比上年末增长9个。

2006年全区实现农林牧渔业总产值17.53亿元，同比增长7.1%。其中：农业4.88亿元、林业0.35亿元、牧业1.75亿元、渔业7.95亿元，同比分别增长0.81%、4.6%、3.4%、11.5%。主要农副产品产量如下：

表1:2006年吴中区主要农副产品产量情况表

产品名称	单位	2006年	2005年
粮　食	吨	40710	47373
油　料	吨	3395	3823
茶　叶	吨	272	226
水　果	吨	26084	27388
生猪出栏数	万头	11.73	10.30
生猪存栏数	万头	7.26	5.15
水产品产量	吨	25971	31358
#养殖产量	吨	17971	20558

农业综合机械化装备水平稳步提高，年末拥有农业机械总动力19.33万千瓦，拥有大中型拖拉机35台，联合收割机23台。全年农林牧渔业用电量2167万千瓦时，化肥施用量(折纯量)6278吨。

农村经济快速发展。全区实现农村经济总收入514.34亿元，同比增长9.8%。

工　业

全区工业坚持走可持续发展道路，克服煤、电等能源瓶颈的制约，工业经济继续在较高的平台上平稳、健康运行。工业总产值、销售产值双双创新高，分别达到760.39亿元和728.35亿元，比上年同期增加141.95亿元和137.78亿元，增长23.0%和23.3%，产销率达95.8%。实现全部工业主营业务收入723.46亿元，比上年同期增长22.3%；利税总额63.23亿元，同比增长21.4%；其中利润总额39.06亿元，同比增长19.1%。

规模以上工业再创历史新高。全区655家规模以上工业企业，总产值、主营业务收入双双突破500亿元大关，达551亿元和535亿元，分别比上年增长23.5%和23.7%，高于全部工业增长速度0.5和1.4个百分点，占全部工业的72.5%和73.9%，比上年提高0.3和0.8个百分点，利税总额33.27亿元，同比增长23.4%，支柱地位更加牢固。规模以上工业企业主要产品产量如下：

表2:2006年吴中区规模以上工业企业主要产品产量情况表

	单位	2006年	2005年	2006年为2005年%
发电量	万千瓦时	22451	17760	126.4
化学纤维	吨	48658	33602	144.8
布	万米	770	1718	44.8
服　装	万件	9805	7595	129.1
水　泥	万吨	271	250	108.6
生　铁	吨	67859	53970	125.7
钢　材	吨	78074	56648	137.8
电动工具	万台	91	137	66.4
家用吸尘器	万台	574	826	69.5
彩色电视机	台	27355	22950	119.2

工业结构调整优化，加快全区工业经济增长。到2006底，在吴中区工业企业中，国有企业、集体企业有23家，实现主营业务收入占全部工业的1.1%，创造利税占全部工业的1.5%；民营工业长足发展，与外商及港澳台工业平分秋色，民营企业3525家，实现主营业务收入占全部工业的46.2%，创造利税占全部工业的50.5%，外商及港澳台投资企业664家，实现主

营业务收入占全部工业的52.7%,创造利税占全部工业的48.0%。

大中型企业支撑带动工业经济增长。2006年，吴中区大中型企业完成总产值309.61亿元，同比增长17.5%，实现主营业务收入297.07亿元，同比增长19.3%，创造利税总额19.56亿元，同比增长11.1%。

新型工业蓬勃发展。近年来，吴中区大力实施新型工业战略，发展由生物医药、电子资讯、精密机械、新型建材和现代家电五大类组成的新型工业，使其成为全区工业新的经济增长点，并促进吴中区工业经济的全面增长。2006年，吴中区新型工业生产总产值381.57亿元，同比增长17.9%，实现主营业务收入367.48亿元，同比增长19.9%，创造利税28.48亿元，同比增长17.9%。二项指标占全部工业的比重均超过50%。

建 筑 业

建筑业持续健康发展。全区建筑施工企业全年完成建筑业总产值49.22亿元，竣工产值42.03亿元，较上年分别增长70.3%和78.8%，施工面积584.52万平方米，较上年增长20.4%，竣工面积270.14万平方米，劳动生产率由上年的11.64万元/人提高到14.11万元/人。

交通运输业

交通建设继续加快，公路、航道网络不断强化，综合运输能力得到提高。2006年交通系统全年完成客运量3549.2万人次，旅客周转量71454万人公里，较上年分别增长33.0%、27.0%。年末全区公路总里程981公里，其中三级以上公路845公里，内河航道通航里程326公里，拥有汽车43298辆，其中载客汽车36223辆，载货汽车7075辆。

国内贸易

消费市场持续繁荣，现代商业加快发展，消费环境日益优化，消费结构调整升级。2006年，全区围绕商贸流通“六大板块”和“十大市场”，加快建设步伐，城市中心商贸区建设升级全面启动，农副产品批发市场、花卉苗木市场、羊肉交易市场、汽车配件市场等各类专业交易市场初具规模、各具特色，这些专业市场不仅给商贸流通带来商机，也为零售市场带来生机和活力。居民消费结构加快升级，无论是住房、汽车、耐用消费品还是日用消费品的消费，品牌消费已进入快速发展阶段，各种名牌产品的消费量正节节上升。2006年，全区实现社会消费品零售总额99.71亿元，同比增长16.7%。其中批发零售贸易业、住宿餐饮业分别实现零售额83.69亿元、15.93亿元，同比分别增长14.7%和30.1%。

金融业

贯彻落实稳健的货币政策，金融形势良好。至2006年末，金融机构贷款余额282.49亿元，比年初增加48.87亿元。全区金融机构存款余额399.97亿元，比年初增加74.53亿元，其中：城乡居民储蓄存款余额192.13亿元，较年初增加29.89亿元。

房地产业

房地产业稳健发展，成功举办了苏州吴中·太湖房地产展示会，“山水苏州·居住吴中”品牌效应凸显。2006年，全区完成房地产开发投资38.3亿元，同比增长52.8%，施工房屋面积为336.22万平方米，同比增长66.9%，其中当年新开工面积140.64万平方米，同比增长37.8%；竣工房屋面积96.61万平方米，同比增长82.7%；商品房销售面积152.17万平方米，同比增长148.0%。存量房交易面积88.9万平方米，交易额14.4亿元。布局合理、经济繁荣、社会文明、环境优美、具有地方特色和文化内涵及浓厚时代气息的吴中新城初现端倪。

旅游业

着力打造“文化太湖、绿色太湖、健康太湖”品牌，大力弘扬吴地文化，建设优美生态环境，加强对古镇古村、名胜古迹的开发保护，完善度假休闲设施。以度假区为龙头的环太湖旅游经济圈影响力日益扩大，成功举办了碧螺春茶文化旅游节、太湖开捕节等旅游节庆和宣传促销活动，建成了中国苏州太湖旅游网。度假区被世界华人旅游组织评为“中国优秀旅游胜地”，越溪旺山生态农庄、东山三山岛入选全国农业旅游示范点，西山农家乐成为全市推广的试点区。古村落保护开发成效明显，东山镇陆巷古村、西山镇明月湾古村对外开放营业。穹窿山景区、东山镇碧螺景区、光福镇东崦公园等重点旅游项目建设进展顺利，景观标志水风车、太湖大桥公园绿化及景观工程全面竣工，高尔夫球场等正式对外营业。木渎镇被评为“全国环境优美乡镇”和“国家卫生镇”，光福镇被评为“中国最美的十大村镇”。2006年全区累计接待旅游者649.26万人次，同比增长24.6%；同期接待海外旅游者7.11万人次，实现旅游总收入54.86亿元，同比增长27.3%。

二、改革与开放

农村改革

新农村建设全面推进。全面实施新农村建设“八大工程”。完成了11个市级、12个区级新农村示范村建设规划编制。全区新组建各类合作社（协会）29家，新增股民（社员）3.8万人，各类农村经济合作组织发展到139家，受益农民19万人。横泾上林村土地股份合作社成为全国第一个领取工商执照的土地股份合作社。兽医体制改革全面完成。

对外贸易

2006年，全区对外贸易继续在高平台上快速增长。据统计，全区完成进出口总额431184万美元，同比增长22.1%，其中：出口245684万美元，进口185500万美元，同比分别增长23.1%和20.7%，出口增幅明显快于进口。外国和港澳台投资企业仍是吴中区对外贸易主角。2006年外国和港澳台投资企业完成进出口总额385574万美元，其中：出口总额206171万美元，进口179403万美元，同比增长均为22.0%，分别占全区总量的89.4%、83.9%、96.7%。

利用外资

2006年，开放型经济发展水平快速提升，投资渠道不断拓宽。成功举办了“苏州吴中·太湖经贸合作洽谈会”和赴南方、京沪以及赴东南亚、欧美地区的一系列重大招商活动。2006年，全区新批外商投资企业211家，新增注册外资11.04亿美元，完成到账外资4.41亿美元，同比增长14.0%，年内开工项目130家。至2006年末，全区登记在册的外商投资企业有1317家，投资总额87.26亿美元，较年初增长6.7%；注册资本43.78亿美元，较年初增长7.4%，其中外方认缴39.7亿美元，较年初增长4.8%。

外经合作

全区对外承包工程、劳务合作继续巩固发展。2006年，全区新签境外劳务合同金额130万美元，同期完成境外承包营业额319万美元。

引进内资

引进内资稳步增加。2006年，全区共引进内资项目223个，同比增加5个，投资总额19.85亿元，注册资金13.39亿元，同比增长8.6%；实际到账外地资金18.43亿元，同比增长0.4%。同期全区引进服务业内资项目104只，占总项目数的46.6%；投资总额17.8亿元，占总量的89.7%，注册资金12.58亿元，占总量的94.0%；实际到账外地资金16.65亿元，同比增长13.1%，占总量的90.3%，占比均比上年有较大幅度的提高。

个体私营经济

私营个体经济继续壮大。全区着力构建社会化服务平台，完善发展环境，大力鼓励发展民营经济，2006年，全区新增内资企业2454户，新增注册资本91.26亿元，同比增长53.3%，其中：新增私营企业2316户，新增注册资金82.11亿元；新开业个体工商户4591户，注册资金2.4亿元。至2006年末，全区内资企业总数达10787户，在册注册资本311.87亿元，较年初分别增长22.6%、46.1%，其中：私营企业总数达9281户，注册资金222.49亿元，分别较年初增长26.4%和52.9%。年末全区共有个体工商户19922户，注册资本8.32亿元，较年初增长19.2%。个体私营经济占全区经济的份额继续提高，全年个体私营经济上交各类税金18.47亿元，比上年增长37.5%，占全区全口径财政一般预算收入的比重33.7%，比上年提高2.3个百分点。

三、社会事业

科技事业

科技事业全面推进。自主创新能力进一步增强，全年共组织申报各级各类科技计划110

项，已批准立项39项。吴中科技创业园晋升为国家级科技创业园。高新技术产业快速发展，全区高新技术产品产值占规模以上工业总产值的比重达32.5%，比上年增长0.2个百分点。吴中科技城建设全面启动，已有芯园—芯联IC设计园、吴中生命科学园、吴中科技创业园、药明康德公司等项目进驻。木渎镇全面推进博济科技园等重点载体建设。胥口镇全面提升香山、胥江工业园的配套和管理水平。科技事业继续发展，申请国家专利673件，专利授权量223件，其中发明专利申请119件，吴中集团“新型生物科研试剂”等项目被列入国家“十一五”“863”计划。全区专业技术人员队伍较快增长，年末全区各类企事业单位共有各类专业技术人员34612人，其中：高级职称1701人，中级职称6876人，初级职称10692人。

教育事业

教育强区工程继续推进。吴中区被评为省普及高中教育先进区，木渎高级中学、胥口中心小学新校建成投用，吴中职教中心、渡村中学等新建项目顺利推进，吴中电大跻身全省普通高等职业学院行列，东吴外师升格为高等师范专科学校。“名师工程”成效显著，教育质量持续提升，中考、高考成绩优异，万人本科上线率居苏州大市前茅。教育收费管理继续加强，通过了市教育收费规范区考核验收，义务教育免费政策落实到位。加强技防设施建设，学校安全得到保障。继续关注民工子女义务教育，公办学校就读率稳步提高。至2006年末，全区有42所幼儿园，在园幼儿12762人；36所小学，在校小学生29279人；26所普通中学，在校中学生30902人，其中：初中学生18800人，高中学生12102人；9所中等职业教育学校，在校学生7824人。

文化事业

文化事业发展继续深入。文艺创作又创佳绩，《韵动中国》被选为三体会会歌，评弹“碧螺春茶”获第三届全国评弹艺术节表演金奖。文体产业加快发展，创办了苏州吴中孙子兵法院，开通了苏州孙子兵法网站。年末全区拥有文艺表演团体2个，全年演出达2749场次；公共图书馆1个，全年外借图书达10.1万册次；影剧院4家，电影放映队5个，全年放映电影770场次。民族民间文化和文物保护成效显著，甪直镇“水乡妇女服饰”、胥口镇“香山古建营造工艺”列入全国非物质文化遗产代表作公布名录，新增一批国家级、省级文保单位。至2006年末，全区拥有各级文物单位91处，其中国家级7处、省级16处；文物藏品达5129件，其中一级品52件。

体育事业

环太湖体育圈声名远扬，成功承办第三届全国体育大会滑水项目和轮滑世界杯等高规格体育赛事。全民健身工程深入推进，70%的行政村完成“省万村体育健身工程”建设。竞技体育再传捷报，举重选手陈艳青和吴中区引进选送的马拉松选手周春秀在15届亚运会上勇夺桂冠。

卫生事业

卫生事业快速发展。医疗基础设施投入继续加大，完成东山地区人民医院、渡村卫生院迁建工程和木渎人民医院门急诊楼移址新建主体工程，新建一批社区卫生服务站，完成省社区卫生服务先进区考核验收。深入开展爱国卫生运动，新增改水受益人口超万人，无害化卫生户厕达10971户。健康城市建设和农民健康工程有效推进，老年人体检、传染病和慢性病防治扎实开展，建立流动儿童计划免疫管理制度。全面启动人口出生缺陷社会化干预工程，实行婚姻登记免费“一站式”服务，婚检率提高至95%。和谐社区建设步伐加快，新增一批社区办公服务和居民活动场所，建成覆盖全区的社区信息管理系统，苏苑街道南区社区、龙西街道新苑社区、木渎镇香溪社区等社区被评为苏州市和谐社区示范社区。至2006年末，全区有各类医疗卫生机构231个，其中医院、卫生院19所；卫生技术人员2205人，其中医生960人，护师、护士746人；病床1609张。

社会保障

社会保障进一步健全，服务平台进一步完善。扩建开发区、长桥街道、角直镇劳动保障服务中心，成立开发区、木渎镇、角直镇劳动监察大队。城镇职工五大保险进一步得到巩固和完善，至2006年末，全区参加城镇养老保险参保单位4785户，参保人数为22.46万人，新增参保1.63万人；城镇医疗保险5001户16.44万人，新增参保3.94万人；城镇工伤、生育保险4688户12.53万人，各新增参保4.43万人；城镇失业保险4283户11.60万人，新增参保2.4万人；农村社会保障覆盖面不断扩大，至2006年末，参加农村养老保险10.94万人，农村合作医疗保险筹资标准提高到140元，农村合作医疗37.53万人，参保率和覆盖率均达100%。农保置换城保工作稳步推进，被征（使）用土地农民置换城保10.5万人。

最低生活保障标准进一步提高，实现"应保尽保"。全区共有3091户8342人纳入低保范围，分别比上年增加498户和1413人，其中城镇701户1689人，农村2390户6653人。

社会福利

社会福利事业进一步巩固和发展。新建扩建一批敬老院和社会养老机构，年末全区敬老院、福利院13家，总床位601张，在院人数335人。老龄、残疾人工作全面落实，残疾人就业、康复、培训等优惠扶助力度进一步加大。住房公积金覆盖面进一步扩大，廉租房建设全面启动。

四、民主法制和精神文明

民主法制

认真执行区人大及其常委会的决议、决定，自觉接受区人大及其常委会的依法监督和区政协及各民主党派的民主监督。主动向区人大常委会和区政协汇报、通报政府工作。认真办理人大代表议案、建议和政协常委建议案、政协委员提案，1件议案、86件建议和122件提案都已得到办理，满意和基本满意率达100%。深入推进"法治吴中"建设步伐，大力创建"法治江苏合格区"，全面启动"五五"普法。不断加强基层民主法制建设，全区60%以上的村（社区）建成"民主法治示范村（社区）"。

公共安全

"平安吴中"建设和社会治安综合治理进一步深入。扎实开展一系列专项行动，大力整治社会治安，严厉打击各类刑事犯罪。加大禁毒力度，积极创建“无毒社区”。科技防范建设水平进一步提高，建成路面治安监控点594个、科技防范治安卡口6个，全区重点地区、街面道路和农村主要交通路段技防监控达到100%。消防队伍和消防基础设施建设进一步推进，建成度假区和角直镇2个区域消防站，建成消防警务室13个，启动开发区区域消防站建设。群防群治和流动人员管理服务工作得到加强，建成集宿楼120万平方米。全面开展危险化学品、道路交通、矿山安全、人员密集场所、建筑施工、渡口渡船、作业场所职业危害等专项整治，着力整改重点安全隐患，安全生产继续保持平稳态势。加大防汛防旱、护林防火和动物防疫力度，制定《苏州市吴中区突发公共事件总体应急预案》，民兵应急分队作用得到充分发挥，保障公共安全和处置突发事件的能力进一步提高。完善民族宗教管理网络，民族宗教事务有效落实。

市场经济秩序

广泛深入地开展扫黄打非、价格欺诈、涉税犯罪、商业贿赂、打假治劣等各类专项整治行动。深入开展土地市场治理整顿，土地市场日趋规范。逐步完善区、镇、村三级食品安全监管网络，食品药品安全得到保障。进一步强化劳动监察执法，妥善调处各类劳资纠纷，维护职工和企业的合法权益。加强演出市场、娱乐场所、音像市场、网吧游戏房等重点领域的监管力度，净化文化消费环境。

精神文明

精神文明和谐发展。全面推进全国科普示范区、诚信一条街、“五好文明家庭”等文明创建活动。月浜社区百米文化墙等一批创意独特、内容文明健康的宣传栏获得好评。积极开展送科普、送电影、送文化进城下乡等科技文化服务活动。继续加强未成年人思想道德建设，全民素质提升工程扎实推进。

政府建设

政府自身建设进一步加强。认真学习和贯彻落实党的十六届六中全会和省、市、区党代会精神。大力度开展干部培训，不断提高广大干部的综合素质和创新能力。全面推进依法行政，继续深化政务公开、责任追究等制度，加强行政监察，机关工作作风和办事效率进一步好转，行政服务中心建设进一步完善。全面落实党风廉政建设责任制的各项要求，切实增强防腐拒变能力。继续强化审计监督，加大对领导干部任期经济责任审计、财政财务审计和固定资产投资项目审计力度。加强国有资产规范管理，盘活国有资产存量，国有资产得到保值增值，国有公司在全区城市建设中发挥积极作用。高度重视人民群众来信来访，认真办理政府网站《区长信箱》和《公众监督》，努力为群众解决实际困难，化解各类矛盾。政府各工作部门和各垂直部门都为全区“三个文明”建设作出积极的贡献。

五、城乡建设与环境保护

固定资产投资

全区继续全面贯彻落实国家宏观调控政策，投资结构得以优化。2006年，全区完成全社会固定资产投资142.05亿元，同比增长12.9%。工业仍然是吴中区投资的主要行业，全区完成工业投资78.16亿元，同比增长10.4%，占全区总投资的55.0%。同期，私营个体、外资及港澳台资企业分别完成投资59.2亿元、29.54亿元，同比分别增长36.9%、-11.7%。全年施工房屋面积772.62万平方米，比上年增长30.9%，竣工房屋面积242.95万平方米，房屋竣工率为31.4%，新增固定资产115.85亿元，固定资产交付使用率为81.6%。

基础设施建设

基础设施日趋完善。交通道路建设加快推进，按照城市快速干道标准实施改建的吴中大道，主车道路面全线完工，木渎灵天路、角直至锦溪公路、郭新东路、长青路苏东运河桥、城区夏莲路以及国防路延伸段工程顺利完成，穹窿山景区茅蓬环山路、郭巷通达路、西山庭山路、藏书天池山路、东山紫金庵路、浒光运河虎山桥改建加快推进，太湖避风港工程即将竣工，太湖东路、开发区红庄、旺山公交首末站建设顺利推进。开发区、木渎镇区和东山环山区域性公交顺利开通。吴中汽车南站候车厅改造竣工。水利水务和电力设施进一步完善。全面启动新一轮河道整治，疏浚整治187条农村河道，新开河道3.5公里。完成苏东运河二期整治工程，新开河道2.5公里。完成苏西线水利枢纽胥口船闸改造工程。新建改建一批防洪闸、排涝站、灌溉站。吴中新水厂一期工程全面竣工，日供水能力达到20万吨，西山、藏书、木渎三个镇级水厂完成扩建。城南污水处理厂一期工程全面启动。新建110千伏金庭、庄桥输变电工程，扩建110千伏尹山变电站，移址扩建35千伏文正变电站。

规划管理和城乡建设

城镇规划继续完善。全面推进“打造吴中新城，做美太湖山水”发展战略，加快城市化建设步伐，做优做美吴中城市环境。编制完成吴中城区整治规划和京杭运河风光带详规，加快了东太湖综合整治规划、东山、西山新镇区规划和一箭河周边地区详规的编制。进一步完善深化开发区各类详规，开展了角直、木渎、胥口、藏书等区域详规的编制。初步完成省市区三级新农村示范点建设规划和东山、西山古村落保护规划。实施木渎、胥口、角直、藏书、浦庄、渡村、车坊等地区的区划调整，有效整合各类资源。载体建设水平全面提升。高水平、高标准完善和规划建设一批载体项目设施。开发区继续完善旺山工业园二期等基础设施和配套设施建设。出口加工区启动区基础及配套设施建设基本完成，海关综合办公楼、海关监管仓库、标准厂房等即将竣工。吴中科技城建设全面启动，已有芯园—芯联IC设计园、吴中生命科学园、吴中科技创业园、药明康德公司等项目进驻，各项基础和配套设施建设顺利推进。各镇、街道也加大投入力度，有序开展拆迁安置，全力推进载体建设。木渎镇全面推进博济科技园等重点载体建设，加快金枫路商业街建设。角直镇继续完善凌港工业园等基础设施建设，着力推进旺府井商业街、清风角直忆江南等商贸旅游休闲区建设。长桥街道着力“退二进三”，拓展沿街沿路三产发展功能区。胥口镇全面提升香山、胥江工业园的配套和管理水平。光福镇全面开展东崦湖地区基础设施和环境建设。

环境保护

环境建设和保护扎实开展。大力开展环保整治行动，集中整治工业废水排放、建设项目环境管理等问题，工业废水、废气基本达标排放，工业污染物排放总量继续降低，加强饮用水源保护，强化河道保洁长效管理机制，加快建设节水型城市，全区水、气、声等环境质量继续好转。着力推进循环经济和清洁生产，单位GDP能耗下降4.4%，木渎光大环保产业园建设进展顺利，生活垃圾焚烧发电厂投运发电。生态建设和“绿色吴中”建设快步迈进，全区新增绿地面积超过1万亩，城区新增绿化面积11.8万平方米，完成绿化改造1.78万平方米，木渎被评为“全国环境优美乡镇”和“国家卫生镇”，光福被评为“中国最美的十大村镇”。山体复绿工程继续加强，完成一批废弃露采矿场复耕复垦，完成藏书花岗石料厂和胥口清明山10万平方米山体复绿。陆地取土运石全面禁止，矿产资源管理工作进一步加强。加快墓区环境整治，公墓绿化率达96%。深入推进市容环境整治和规范化管理，积极开展“天堂杯”市容管理达标创优竞赛等活动，建立市容环卫层级责任体系。积极开展城市出入口和旅游主干道沿线及景点周边的环境整治，市容环境面貌进一步改善。2006年，全区空气质量良好天数达标率为81.7%，水域功能区水质达标率80.0%，集中式饮用水水源地水质达标率达98.2%，城市环境噪声达标区覆盖率100.0%，工业废水处理率达100%，工业废气处理率达100%。

城区改造

城区改造快速推进。围绕全面融入苏州中心城区的要求，进一步加大城区道路、地块、节点和老住宅小区等改造力度。东吴南路、迎春南路、苏蠡路、盘蠡路综合改造、水香街立面店面改造工程全面竣工。东吴电视塔亮化工程全面完成，成为苏州南城新亮点。完成吴中商城拆迁，风情一条街规划建设全面启动。老县委县政府、吴城饭店、东吴商厦、苏苑饭店、华诚锦江酒店等重点地块和节点改造进展顺利。完成吴中苑小区、月浜一村二村、东吴新村北区、盘蠡苑综合改造工程以及苏苑市场升级改造工程。通过挖潜改造，新增停车位3000多个。基本完成城区西塘河以东区域污水收集主管网铺设工程和部分小区雨污分流工程。完成一批垃圾中转站、公厕等公共卫生设施的改建工程。

六、人口与人民生活

人口和就业

2006年末，全区城乡居民户籍总户数180644户，比年初增加1320户；户籍人口569750人，增加15494人，其中：男性280831人，女性288919人，男女性别比为97.2∶100。吴中区人口老龄化程度进一步加剧，总人口中60岁以上人口有91157人，增加4655人，占全区总人口的比重达16.0%，上升0.4个百分点， 2006年全区出生人口4770人，死亡人口3232人，计划生育率达99.78%，人口出生率为8.49‰，死亡率为5.75‰，人口自然增长率为2.74‰，比上年上升0.28个千分点。人口平均期望寿命78.94岁，比上年提高0.62岁。年内全区共迁入12803人，比上年减少2412人；迁出吴中区3177人，比上年增加1166人，人口机械增长率为17.1‰，下降7.2个千分点。年末总人口中城镇人口371477人，乡村人口198273人。城镇人口比重达65.2%。年末外来暂住人口达52.53万人，比上年增长25.4%。

全面实施以就业、各类保障、扶贫帮困为重点的社会保障工程。就业和再就业工作顺利开展，城镇登记失业率3.2%，较上年下降0.7个百分点。全区新增就业岗位4.3万个，1.3万名本地劳动力、9000多名失业人员实现就业和再就业。全区引进各类专业技术人才3506人，至2006年末，全区全部从业人员总数达43.07万人，其中：第一产业6.18万人，第二产业24.83万人，第三产业12.05万人。

市场物价

全年价格水平总体保持平稳。居民消费价格总指数为101.6，八大类指数呈五升三降态势，其中居住类价格涨幅较高。食品类、衣着类、家庭设备用品及维修服务类、医疗保健和个人用品、居住类价格分别比上年上升3.4%、1.3%、1.4%、3.6%和5.1%；烟酒及用品类、交通及通讯类、娱乐教育文化用品及服务类价格分别比上年下降0.4%、1.9%和2.0%。分类价格指数（以上年为100）如下表（资料摘自2006年苏州市国民经济和社会发展统计公报，单位：%）：

表3:2006年分类价格指数情况表

类　　别	2006年	2005年
居民消费价格总指数	101.6	102.4
服务项目价格指数	101.1	103.6
消费品价格指数	101.8	102.1
1.食　品	103.4	104.5
2.烟酒及用品	99.6	101.0
3.衣　着	101.3	101.2
4.家庭设备用品及维修服务	101.4	100.8
5.医疗保健和个人用品	103.6	99.4
6.交通和通讯	98.1	98.2
7.娱乐教育文化用品及服务	98.0	100.2
8.居　住	105.1	106.4
#水、电、燃料	103.8	104.4

人民生活

城乡居民生活水平不断提高。全区在岗职工平均工资28608元，比上年增长13.8%；城镇居民人均可支配收入为20432元，比上年增长12.1%；农民人均纯收入为9652元，比上年增长10.2%。生活质量较快提高，城镇居民人均消费支出为13659元，同比增长15.4%。农村居民人均生活消费支出7153元，同比增长11.7%。居民储蓄存款继续增加，年末居民储蓄存款余额192.13亿元，比年初增加30.21亿元，人均储蓄存款达3.37万元（按户籍人口计算），比年初增加4508元。住房条件进一步改善，年末城镇居民人均住房面积为32.2平方米，农民人均住房使用面积73.1平方米，分别比上年末增加1.9平方米和0.7平方米。

苏州市吴中区统计局

二〇〇七年八月十三日

综合

行政区划及自然概况

〖**行政区域**〗 2006年底，吴中区共有4个区、7个镇、8个街道办事处、1个场圃、75个居民委员会、95个村民委员会、2495个村民小组。

4个区：苏州太湖国家旅游度假区（国家级）、西山国家现代农业示范园区（国家级）、苏州市吴中经济开发区（省级）、穹窿山风景管理区。

7个镇：角直、木渎、胥口、临湖、东山、光福、西山。

8个街道办事处：长桥、郭巷、横泾、城南、越溪、香山、苏苑、龙西。

1个场圃：苏州市吴中区林场。

〖**位置面积**〗 苏州市吴中区位于江苏省南部、苏州市南部和西部、长江三角洲中部，据太湖之滨。地理坐标为北纬 30°56′～31°21′，东经 119°55′～120°54′之间。四周分别与苏州城区、苏州工业园区、苏州高新技术产业区（苏州市虎丘区）、昆山市、吴江市接壤，西衔太湖，与无锡市、宜兴市、浙江省湖州市遥遥相望。全区总面积742平方公里(不含太湖水域面积)。太湖水域面积2425平方公里，其中属吴中区的约1459平方公里。全境东西宽92.95公里，南北长48.1公里。

〖**地理交通**〗 吴中区地处长江下游，为太湖水网平原的一部分。整个地势自西向东微微倾斜，平原海拔高度自6.5米降至2米左右。境内水网稠密、湖荡众多。东部以平原为主，由水网平原、低洼圩田平原、湖荡水网平原、滨湖水网平原以及山前冲积平原构成；西部有低山丘陵，系浙西天目山向东北延伸的余脉，成“岛”状分布，孤立分布在太湖之中或沿岸平原。境内山脉最高峰为穹窿山，主峰笠帽峰海拔341.7米。土质以水稻土、黄粽土、沼泽土和石灰岩土4种类型为主。

境内水陆空交通便利。京杭大运河由北向南流经吴中区直抵杭州，是江苏南部的重要水运航道；苏州—嘉兴—杭州高速公路途经吴中区，是吴中区东部的交通要道；苏州绕城高速公路跨越全区大部，并与沪宁高速、苏嘉杭高速、苏沪高速公路环通，构成全区的交通大动脉；苏州至上海虹桥国际机场快速公路自西向东横穿历史文化古镇——角直，使该镇到达虹桥国际机场的行车时间仅需50分钟；东方大道、东山大道、吴中大道、木渎大道分别贯通了城南工业带中心区与南部配套区、东部配套区、西部配套区的联系，从而将200平方公里城南工业带融为一体。另外，沪宁铁路、沪宁高速公路和312国道近在咫尺；全国内湖最长的公路大桥——太湖大桥把太湖中的孤岛西山镇与城区连结起来，使之成为现代农业开发和旅游度假的胜地。

〖**气　　候**〗 苏州市吴中区属中亚热带北缘、季风气候过渡类型。因受太湖水体的调节作用，具有四季分明、气候温和、雨量适宜、日照充足、无霜期较长的特点。2006年平均气温17.8℃，年极端最高气温37.7℃，出现在7月3日，年极端最低气温-4.5℃，出现在1月8日。年总降水量1018.6毫米，年降水日124天，一日最大降水量为74.4毫米，出现在7月5日。上年度终霜日为3月14日，本年度初霜日为11月15日。年日照总时数1787.9小时，年日照百分率为40%。

表 1-1 行政区划、区域面积、人口、从业人员

	单位	2006 年	2005 年
行政区划			
1.区、镇、街道	个	19	21
#街　道	个	8	8
镇	个	7	10
2.村委会	个	95	107
居委会	个	75	75
3.村民小组	个	2495	2687
区域面积			
1.区域面积（含太湖水域）	平方公里	2201	2201
（不含太湖水域）	平方公里	742	742
2.年末耕地面积	公顷	16392	17591
#水　田	公顷	15187	16301
人　口			
1.年末户籍户数	户	180644	179324
2.年末总人口	人	569750	554256
#非农业人口	人	217991	206704
#女　性	人	288919	281244
⑴18 岁以下	人	86561	88386
⑵18～35 岁	人	145884	140380
⑶35～60 岁	人	246148	238988
⑷60 岁以上	人	91157	86502

表 1-1 续表

	单位	2006 年	2005 年
3.年平均人口	人	562003	546088
年末每户平均人口	人	3.15	3.09
4.年内出生人口	人	4770	4794
出生率	‰	8.49	8.78
年内死亡人口	人	3232	3453
死亡率	‰	5.75	6.32
年内自然增长人口	人	1538	1341
自然增长率	‰	2.74	2.46
5.年内迁入人口	人	12803	15224
年内迁出人口	人	3177	1981
6.人口平均预期寿命	岁	78.94	78.32
#男	岁	76.79	76.07
女	岁	81.11	80.66
7.年末暂住人口数	人	525330	418906
#男	人	259756	202168
女	人	265574	216738
从业人员			
全社会从业人员	万人	43.07	39.20
#第一产业	万人	6.18	6.20
第二产业	万人	24.83	22.40
#工　业	万人	22.62	20.35
第三产业	万人	12.05	10.60

表 1-2

国民经济主要指标

	单位	2006 年	2005 年
地区生产总值			
1.地区生产总值（现行价）	万元	3222866	2649764
⑴第一产业	万元	100229	94071
⑵第二产业	万元	2008355	1666028
#工　业	万元	1848661	1524428
⑶第三产业	万元	1114282	889695
第三产业增加值占 GDP 比重	%	34.6	33.6
2.人均地区生产总值	元	57346	48523
地区生产总值密度	万元/平方公里	4343	3571
万元地区生产总值耗电量	千瓦时	1093	1113
农　业			
1.农业总产值（现行价）	万元	175282	163700
2.农业总产值（1990 年不变价）	万元	73796	68100
3.主要农产品产量：			
粮　食	吨	40710	47373
油菜籽	吨	3395	3823
茶　叶	吨	272	226
水　果	吨	26084	27388
蚕　茧	吨	29	37
水产品	吨	25971	31358
生猪出栏数	万头	11.73	10.30
生猪存栏数	万头	7.26	5.15

表 1-2 续表 1

	单位	2006 年	2005 年
工　业			
1.企业个数	个	4212	3903
#规模以上	个	655	629
#高新技术产业	个	121	118
#内资企业	个	312	308
#国有、集体企业	个	14	22
私营企业	个	271	256
港澳台和外商投资企业	个	343	321
2.全部职工年平均人数	人	318425	270282
#规模以上	人	191162	170580
3.资产合计	万元	5685477	4807676
#规模以上	万元	4916987	4132995
4.工业总产值（现行价）	万元	7603913	6184460
#规模以上	万元	5510860	4461151
#高新技术产业	万元	1792474	1475772
#内资企业	万元	1530458	1228392
#国有、集体企业	万元	67071	69368
私营企业	万元	1049088	849246
港澳台和外商投资企业	万元	3980402	3232759
5.工业销售产值（现行价）	万元	7283467	5905725
#规模以上	万元	5328737	4310578
6.产销率	%	95.8	95.5
#规模以上	%	96.7	96.6

表 1-2 续表 2

	单位	2006 年	2005 年
7.主营业务收入	万元	7234626	5915984
#规模以上	万元	5348884	4325476
#高新技术产业	万元	1692616	1356797
#内资企业	万元	1492703	1216473
#国有、集体企业	万元	57893	61242
私营企业	万元	1037204	851869
港澳台和外商投资企业	万元	3856181	3109003
8.利税总额	万元	632296	520825
#规模以上	万元	332720	269595
#高新技术产业	万元	108665	111129
#内资企业	万元	73153	55403
#国有、集体企业	万元	3014	3662
私营企业	万元	52574	39235
港澳台和外商投资企业	万元	259567	215223
9.利润总额	万元	390602	327913
#规模以上	万元	210580	172465
10.年末固定资产净值平均余额	万元	1970208	1627678
#规模以上	万元	1591656	1317106
11.年末流动资产平均余额	万元	3242441	2630066
#规模以上	万元	2736355	2185642
12.资本利税率	%	12.0	12.2
#规模以上	%	7.7	7.7
13.人均利税额	元/人	19857	19270
#规模以上	元/人	17404	15805

表 1-2 续表 3

	单位	2006 年	2005 年
14.规模以上工业企业主要产品产量：			
钢　材	吨	78074	56648
水　泥	万吨	271.01	249.59
生　铁	吨	67859	53970
服　装	万件	9805.29	7595.20
印染布	万米	770	1718
化学纤维	吨	48658	33602
彩色电视机	台	27355	22950
家用吸尘器	万台	573.92	826.22
电动工具	万台	90.74	136.74
建筑业			
建筑业企业个数	个	112	85
建筑业总产值	万元	492177	289108
竣工产值	万元	420259	235057
房屋建筑施工面积	万平方米	584.52	485.51
房屋建筑竣工面积	万平方米	270.14	161.25
计算劳动生产率的年平均人数	人	34893	24833
建筑业全员劳动生产率	万元/人	14.11	11.64
交通运输（交通系统内）			
客运量	万人次	3549.2	2669.1
旅客周转量	万人公里	71454	56247

表 1-2 续表 4

	单位	2006 年	2005 年
固定资产投资			
1.全社会固定资产投资完成额	万元	1420520	1258529
(1)第一产业	万元	2370	3760
第二产业	万元	784937	714369
#工　业	万元	781607	707669
第三产业	万元	633213	540400
(2)国有经济	万元	70568	159379
集体经济	万元	167931	94139
外资及港澳台经济	万元	295350	334412
私营个体经济	万元	592047	432466
其　他	万元	294624	238133
(3)城镇投资	万元	363912	332775
农村投资	万元	673600	660568
房地产开发投资	万元	383008	250730
城乡个体投资	万元	—	14456
2.本年新增固定资产	万元	1158487	840291
3.商品房销售建筑面积	万平方米	152.17	61.35
#住　宅	万平方米	139.64	59.69
商品房销售额	万元	710589	260563
#住　宅	万元	639529	254501

表 1-2 续表 5

	单位	2006 年	2005 年
国内贸易			
社会消费品零售总额	万元	997137	854442
#批发和零售业	万元	836904	729775
住宿和餐饮业	万元	159333	122433
对外经济			
1.自营进出口总额	万美元	431184	353235
#出口额	万美元	245684	199594
进口额	万美元	185500	153641
2.新批利用外资项目	个	211	194
当年新增合同利用外资	万美元	215124	220073
当年新增注册外资	万美元	110436	120890
当年实际利用外资	万美元	44083	38663
3.境外承包劳务合同金额	万美元	130	430
完成对外承包营业额	万美元	319	359
4.接待境外旅游者人数	万人次	7.11	11.71
接待境外游客人天数	万人天	6.67	10.12
旅游外汇收入	万美元	1371	2156
引进内资			
协议引进内资项目	个	223	218
协议引进投资总额	万元	198491	311485
内资项目注册资本	万元	133856	123300
#外地注册资本	万元	133856	122764
实际到账外地资金	万元	184341	183695

表 1-2 续表 6

	单位	2006 年	2005 年
市场主体			
1.年末个体工商户数	户	19922	18157
年末个体工商户注册资金	万元	83174	69762
当年新增个体工商户数	户	4591	4929
当年个体工商户新增注册资金	万元	23968	23711
2.年末内资企业数	家	10787	8800
#私营企业	家	9281	7341
年末内资企业注册资金	万元	3118706	2135030
#私营企业	万元	2224945	1455322
当年新增内资企业数	家	2454	1972
#私营企业	家	2316	1832
当年内资企业新增注册资金	万元	912569	595156
#私营企业	万元	821110	411455
3.年末外国和港澳台商投资企业数	家	1317	1219
年末外国和港澳台商投资企业投资总额	万美元	872578	817674
年末外国和港澳台商投资企业注册资金	万美元	437810	407536
#外方认缴	万美元	397023	378665
当年注册外国和港澳台商投资企业数	家	183	185
当年注册外国和港澳台商投资企业投资总额	万美元	97150	90957
当年注册外国和港澳台商投资企业注册资金	万美元	47541	46825
#外方认缴	万美元	43120	44978

表 1-2 续表 7

	单位	2006 年	2005 年
财政、金融			
1.全口径财政收入	万元	650444	491840
＃一般预算收入	万元	547484	427337
2.地方财政收入	万元	378026	277223
＃地方一般预算收入	万元	275066	212720
＃(1)增值税	万元	68611	54568
(2)企业所得税	万元	33299	24922
(3)个人所得税	万元	10929	8777
(4)地方税	万元	118618	88654
＃营业税	万元	83633	63679
(5)农业三税	万元	27798	26949
基金收入	万元	102960	64503
3.财政总支出	万元	346428	258186
＃一般预算支出	万元	246559	195918
基金支出	万元	99869	62268
4.金融机构年末存款余额	万元	3999687	3254373
＃居民储蓄存款余额	万元	1921289	1622347
5.金融机构年末贷款余额	万元	2824907	2336230
旅　游			
1.接待中外游客人数	万人次	649.26	520.96
2.旅游总收入	亿元	54.86	43.10

表1-2 续表8

	单位	2006年	2005年
人民生活			
1.年末单位从业人员	人	73995	64787
#在岗职工	人	72832	63785
从业人员平均劳动报酬	元	27189	25556
#在岗职工平均工资	元	28608	25136
2.城镇居民人均可支配收入	元	20432	18220
城镇居民人均生活消费支出	元	13659	11834
城镇居民人均住房使用面积	平方米	32.2	30.3
3.农民人均纯收入	元	9652	8760
农民人均生活消费支出	元	7153	6405
农民人均住房使用面积	平方米	73.1	72.4
电　力			
全社会用电量	万千瓦时	352279	294895
#农业用电量	万千瓦时	2167	2045
工业用电量	万千瓦时	276764	234125
建筑业用电量	万千瓦时	6336	7248
城乡居民生活用电	万千瓦时	34471	27634
取 水 量			
全社会总取水量（不含农业）	万立方米	13154.5	13255.2
#工业取水量	万立方米	8567.5	9162.4
工业用水重复利用率	%	79.2	

表 1-3

科技进步、社会事业主要指标

	单位	2006 年	2005 年
科　技			
1.年末专业技术人员数	人	34612	31499
＃高级职称	人	1701	1436
中级职称	人	6876	6471
初级职称	人	10692	10371
＃研究生	人	297	240
本　科	人	11497	9549
专　科	人	11941	10869
2.专利申请量	件	673	506
专利授权量	件	223	238
3.科技计划项目			
(1)星火计划	项	2	1
＃国　家	项	1	—
(2)火炬计划	项	9	12
＃国　家	项	3	5
4.科技成果	项	25	31
5.当年新增省高新技术产品	个	18	10
6.当年新增高新技术企业	家	4	5
7.当年新增民营科技企业	家	16	12

表 1-3 续表 1

	单位	2006 年	2005 年
教　　育			
1.普通中学学校数	个	26	26
小学学校数	个	36	42
幼儿园数	个	42	40
2.普通中学招生数	人	9588	10507
#初　中	人	5921	6223
小学招生数	人	4644	4284
3.普通中学在校学生数	人	30902	33784
#初　中	人	18800	20624
小学在校学生数	人	29279	30228
在园幼儿人数	人	12762	11614
4.普通中学专任教师数	人	2394	2377
小学专任教师数	人	1806	1810
幼儿园专任教师数	人	613	527
5.学龄儿童入学率	%	100.0	100.0
小学毕业生升学率	%	100.0	100.0
初中毕业生升学率	%	98.1	97.2
高中毕业生升学率	%	75.1	76.8

表 1-3 续表 2

	单位	2006 年	2005 年
文化、体育			
1.电影放映单位	个	5	5
影剧院	个	4	4
电影放映场次	场次	770	305
电影放映观众人次	万人次	27.4	15.4
2.公共图书馆数	个	1	1
总藏量	万册	19.7	19.0
发放借书证数	个	1850	1650
书刊外借人次	万人次	8.0	10.5
书刊外借册次	万册次	10.1	13.0
阅览室座席数	个	110	110
3.文物保护单位数	个	91	92
#国家级	处	7	2
省　级	处	16	22
文物藏品	件	5129	5329
#一级品	件	52	52
4.艺术表演团体个数	个	2	2
演职员工数	人	29	31

表 1-3 续表 3

	单位	2006 年	2005 年
演出场次	场次	2749	2744
观众人数	万人次	45.1	57.0
5.体育场馆数	个	10	10
400 米标准田径场	个	10	10
卫　生			
1.卫生机构数	所	231	199
#医院、卫生院	所	19	18
2.卫生机构床位数	张	1609	1438
#医院、卫生院	张	1609	1438
3.卫生技术人员数	人	2205	2149
#医院、卫生院	人	1841	1747
#医生人数	人	960	963
#医院、卫生院	人	755	732
4.5 岁以下儿童死亡率	‰	9.3	9.0
婴儿死亡率	‰	7.0	6.9
产妇住院分娩比例	%	99.9	100.0
社会福利和社会保障			
1.社会福利院、敬老院数	个	13	13

表 1-3 续表 4

	单位	2006 年	2005 年
床位数	张	601	600
在院人数	人	335	318
2.社会救济对象总人数	人	11091	9616
接受低保户数	户	3091	2593
＃城镇居民户数	户	701	533
接受低保人数	人	8342	6929
＃城镇居民人数	人	1689	1283
3.城镇养老保险参加人数	人	224629	208318
城镇医疗保险参加人数	人	164363	125011
城镇失业保险参加人数	人	115986	92028
农村合作医疗参加人数	人	375305	372254
农村养老保险参加人数	人	109381	101579
环境保护			
环境质量综合指数	分	86.2	83.8
空气质量良好天数达标率	%	81.7	80.0
水域功能区水质达标率	%	80.0	75.0
集中式饮用水水源地水质达标率	%	98.2	99.7
城市环境噪声达标区覆盖率	%	100.0	100.0

表 1-4

国民经济主要指标日均水平

	单位	2006 年	2005 年
一、每天创造的财富			
(一)地区生产总值	**万元**	**8829.8**	**7259.6**
1.第一产业	万元	274.6	257.7
2.第二产业	万元	5502.3	4564.5
3.第三产业	万元	3052.8	2437.5
(二)工农业总产值	**万元**	**21312.9**	**17392.2**
1.农林牧渔业总产值	万元	480.2	448.5
2.工业总产值	万元	20832.6	16943.7
(三)全口径财政收入	**万元**	**1782.0**	**1347.5**
地方一般预算收入	万元	753.6	582.8
(四)农业主要产品产量			
粮　食	吨	111.5	129.8
油菜籽	吨	9.3	10.5
水　果	吨	71.5	75.0
水产品	吨	71.2	85.9
生猪出栏数	头	321	282
(五)规模以上工业企业主要产品产量			
钢　材	吨	213.9	155.2
水　泥	吨	7424.9	6838.1
生　铁	吨	185.9	147.9

表 1-4 续表 1

	单位	2006 年	2005 年
服　装	件	268638	208088
布	米	21096	47068
化学纤维	吨	133.3	92.1
彩色电视机	台	75	63
吸尘器	台	15724	22636
电动工具	台	2486	3746
二、每天的经济活动			
1.全社会用电量	**万千瓦时**	**965.1**	**807.9**
#工业用电量	万千瓦时	758.3	641.4
城乡居民生活用电	万千瓦时	94.4	75.7
2.旅客周转量（交通系统内）	**万人公里**	**195.8**	**154.1**
3.固定资产投资完成额	**万元**	**3891.8**	**3448.0**
#第二产业	万元	2150.5	1957.2
第三产业	万元	1734.8	1480.5
4.社会消费品零售总额	**万元**	**2731.9**	**2340.9**
#批发和零售业	万元	2292.9	1999.4
住宿和餐饮业	万元	436.5	335.4
5.自营进出口总额	**万美元**	**1181.3**	**967.8**
#出口额	万美元	673.1	546.8
进口额	万美元	508.2	420.9

表 1-4 续表 2

	单位	2006 年	2005 年
6.新批利用外资项目	**个**	**0.6**	**0.5**
合同利用外资	万美元	589.4	602.9
新增注册外资	万美元	302.6	331.2
实际利用外资	万美元	123.3	138.4
7.协议引进内资项目投资总额	**万元**	**543.8**	**853.4**
引进内资项目注册资本	万元	366.7	337.8
#外地注册资本	万元	366.7	336.3
内资项目实际到账外地资金	万元	505.0	503.3
8.登记注册个体工商户数	**户**	**12.6**	**13.5**
个体工商户新增注册资金	万元	65.7	65.0
9.新增内资企业数	**家**	**6.7**	**5.4**
#新增私营企业数	家	6.3	5.0
内资企业新增注册资金	万元	2500.2	1630.6
#私营企业新增注册资金	万元	2249.6	1127.3
10.接待中外旅游者人数	**人**	**17788**	**14273**
#接待境外旅游者人数	人	195	321
11.财政支出	**万元**	**949.1**	**707.4**
#一般预算支出	万元	675.5	536.8
三、每天的人口变动			
1.出生人口	**人**	**13**	**13**
死亡人口	人	9	9
2.迁入人口	**人**	**35**	**42**
迁出人口	人	9	5

表 1-5

国民经济主要指标人均水平

	单位	2006 年	2005 年
一、地区生产总值	**元**	**57346**	**48523**
#第一产业	元	1783	1723
第二产业	元	35736	30508
第三产业	元	19827	16292
二、工农业总产值	**元**	**138419**	**116248**
农林牧渔业总产值	元	3119	2998
工业总产值	元	135300	113250
三、全口径财政收入	**元**	**11574**	**9007**
地方一般预算收入	元	4894	3895
四、社会消费品零售总额	**元**	**17743**	**15647**
五、人民生活			
城镇居民在岗职工年平均工资	元	28608	25136
城镇居民人均可支配收入	元	20432	18220
农村居民纯收入	元	9652	8760
居民人均储蓄存款余额	元	33722	29271
六、主要农产品产量			
粮 食	公斤	72	87
油菜籽	公斤	6	7
水 果	公斤	46	50
水产品	公斤	46	57

表 1-5 续表

	单位	2006 年	2005 年
七、规模以上工业企业主要产品产量			
钢　材	公斤	139	104
水　泥	公斤	4822	4571
生　铁	公斤	121	99
服　装	件	174	139
布	米	14	31
化学纤维	公斤	87	62
吸尘器	台	10	15
电动工具	台	2	3
附：每万人拥有量			
1.小学专任教师人数	**人**	**32**	**33**
普通中学专任教师人数	人	42	43
2.卫生机构床位数	**张**	**28**	**26**
卫生技术人员数	人	39	39
#医生人数	人	17	17
3.专业技术人员数	**人**	**607**	**568**
#高级职称	人	30	26
中级职称	人	121	117

表 1-6　# 国民经济主要比例关系

单位：%

	2006 年	2005 年
一、地区生产总值中三次产业比例		
第一产业	3.1	3.5
第二产业	62.3	62.9
#工　业	57.4	57.5
第三产业	34.6	33.6
二、年末从业人员中三次产业比例		
第一产业	14.3	15.8
第二产业	57.7	57.2
#工　业	52.5	51.9
第三产业	28.0	27.0
三、农林牧渔业总产值中各业比例		
农　业	26.2	31.9
林　业	1.9	1.5
牧　业	9.4	6.3
渔　业	42.7	46.0
农林牧渔服务业	19.8	14.3
四、规模以上工业总产值中各登记注册类型比例		
内　资	27.8	27.5
#国有经济	0.4	0.4
集体经济	0.8	1.2
私营经济	19.0	19.0
港、澳、台商投资经济	24.2	22.8
外商投资经济	48.0	49.7

表 1-6 续表

	2006 年	2005 年
五、规模以上工业总产值中轻、重工业比例		
轻工业	39.7	40.6
重工业	60.3	59.4
六、规模以上工业总产值中高新技术产业比例	32.5	31.3
七、规模以上工业总产值中各企业规模比例		
大型工业	16.0	20.4
中型工业	40.2	35.6
小型工业	43.8	44.0
八、全社会固定资产投资额中三次产业投资比例		
第一产业	0.2	0.3
第二产业	55.2	56.8
#工　业	55.0	56.2
第三产业	44.6	42.9
#房地产开发	27.0	19.9
十、全社会固定资产投资额各经济类型投资比例		
国有经济	5.0	12.7
集体经济	11.8	7.5
外国及港澳台经济	20.8	26.6
私营个体经济	41.7	34.3
其他经济	20.7	18.9
十一、其他比例关系		
全口径财政收入占地区生产总值比例	20.2	18.6
地方财政一般预算收入占地区生产总值比例	8.5	8.0
各项税收收入占地方财政一般预算收入比例	94.3	95.8

表 1-7

吴中区生产总值

（现行价）　　单位：万元

	2006 年	2005 年
生产总值	**3222866**	**2649766**
第一产业	**100229**	**94071**
农林牧渔业	85545	80618
农林牧渔业服务业	14684	13453
第二产业	**2008355**	**1666000**
工　业	1848661	1524428
#采矿业	810	2636
制造业	1828905	1505754
电力、燃气及水的生产和供应业	18946	16038
建筑业	159694	141572
第三产业	**1114282**	**889695**
交通运输、仓储业、邮政业	36873	28700
信息传输、计算机和软件业	124152	99787
批零贸易业	129767	113468
住宿餐饮业	69062	53301
金融、保险业	154178	124178
房地产	172585	138069
租赁和商务服务业	50354	39062
居民服务和其他服务业	36584	28031
文化、体育和娱乐业	26763	20663
科学研究、技术服务和地质勘查业	18113	14023
水利、环境和公共设施管理业	24635	19056
教　育	97641	76557
卫生、社会保障和社会福利业	58624	46236
公共管理和社会组织	114951	88564

表 1-8

各镇、区、街道生产总值和人均生产总值

（现行价）

	生产总值(万元)			人均生产总值（元）		
	2006 年	2005 年	2006 年为 2005 年%	2006 年	2005 年	2006 年为 2005 年%
度假区	330864	303619	109.0	31587	29306	107.8
开发区	1042478	834080	125.0	82652	69334	119.2
长　桥	242479	201082	120.6	106798	93236	114.5
甪　直	393542	322824	121.9	92187	76752	120.1
车　坊	13339	11909	112.0	6807	6135	111.0
郭　巷	120566	96283	125.2	31926	25919	123.2
藏　书	110286	100800	109.4	39822	36893	107.9
木　渎	402474	328268	122.6	69715	58112	120.0
胥　口	262990	199900	131.6	134049	103683	129.3
横　泾	97278	83500	116.5	32699	28337	115.4
浦　庄	97809	83576	117.0	45255	39096	115.8
渡　村	101042	92100	109.7	42057	38686	108.7
东　山	146126	135082	108.2	28102	26144	107.5
光　福	180100	167886	107.3	41040	34669	118.4
西　山	100313	91213	110.0	22952	21018	109.2

表 1-9　各镇、区、街道生产总值行业构成(2006 年)

(现行价)　　单位：万元

	生产总值	第一产业	第二产业	工业	第三产业	批发和零售业
度假区	330864	30515	147210	107979	153139	33557
开发区	1042478	20660	777535	743535	244283	75142
长　桥	242479	—	122277	117351	120202	21405
角　直	393542	10806	228540	213569	154196	26388
车　坊	13339	3025	2406	2406	7908	5945
郭　巷	120566	6500	57000	54427	57066	34820
藏　书	110286	14920	50376	40389	44990	20720
木　渎	402474	2262	233303	213046	166909	46521
胥　口	262990	3600	194860	190470	64530	17300
横　泾	97278	12171	49097	39597	36010	17149
浦　庄	97809	8102	50213	46208	39494	14688
渡　村	101042	5460	53255	40600	42327	4912
东　山	146126	30094	57680	48439	58352	10950
光　福	180100	13650	98000	68666	68450	21840
西　山	100313	16314	30893	26313	53106	10144

表 1-10

气象概况

	单位	2006 年	2005 年
一、温　度			
年平均气温	摄氏度	17.8	17.1
年极端最高气温	摄氏度	37.7	38.1
出现日期	年·月·日	2006·7·3	2005·8·3
年极端最低气温	摄氏度	-4.5	-5.6
出现日期	年·月·日	2006·1·8	2005·1·1
二、降水			
年降水总量	毫米	1018.6	1019.5
年降水日数	天	124	108
一日最大降水量	毫米	74.4	78.3
出现日期	年·月·日	2006·7·5	2005·9·12
三、日　照			
年日照时数	时	1787.9	1985.9
年日照百分率	%	40	45
四、湿　度			
年平均相对湿度	%	71	66
五、风　速			
年平均风速	米/秒	2.3	2.4
六、气压			
年平均气压	百帕	1014.8	1015.4
七、霜　期			
终霜日期	年·月·日	2006·3·14	2005·3·30
初霜日期	年·月·日	2006·11·15	2005·11·25

表 1-11

分月气象情况

（2006 年）

	平均气温（℃）	降水量（毫米）	降水日数（日）	日照时数（小时）
合　计	**17.8**	**1018.6**	**124**	**1787.9**
1 月份	5.3	152.8	13	90.1
2 月份	5.5	77.1	13	88.0
3 月份	11.6	38.5	8	172.7
4 月份	16.9	115.8	12	162.8
5 月份	21.2	98.2	10	157.8
6 月份	26.2	65.8	15	153.2
7 月份	29.6	145.3	14	178.5
8 月份	30.3	87.0	9	263.0
9 月份	23.4	85.0	11	130.4
10 月份	21.8	4.3	1	147.8
11 月份	14.8	133.0	13	102.8
12 月份	7.2	15.8	5	140.8

主要统计指标解释

人口数 指一定时点、一定地区范围内的有生命的个人的总和。年度统计的年末人口数是指每年12月31日24时的人口数。

年平均人数 是年初、年底人口数的平均数，也可用年中人口数代替。

人口自然增长率 指在一定时期内(通常为一年)人口自然增加数(出生人数减死亡人数)与该时期内平均人数(或期中人数)之比，一般用千分率表示。计算公式：

自然增长率=(本年出生人数－本年死亡人数)÷年平均人数×1000‰

地区生产总值 是按市场价格计算的地区生产总值的简称。它是一个国家(地区)所有常住单位在一定时期内生产活动的最终成果。地区生产总值有三种表现形态，即价值形态、收入形态和产品形态。从价值形态看，它是所有常住单位在一定时期内所生产的全部货物和服务价值超过同期投入的全部非固定资产货物和服务价值的差额，即所有常住单位的增加值之和；从收入形态看，它是所有常住单位在一定时期内所创造并分配给常住单位和非常住单位的初次分配收入之和；从产品形态看，它是最终使用的货物和服务减去进口货物和服务。在实际核算中，地区生产总值的三种表现形态表现为三种计算方法，即生产法、收入法和支出法。三种方法分别从不同的方面反映地区生产总值及其构成。

劳动者报酬 指劳动者因从事生产活动所获得的全部报酬。包括劳动者获得的各种形式的工资、奖金和津贴，既包括货币形式的，也包括实物形式的；还包括劳动者所享受的公费医疗和医药卫生费、上下班交通补贴和单位支付的社会保险费等。对于个体经济来说，其所有者所获得的劳动报酬和经营利润不易区分，这两部分统一作为劳动者报酬处理。

生产税净额 指生产税减生产补贴后的余额。生产税指政府对生产单位生产、销售和从事经营活动以及因从事生产活动使用某些生产要素（如固定资产、土地、劳动力）所征收的各种税、附加费和规费。生产补贴与生产税相反，指政府对生产单位的单方面收入转移，因此视为负生产税，包括政策亏损补贴、粮食系统价格补贴、外贸企业出口退税收入等。

固定资产折旧 指一定时期内为弥补固定资产损耗按照核定的固定资产折旧率提取的固定资产折旧，或按国民经济核算统一规定的折旧率虚拟计算的固定资产折旧。它反映了固定资产在当期生产中的转移价值。各类企业和企业化管理的事业单位的固定资产折旧是指实际计提并计入成本费中的折旧费；不计提折旧的政府机关、非企业化管理的事业单位和居民住房的固定资产折旧是按照统一规定的折旧率和固定资产原值计算的虚拟折旧。原则上，固定资产折旧应按固定资产的重置价值计算，但是目前中国尚不具备对全社会固定资产进行重估价的基础，所以暂时只能采用上述办法。

营业盈余 指常住单位创造的增加值扣除劳动者报酬、生产税净额和固定资产折旧后的余额。

它相当于企业的营业利润加上生产补贴，但要扣除从利润中开支的工资和福利等。

三次产业　根据社会生产活动历史发展的顺序对产业结构的划分，产品直接取自自然界的部门称为第一产业，对初级产品进行再加工的部门称为第二产业，为生产和消费提供各种服务的部门称为第三产业。它是世界上通用的产业结构分类，但各国的划分不尽一致。我国的三次产业划分是：

第一产业：农林牧渔业，包括农业、林业、牧业和渔业，其中农业中包括种植业、采集野生植物和农民家庭兼营商品性工业。

第二产业：工业(包括采掘工业、制造业、自来水、电力、蒸气、热水、煤气)和建筑业。

第三产业：除第一、第二产业以外的其他各业。由于第三产业包括的行业多、范围广，根据我国的实际情况，第三产业可分为两大部门：一是流通部门，二是服务部门。

企业（单位）登记注册类型　是以在工商行政管理机关登记注册的各类企业为划分对象，以工商行政管理部门对企业登记注册的类型为依据，将企业登记注册类型分为内资企业、港澳台商投资企业和外商投资企业三大类。内资企业包括国有企业、集体企业、股份合作企业、联营企业、有限责任公司、股份有限公司、私营公司和其他企业；港澳台商投资企业和外商投资企业分别包括合资经营企业、合作经营企业、独资经营企业和股份有限公司。对不在工商行政管理部门进行登记注册的行政机关、事业单位和社会团体，主要按其经费来源和管理方式进行划分。

国有企业　指企业全部资产归国家所有，并按《中华人民共和国企业法人登记管理条例》规定登记注册的非公司制的经济组织。不包括有限责任公司中的国有独资公司。

集体企业　指企业资产归集体所有，并按《中华人民共和国企业法人登记管理条例》规定登记注册的经济组织。

股份合作企业　指以合作制为基础，由企业职工共同出资入股，吸收一定比例的社会资产投资组建，实行自主经营，自负盈亏，共同劳动，民主管理，按劳分配与按股分红相结合的一种集体经济组织。

联营企业　两个及两个以上相同或不同所有制性质的企业法人或事业单位法人，按照自愿、平等、互利的原则，共同投资组成的经济组织。联营企业包括国有联营企业、集体联营企业、国有与集体联营企业和其他联营企业。

有限责任公司　指根据《中华人民共和国公司登记管理条例》规定登记注册，由两个以上、五十个以下的股东共同出资，每个股东以其所认缴的出资额对公司承担有限责任，公司以其全部资产对其债务承担责任的经济组织。有限责任公司包括国有独资公司以及其他有限责任公司。

⑴国有独资公司：指国家授权的投资机构或者国家授权的部门单独投资设立的有限责任公司。

⑵其他有限责任公司：指国有独资公司以外的有限责任公司。

股份有限公司 指根据《中华人民共和国公司登记管理条例》规定登记注册，其全部注册资本由等额股份构成并通过发行股票筹集资本，股东以其认购的股份对公司承担有限责任，公司以其全部资产对其债务承担责任的经济组织。

私营企业 指由自然人投资设立或由自然人控股，以雇佣劳动为基础的营利性经济组织。包括按照《中华人民共和国公司法》、《中华人民共和国合伙企业法》、《私营企业暂行条例》规定登记注册的私营有限责任公司、私营股份有限公司、私营合伙企业和私营独资企业。

其他企业 指上述企业之外的其他内资经济组织。

外商投资企业 指外国投资者根据中华人民共和国有关涉外经济的法律、法规，以合资、合作或独资的形式在中国大陆境内开办的企业。包括中外合资经营企业、中外合作经营企业和外资企业。

港、澳、台投资企业 指港、澳、台地区投资者参照中华人民共和国有关涉外经济的法律、法规，以合资、合作或独资的形式在祖国大陆举办的企业。包括合资经营企业、合作经营企业和独资企业。

降水量 从天空降落到地面上的液态或固态(经融化后)降水，未经蒸发、渗透、流失而在水平面上积聚的深度。降水量以毫米(mm)为单位，取一位小数。

空气的温度(简称气温) 表示空气冷热程度的物理量。

相对湿度 空气中实际水汽压与当时气温下的饱和水汽压之比，以百分数(%)表示，取整数。

日照时数 太阳在一地实际照射地面的时数。

风向和风速 空气的水平运动称为风。风向是指风的来向。风速是指空气所经过的距离与经过的距离所需时间的比值。风速单位用米/秒。

人口　劳动力

表 2-1 年末户籍户数、人口及变动情况

	单位	2006 年	2005 年
一、年末户籍总户数	**户**	**180644**	**179324**
二、年末户籍总人口	**人**	**569750**	**554256**
#农业人口	人	351759	347552
非农业人口	人	217991	206704
#男 性	人	280831	273012
女 性	人	288919	281244
三、年平均人口	**人**	**562003**	**546088**
年末每户平均人口	人	3.15	3.09
四、年内出生人口	**人**	**4770**	**4794**
#女	人	2398	2424
出生率	‰	8.49	8.78
五、年内死亡人口	**人**	**3232**	**3453**
#女	人	1497	1598
死亡率	‰	5.75	6.32
六、年自然增长人口	**人**	**1538**	**1341**
自然增长率	‰	2.74	2.46
七、迁入人口	**人**	**12803**	**15224**
#省外迁入	人	5163	3647
迁出人口	人	3177	1981
#迁往省外	人	971	452
八、人口平均期望寿命	**岁**	**78.94**	**78.32**
#男	岁	76.79	76.07
女	岁	81.11	80.66

表 2-2

各镇、区、街道人口及

	年末户籍总户数(户)	年末户籍总人口			性别比(女=100)	年内出生		
		合计	男	女		合计	男	女
度假区	35461	105412	51707	53705	96.3	777	391	386
香山	6523	17366	8324	9042	92.1	135	72	63
光福	13630	44139	21818	22321	97.7	389	190	199
西山	15308	43907	21565	22342	96.5	253	129	124
开发区	34520	127684	62632	65052	96.3	1065	530	535
城南	8151	24287	12031	12256	98.2	356	175	181
越溪	6673	35408	17255	18153	95.1	192	102	90
郭巷	11078	38093	18645	19448	95.9	298	141	157
横泾	8618	29896	14701	15195	96.7	219	112	107
长桥	8075	22854	11156	11698	95.4	191	99	92
甪直	14676	43029	21197	21832	97.1	292	143	149
车坊	5508	19703	9676	10027	96.5	136	74	62
藏书	8200	27909	13769	14140	97.4	256	119	137
木渎	19331	58528	28985	29543	98.1	530	257	273
胥口	6804	19803	9687	10116	95.8	149	67	82
浦庄	5869	21741	10665	11076	96.3	172	87	85
渡村	7290	24181	11925	12256	97.3	173	90	83
东山	17715	52226	25546	26680	95.7	344	175	169
苏苑、龙西	17195	46680	23886	22794	104.8	685	340	345

其自然变动情况（2006年）

单位：人

年内死亡			自然增长人口			出生率	死亡率	自然增长率
合计	男	女	合计	男	女	（‰）	（‰）	（‰）
726	395	331	51	-4	55	7.4	6.9	0.5
102	48	54	33	24	9	7.9	5.9	1.9
311	176	135	78	14	64	8.9	7.1	1.8
313	171	142	-60	-42	-18	5.8	7.2	-1.4
666	359	307	399	171	228	8.4	5.3	3.2
80	40	40	276	135	141	15.1	3.4	11.7
128	75	53	64	27	37	5.5	3.7	1.8
260	131	129	38	10	28	7.9	6.9	1.0
198	113	85	21	-1	22	7.4	6.7	0.7
124	78	46	67	21	46	8.4	5.5	3.0
262	134	128	30	9	21	6.8	6.1	0.7
133	68	65	3	6	-3	6.9	6.8	0.2
171	82	89	85	37	48	9.2	6.2	3.1
292	163	129	238	94	144	9.2	5.1	4.1
134	73	61	15	-6	21	7.6	6.8	0.8
143	76	67	29	11	18	8.0	6.6	1.3
165	86	79	8	4	4	7.2	6.9	0.3
348	180	168	-4	-5	1	6.6	6.7	-0.1
68	41	27	617	299	318	15.8	1.6	14.2

表 2—3

全社会从业人员情况

单位：人

	2006 年全社会从业人员	单位从业人员	城镇私营个体	农村从业人员	2005 年全社会从业人员
合　计	**430724**	**73995**	**136292**	**220437**	**392006**
第一产业从业人员	**61844**	**163**	**682**	**60999**	**62000**
＃农、林、牧、渔业	61665	20	646	60999	61984
第二产业从业人员	**248395**	**52356**	**87760**	**108279**	**224007**
工　业	226225	52305	82579	91341	203450
＃制造业	225057	51606	82305	91146	202379
建筑业	22170	51	5181	16938	20557
第三产业从业人员	**120485**	**21476**	**47850**	**51159**	**105999**
＃交通运输、仓储及邮政业	10788	1028	1578	8182	10443
信息传输、计算机服务和软件业	1372	—	1047	325	933
批发和零售业	36512	518	26057	9937	29667
住宿和餐饮业	8405	1152	5339	1914	7516
金融业	1463	1019	—	444	1458
房地产业	2640	321	1714	605	1869
租赁和商务服务业	5414	1035	3964	415	3205
科学研究、技术服务和地质勘查业	138	41	—	97	140
水利、环境和公共设施管理	1331	923	—	408	1190
居民服务和其他服务业	10574	—	5587	4987	9031
教　育	6961	6889	—	72	6205
卫生、社会保障和社会福利业	3547	2682	357	508	3190
文化、体育和娱乐业	1442	434	640	368	1347
公共管理和社会组织	8487	5434	1567	1486	6897

表 2-4

计划生育及婚姻登记情况

	单位	2006 年	2005 年
一、晚婚情况			
女性初婚人数	人	3729	3091
#23 周岁以上	人	2301	1636
晚婚率	%	61.71	52.93
二、生育情况			
出生人数	人	4119	4386
1.计划内生育人数	人	4110	4378
一孩	人	3593	3989
二孩	人	511	385
计划内多孩	人	6	4
计划生育率	%	99.78	99.82
2.计划外生育人数	人	9	8
计划外生育率	%	0.22	0.18
三、节育情况			
育龄妇女人数	人	139855	140169
生育率	‰	29.45	31.29
已婚育龄妇女人数	人	115866	116436
一孩妇女人数	人	101647	102118
已采取各种避孕节育措施人数	人	102238	103924
节育率	%	88.24	89.25
四、婚姻登记情况			
年内准予登记结婚数	对	5709	4143
#初　婚	人	8903	6621
再　婚	人	2515	1665
年内申请离婚数	对	721	666
年内准予离婚数	对	721	666

表 2-5

劳动报酬和生活费

（2006 年）

单位：万元

	从业人员劳动报酬	在岗职工工资总额	其他从业人员劳动报酬	离岗保留关系职工生活费	内部退养职工生活费
合计	**201184**	**196037**	**5147**	**1259**	**1017**
#国有经济	82611	81849	762	330	316
集体经济	6092	5803	289	158	156
其他经济	112481	108385	4096	771	545

表 2-6

在岗职工人数与工资

（2006 年）

	单位	合计	国有经济	集体经济	其他经济
一、年末人数	**人**	**72832**	**16643**	**1537**	**54652**
#长期职工	人	70123	15454	1494	53175
#女职工	人	43386	7672	912	34802
#来自农村	人	21232	661	103	20468
#专业技术人员	人	14318	7696	826	5796
二、平均人数	**人**	**68525**	**16450**	**1524**	**50551**
三、工资总额	**万元**	**196037**	**81849**	**5803**	**108385**
四、年平均工资	**元/人**	**28608**	**49756**	**38078**	**21441**
年平均工资为上年	%	113.8	120.1	135.4	112.8

表 2-7

分行业单位从业人员

（2006 年末） 单位：人

	从业人员	国有经济	集体经济	其他经济
合　　计	**73995**	**16963**	**1754**	**55278**
第一产业	**163**	**97**	**66**	**—**
农林牧渔业	163	97	66	—
#农、牧、渔服务业	143	77	66	—
第二产业	**52356**	**496**	**91**	**51769**
工业	52305	496	91	51718
#制造业	51606	496	44	51066
电力、煤气及水的生产和供应业	699	—	47	652
建筑业	51	—	—	51
第三产业	**21476**	**16370**	**1597**	**3509**
交通运输、仓储及邮政业	1028	57	—	971
信息传输、计算机服务及软件业	—	—	—	—
批发和零售业	518	124	203	191
住宿和餐饮业	1152	484	212	456
金融业	1019	—	—	1019
房地产业	321	—	2	319
租赁和商务服务业	1035	545	91	399
科学研究、技术服务和地质勘查业	41	41	—	—
水利、环境和公共设施管理业	923	769	—	154
居民服务和其他服务业	—	—	—	—
教育	6889	6889	—	—
卫生、社会保障和社会福利业	2682	1621	1061	—
文化、体育和娱乐业	434	406	28	—
公共管理和社会组织	5434	5434	—	—

表 2-8

单位在岗职工人数

（2006 年末）

单位：人

	在岗职工	国有经济	集体经济	其他经济
合　　计	72832	16643	1537	54652
一、按企业、事业、机关分				
1.企　业	56813	1570	591	54652
2.事　业	12487	11541	946	—
3.机 关	3532	3532	—	—
二、按国民经济行业分				
1.农、林、牧、渔业	163	97	66	—
2.制造业	51005	480	42	50483
3.电力、煤气及水的生产和供应业	683	—	42	641
4.建筑业	45	—	—	45
5.交通运输、仓储及邮政业	1024	53	—	971
6.信息传输、计算机服务及软件业	—	—	—	—
7.批发和零售业	515	124	202	189
8.住宿和餐饮业	1128	470	212	446
9.金融业	1019	—	—	1019
10.房地产业	314	—	2	312
11.租赁和商务服务业	1034	545	91	398
12.科学研究、技术服务和地质勘查业	41	41	—	—
13.水利、环境和公共设施管理业	871	723	—	148
14.居民服务和其他服务业	—	—	—	—
15.教　育	6786	6786	—	—
16.卫生、社会保障和社会福利业	2370	1518	852	—
17.文化、体育和娱乐业	434	406	28	—
18.公共管理和社会组织	5400	5400	—	—

表 2-9

在岗职工工资总额

（2006 年） 单位：万元

	工资总额	国有经济	集体经济	其他经济
合　　计	**196037**	**81849**	**5803**	**108385**
一、按企业、事业、机关分				
1.企　业	114168	4225	1558	108385
2.事　业	55812	51567	4245	—
3.机　关	26057	26057	—	—
二、按国民经济行业分				
1.农、林、牧、渔业	896	518	378	—
2.制造业	95442	1166	140	94136
3.电力、煤气及水的生产和供应业	1759	—	94	1665
4.建筑业	118	—	—	118
5.交通运输、仓储及邮政业	3418	319	—	3099
6.信息传输、计算机服务及软件业	—	—	—	—
7.批发和零售业	1330	355	511	464
8.住宿和餐饮业	2247	977	340	930
9.金融业	4935	—	—	4935
10.房地产业	1352	—	9	1343
11.租赁和商务服务业	3710	2040	465	1205
12.科学研究、技术服务和地质勘查业	225	225	—	—
13.水利、环境和公共设施管理业	3149	2659	—	490
14.居民服务和其他服务业	—	—	—	—
15.教　育	25577	25577	—	—
16.卫生、社会保障和社会福利业	11214	7442	3772	—
17.文化、体育和娱乐业	3018	2924	94	—
18. 公共管理和社会组织	37647	37647	—	—

表 2-10

在岗职工平均工资

（2006 年）

单位：元

	平均工资	国有经济	集体经济	其他经济
合　　计	**28608**	**49756**	**38078**	**21441**
一、按企业、事业、机关分				
1.企　业	21660	27119	25928	21441
2.事　业	45313	45258	45989	—
3.机　关	74492	74492	—	—
二、按国民经济行业分				
1.农、林、牧、渔业	54628	60795	57258	—
2.制造业	20285	23597	34073	20237
3.电力、煤气及水的生产和供应业	25978	—	22286	26222
4.建筑业	27372	—	—	27372
5.交通运输、仓储及邮政业	34280	61308	—	32793
6.信息传输、计算机服务及软件业	—	—	—	—
7.批发和零售业	25718	28368	24801	24952
8.住宿和餐饮业	20389	20781	15893	22251
9.金融业	48720	—	—	48720
10.房地产业	50652	—	46500	50683
11.租赁和商务服务业	36913	39304	48406	30903
12.科学研究、技术服务和地质勘查业	54927	54927	—	—
13.水利、环境和公共设施管理业	36614	36933	—	34971
14.居民服务和其他服务业	—	—	—	—
15.教　育	38260	38260	—	—
16.卫生、社会保障和社会福利业	48529	50183	45566	—
17.文化、体育和娱乐业	68290	70809	32414	—
18.公共管理和社会组织	70369	70369	—	—

表 2-11

其他从业人员及劳动报酬情况

（2006 年）

	年末其他从业人员（人）	劳动报酬（万元）	平均劳动报酬（元）
合　　计	**1163**	**5147**	**45754**
一、按经济类型分			
1.国有经济	320	762	25152
2.集体经济	217	289	13309
3.其他经济	626	4096	67709
二、按国民经济行业分			
1.农、林、牧、渔业	—	—	—
2.制造业	601	4026	69534
3.电力、煤气及水的生产和供应业	16	29	17059
4.建筑业	6	10	16667
5.交通运输、仓储及邮政业	4	7	17500
6.信息传输、计算机服务及软件业	—	—	—
7.批发和零售业	3	10	33333
8.住宿和餐饮业	24	34	14167
9.金融业	—	—	—
10.房地产业	7	11	15714
11.租赁和商务服务业	1	3	30000
12.科学研究、技术服务和地质勘查业	—	—	—
13.水利、环境和公共设施管理业	52	119	22037
14.居民服务和其他服务业	—	—	—
15.教　育	103	243	25313
16.卫生、社会保障和社会福利业	312	558	18915
17.文化、体育和娱乐业	—	—	—
18.公共管理和社会组织	34	97	24872

表 2-12

离岗仍保留关系人员及生活费情况

（2006 年）

	年末离岗仍保留关系人员（人）	生活费（万元）	平均生活费（元）
合　　计	**1954**	**1259**	**6340**
一、按经济类型分			
1.国有经济	428	330	7760
2.集体经济	220	158	6682
3.其他经济	1306	771	5817
二、按国民经济行业分			
1.农、林、牧、渔业	—	—	—
2.制造业	1218	660	5505
3.电力、煤气及水的生产和供应业	46	46	10000
4.建筑业	1	1	10000
5.交通运输、仓储及邮政业	1	1	10000
6.信息传输、计算机服务及软件业	—	—	—
7.批发和零售业	502	334	6174
8.住宿和餐饮业	11	13	11818
9.金融业	49	55	11957
10.房地产业	15	12	8571
11.租赁和商务服务业	26	16	6154
12.科学研究、技术服务和地质勘查业	—	—	—
13.水利、环境和公共设施管理业	13	10	7692
14.居民服务和其他服务业	—	—	—
15.教　育	2	1	5000
16.卫生、社会保障和社会福利业	36	30	8571
17.文化、体育和娱乐业	—	—	—
18.公共管理和社会组织	34	80	23529

表 2-13

在岗职工中专业技术人员人数

（2006 年末）　　单位：人

	合计	国有经济	集体经济	其他经济
合　计	**14318**	**7696**	**826**	**5796**
一、按企业、事业、机关分				
1.企　业	5928	88	44	5796
2.事　业	8087	7305	782	—
3.机　关	303	303	—	—
二、按国民经济行业分				
1.农、林、牧、渔业	108	53	55	—
2.制造业	4910	20	35	4855
3.电力、煤气及水的生产和供应业	117	—	—	117
4.建筑业	10	—	—	10
5.交通运输、仓储及邮政业	15	3	—	12
6.信息传输、计算机服务及软件业	—	—	—	—
7.批发和零售业	79	53	7	19
8.住宿和餐饮业	51	12	—	39
9.金融业	600	—	—	600
10.房地产业	98	—	2	96
11.租赁和商务服务业	30	21	—	9
12.科学研究、技术服务和地质勘查业	15	15	—	—
13.水利、环境和公共设施管理业	110	71	—	39
14.居民服务和其他服务业	—	—	—	—
15.教　育	5410	5410	—	—
16.卫生、社会保障和社会福利业	1869	1167	702	—
17.文化、体育和娱乐业	174	149	25	—
18.公共管理和社会组织	722	722	—	—

表 2-14

单位从业人员中女职工人数

（2006 年末） 单位：人

	合计	国有经济	集体经济	其他经济
合　计	43386	7672	912	34802
一、按企业、事业、机关分				
1.企　业	35607	469	336	34802
2.事　业	6794	6218	576	—
3.机　关	985	985	—	—
二、按国民经济行业分				
1.农、林、牧、渔业	37	28	9	—
2.制造业	33188	188	9	32991
3.电力、煤气及水的生产和供应业	269	—	30	239
4.建筑业	16	—	—	16
5.交通运输、仓储及邮政业	489	17	—	472
6.信息传输、计算机服务及软件业	—	—	—	—
7.批发和零售业	256	44	125	87
8.住宿和餐饮业	601	222	133	246
9.金融业	469	—	—	469
10.房地产业	103	—	1	102
11.租赁和商务服务业	187	29	38	120
12.科学研究、技术服务和地质勘查业	12	12	—	—
13.水利、环境和公共设施管理业	421	361	—	60
14.居民服务和其他服务业	—	—	—	—
15.教　育	4091	4091	—	—
16.卫生、社会保障和社会福利业	1516	961	555	—
17.文化、体育和娱乐业	159	147	12	—
18.公共管理和社会组织	1572	1572	—	—

表 2-15 单位从业人员中使用农村劳动力人数

（2006 年末） 单位：人

	农村劳动力人数	国有经济	集体经济	其他经济
合　计	21232	661	103	20468
一、按企业、事业、机关分				
1.企　业	20631	145	18	20468
2.事　业	492	407	85	—
3.机　关	109	109	—	—
二、按国民经济行业分				
1.农、林、牧、渔业	—	—	—	—
2.制造业	20232	—	—	20232
3.电力、煤气及水的生产和供应业	—	—	—	—
4.建筑业	—	—	—	—
5.交通运输、仓储及邮政业	4	4	—	—
6.信息传输、计算机服务及软件业	—	—	—	—
7.批发和零售业	45	—	—	45
8.住宿和餐饮业	324	145	18	161
9.金融业	—	—	—	—
10.房地产业	—	—	—	—
11.租赁和商务服务业	—	—	—	—
12.科学研究、技术服务和地质勘查业	—	—	—	—
13.水利、环境和公共设施管理业	77	47	—	30
14.居民服务和其他服务业	—	—	—	—
15.教　育	298	298	—	—
16.卫生、社会保障和社会福利业	142	57	85	—
17.文化、体育和娱乐业	—	—	—	—
18.公共管理和社会组织	110	110	—	—

表 2-16 单位从业人员变动情况

（2006 年）

单位：人

	合计	国有经济	集体经济	其他经济
一、本年增加人数	**29694**	**2312**	**270**	**27112**
1.从农村招收	16620	290	15	16315
2.从城镇招收	4508	246	36	4226
3.录用的退伍军人	205	29	—	176
4.录用的大中专、技工学校毕业生	6061	538	90	5433
5.调　入	580	446	66	68
6.其　他	1720	763	63	894
二、本年减少人数	**27371**	**1253**	**138**	**25980**
1.离退休、退职	1272	277	40	955
2.开除、除名、辞退	1053	46	1	1006
3.终止、解除合同	23283	446	6	22831
4.离岗保留关系的职工	820	6	2	812
5.死　亡	34	12	1	21
6.调　出	535	373	88	74
7.其　他	374	93	—	281

主要统计指标解释

人口数 指一定时点、一定地区范围内的有生命的个人的总和。年度统计的年末人口数是指每年12月31日24时的人口数。

出生率(又称**粗出生率**) 指在一定时期内(通常为一年)出生人数与同期平均人数(或期中人数)的比率，一般用千分率表示。计算公式：

出生率=年出生人数÷年平均人数×1000‰

出生人数 是指活产婴儿，即胎儿脱离母体时(不管怀孕月数)，有过呼吸或其他生命现象。

目前出生率的计算，在市级有公安的户籍口径、计生委的常住人口统计口径；国家、省级还有年度人口抽样调查公布口径等。本年鉴用的为公安口径出生数，包括了补报往年出生数在内。

年平均人数 是年初、年底人口数的平均数，也可用年中人口数代替。

死亡率(又称**粗死亡率**) 指在一定时期内(通常为一年)一定地区的死亡人数与同期平均人数(或期中人数)之比，一般用千分率表示。计算公式：

死亡率=年死亡人数÷年平均人数×1000‰

人口自然增长率 指在一定时期内(通常为一年)人口自然增加数(出生人数减死亡人数)与该时期内平均人数(或期中人数)之比，一般用千分率表示。计算公式：

自然增长率=(本年出生人数－本年死亡人数)÷年平均人数×1000‰

人口预期寿命 指在一定年龄级死亡率水平下，对某一确定的年龄日后平均还能继续生存的年数（或该年龄级未来的平均预期寿命)，$e^{o}x$ 指0岁组婴儿。

从业人员 指从事一定社会劳动并取得劳动报酬或经营收入的全部劳动力。包括：⑴国有、集体、其他经济类型中的全部在岗职工和其他从业人员；⑵城镇私营及个体劳动者；⑶农村社会劳动者。各单位的从业人员是指在各级国家机关、政党机关、社会团体及企业、事业单位中工作，取得工资或其他形式的劳动报酬的全部人员。包括：在岗职工、再就业的离退休人员。民办教师以及在各单位中工作的外方人员和港澳台方人员、兼职人员、借用的外单位人员和第二职业者。不包括离开本单位仍保留劳动关系的职工。

农村社会劳动者 指农村人口中经常参加合作经济组织[包括乡(镇)办企业事业单位]和家庭副业生产劳动的劳动力。凡是由合作经济组织分配劳动任务或承包各种生产任务，并从中直接取得实物、现金收入和从承包的生产任务中获得实物、现金收入的劳动力，不管从事何种劳动，都要统计为农村社会劳动者。国家从乡(村)调用的建勤民工；由集体经费支付工资或补贴的乡(村)脱产管理干部；乡(村)劳动力到国有经济单位或城镇集体经济单位工作，其收入交给合作经济组织，并从中取得实物或现金收入的合同工、临时工、亦工亦农人员；自行外出，但户口没有转出的劳动力，都应包括在内。

在岗职工 指在本单位工作并由单位支付工资的人员，以及有工作岗位，但由于学习、病伤产假等原因暂未工作，仍由本单位支付工资的人员。

其他从业人员 指劳动统计制度规定不作职工统计，但实际参加社会劳动并取得劳动报酬的人员。

城镇其他从业人员 是指单位中除职工以外的全部参加本单位生产或工作并取得劳动报酬的人员。包括再就业的离退休人员、民办教师以及在各单位中工作的外方人员和港、澳、台方人员。

城镇个体、私营劳动者 指经工商行政管理、卫生等部门核准登记，领取营业执照，参加生产经营活动，在城镇统计的全部人员。

从业人员劳动报酬 指各单位在一定时期内直接支付给本单位全部从业人员的劳动报酬总额。包括在岗职工工资总额和本单位其他从业人员劳动报酬两部分。

在岗职工工资总额 指各单位在一定时期内直接支付给本单位全部在岗职工的劳动报酬总额。工资总额的计算原则应以直接支付给职工的全部劳动报酬为根据。各单位支付给职工的劳动报酬以及其他根据有关规定支付的工资，不论是计入成本的还是不计入成本的，不论是按国家规定列入计征奖金税项目的还是未列入计征奖金税项目的，不论是以货币形式支付的还是以实物形式支付的，均包括在工资总额内。

其他从业人员劳动报酬 指各单位在一定时期内直接支付给本单位其他从业人员的全部劳动报酬。

在岗职工平均工资 指企业、事业、机关单位的在岗职工在一定时期内平均每人所得的货币工资额。它表明一定时期在岗职工工资收入的高低程度，是反映在岗职工工资水平的主要指标。计算公式为：

在岗职工平均工资＝报告期实际支付的全部在岗职工工资总额÷报告期全部在岗职工平均人数

不在岗职工 指由于各种原因，已经离开本人的生产或工作岗位，并已不在本单位从事其他工作，但仍与用人单位保留劳动关系的职工。

不在岗职工生活费 指上述人员在离开本单位但仍保留劳动关系期间从本单位领取的生活费用。

农 业

表 3-1

农村基本情况

	单位	2006 年	2005 年
一、镇、区基层组织情况			
1.镇、区、街道个数	个	19	21
#镇个数	个	7	10
2.村民委员会个数	个	95	107
3.村民小组个数	个	2495	2687
二、乡村实有劳动力合计	**人**	**220437**	**221994**
1.农林牧渔业	人	60999	61430
2.工　业	人	91341	91986
3.建筑业	人	16938	17058
4.交通运输、仓储和邮电通讯业	人	8182	8240
5.批发零售贸易业、餐饮业	人	11851	11934
6.其他劳动力	人	31126	31346
三、年末耕地面积合计	**万亩**	**24.59**	**26.39**
合计中：水　田	万亩	22.78	24.45
旱　地	万亩	1.81	1.94
人均耕地面积	**亩**	**0.43**	**0.48**

注：表中以亩、万亩为计量单位的数据为摘引数据（下同），换算标准：1 公顷=15 亩。

表 3-2

农村社会总产值及构成

	2006 年		2005 年	
	万元	构成%	万元	构成%
农村社会总产值合计	**5624756**	**100.0**	**4958627**	**100.0**
一、农林牧渔业总产值	175282	3.1	163700	3.4
二、农村工业总产值	4729995	84.1	4235983	85.4
三、农村建筑业总产值	429551	7.6	309720	6.2
四、农村运输业总产值	151728	2.7	130800	2.6
五、农村商业饮食业总产值	138200	2.5	118424	2.4

表 3-3

农林牧渔业总产值(一)

单位：万元

	按 1990 年不变价计算		按当年价计算	
	2006 年	2005 年	2006 年	2005 年
合　　计	**73796**	**68100**	**175282**	**163700**
一、农　业	20121	20327	48821	48430
二、林　业	848	872	3490	3338
三、牧　业	7542	7512	17535	16953
四、渔　业	28933	29113	79486	71302
五、农林牧渔服务业	16352	10276	25950	23677

表 3-4

农林牧渔业总产值(二)

（2006 年）　单位:万元

名　称	按 1990 年不变价计算	按现行价计算
农林牧渔业总产值	**73796**	**175282**
一、农业产值	**20121**	**48821**
1.谷物及其他作物	3267	8096
(1)谷　物	2756	7187
#稻　谷	2305	6164
小　麦	265	596
(2)薯　类	4	21
(3)油　料	497	871
#油菜籽	473	815
(4)豆　类	10	17
(5)麻　类	—	—
(6)糖　料	—	—
(7)其他农作物	—	—
2.蔬菜、园艺作物	11047	28089
(1)蔬菜（含菜用瓜）	5875	16886
(2)花　卉	847	1803
(3)其他园艺作物	4325	9400
3.水果、坚果、饮料和香料	5807	12636

表 3-4 续表 1

名　　称	按 1990 年不变价计算	按现行价计算
(1)水果、坚果	3028	6086
＃柑　桔	1795	2149
杨　梅	361	2039
(2)茶及其他饮料	2779	6550
＃茶	2779	6550
(3)香料作物	—	—
4.中药材	—	—
二、林业产值	**848**	**3490**
(一)林木的培育和种植	245	2474
1.育种育苗	23	144
2.人工造林	17	1470
3.抚育和管理	205	860
(二)竹木采运	—	—
(三)林产品的采集	603	1016
三、畜牧业产值	**7542**	**17535**
1.牲畜的饲养	1119	3813
(1)羊的饲养	191	1384
(2)其他牲畜饲养	400	805

表 3-4 续表 2

名　　称	按 1990 年不变价计算	按现行价计算
(3)奶产品	528	1624
#牛　奶	528	1624
(4)毛绒产品	—	—
#羊　毛	—	—
2.猪的饲养	3420	8655
3.家禽饲养	2708	4304
#肉　禽	1721	3012
禽　蛋	987	1292
4.狩猎和捕捉动物	260	600
5.其他畜牧业	35	163
四、渔业产值	**28933**	**79486**
1.淡水鱼类	5014	18622
2.淡水虾蟹类	23335	60119
3.淡水贝类	69	302
4.其他淡水养殖产品	515	443
五、农林牧渔服务业	**16352**	**25950**

表 3-5

农林牧渔业增加值

单位：万元

	2006 年	2005 年
一、总产出	**175282**	**163700**
二、中间消耗	**75052**	**69629**
1.农　业	18293	18375
2.林　业	2055	1959
3.牧　业	11424	11019
4.渔　业	32015	28052
5.农林牧渔服务业	11265	10224
三、增加值	**100230**	**94071**
1.农　业	30528	30055
2.林　业	1435	1379
3.牧　业	6111	5934
4.渔　业	47471	43250
5.农林牧渔服务业	14685	13453
四、增加值率(%)	**57.2**	**57.5**
1.农　业	62.5	62.1
2.林　业	41.1	41.3
3.牧　业	34.9	35.0
4.渔　业	59.7	60.7
5.农林牧渔服务业	56.6	56.8

表 3-6

农作物播种面积和产量（全社会）

	2006 年			2005 年总产量（吨）	2006 年为 2005 年%
	面　积（万亩）	单　产（公斤）	总产量（吨）		
一、粮　食	8.36	487	40710	47373	85.9
(一)夏　粮	2.13	260	5539	5471	101.2
1.三　麦	2.05	265	5449	5392	101.1
#小　麦	2.05	265	5449	5392	101.1
2.其　他	0.08	120	90	79	113.9
(二)秋　粮	6.23	565	35171	41902	83.9
1.水　稻	6.18	567	35077	41807	83.9
#单季晚稻	6.18	567	35077	41807	83.9
2.其　他	0.05	188	94	95	98.9
二、油菜籽	2.66	128	3395	3823	88.8
三、西香瓜	0.36	2144	7720	7020	110.0
四、茶　叶	2.71	10	272	226	120.4
#碧螺春	—	—	128	119	107.6
五、桑　叶	0.27	11	29	37	78.4

表 3-6 续表

	2006年			2005年总产量（吨）	2006年为2005年%
	面 积（万亩）	单 产（公斤）	总产量（吨）		
六、果 品	6.50	401	26084	27388	95.2
#柑 桔	2.59	586	15181	16239	93.5
葡 萄	0.07	366	256	261	98.1
柿 子	0.10	61	61	60	101.7
桃 子	0.24	466	1118	1250	89.4
鲜 枣	0.05	500	250	194	128.9
枇 杷	0.55	269	1477	1097	134.6
杨 梅	0.95	307	2913	3233	90.1
石 榴	0.03	197	59	34	173.5
梅 子	0.94	375	3526	4005	88.0
七、荸 荠	0.27	2727	7364	6700	109.9
八、藕	0.09	1108	997	741	134.5
九、茨 菇	0.14	1400	1960	1866	105.0

表 3-7

林业、牧业生产情况

	单位	2006 年	2005 年	2006 年为 2005 年%
一、林产品				
板　栗	吨	273	260	105.0
白　果	吨	564	548	102.9
二、生　猪				
年末存栏数	万头	7.26	5.15	141.0
年内出栏数	万头	11.73	10.30	115.2
折肉产量	吨	9822	6429	152.8
三、牛				
奶牛年末存栏数	头	1549	1314	117.9
牛奶产量	吨	7379	6428	114.8
四、羊				
年末存栏数	万只	1.53	2.66	57.5
年内出栏数	万只	2.03	3.20	63.4
五、家　禽				
年末存栏数	万羽	45.89	92.93	49.4
年内出栏数	万羽	192.11	260.24	73.8
禽蛋产量	吨	2195	2007	109.4
六、兔				
年末存栏数	万只	0.95	1.11	85.6
七、蚕　茧				
产　量	吨	29	37	78.4
八、蜂				
年末养蜂箱数	箱	660	400	165.0
蜂蜜产量	吨	10	8	125.0

表 3-8

渔业生产情况

	单位	2006 年	2005 年	2006 年为 2005 年%
一、水产品总产量	**吨**	**25971**	**31358**	**83.0**
# 1.鱼类产量	吨	12244	17618	69.0
2.虾蟹类产量	吨	11654	11193	104.0
3.贝类产量	吨	1785	2191	81.0
4.其他产量	吨	288	356	81.0
# 1.捕捞产量	吨	8000	10800	74.0
2.养殖产量	吨	17971	20558	87.0
#(1)池塘养殖产量	吨	14751	17418	85.0
(2)湖泊养殖产量	吨	3220	3140	103.0
(3)河沟养殖产量	吨	—	610	—
(4)其他养殖产量	吨	—	—	—
二、养殖面积	**万亩**	**16.63**	**14.48**	**114.8**
1.池　塘	万亩	10.14	9.88	102.6
2.湖　泊	万亩	6.49	4.18	155.3
3.河　沟	万亩	—	0.42	—
4.其　他	万亩	—	—	—

表 3-9

农业现代化情况

	单位	2006 年	2005 年
一、农村用电量	万千瓦时	198093	169600
二、农用化肥施用量			
实物量合计	吨	16249	18431
1.氮　肥	吨	9276	10521
2.磷　肥	吨	237	267
3.钾　肥	吨	814	923
4.复合肥	吨	5922	6720
折纯量合计	吨	6278	7121
1.氮　肥	吨	2949	3345
2.磷　肥	吨	39	44
3.钾　肥	吨	612	694
4.复合肥	吨	2678	3038
三、农药使用量	吨	398	451
四、农用塑料薄膜使用量	吨	113	174
五、农用柴油使用量	吨	3529	4003
六、有效灌溉面积	千公顷	17.37	18.05
#机灌面积	千公顷	3.91	5.20
电灌面积	千公顷	13.46	11.04
旱涝保收面积	千公顷	15.13	15.66

表 3-10 农业机械动力及主要农机保有量

	单位	2006 年末	2005 年末
农业机械总动力	**千瓦**	**193253**	**197145**
# 1.柴油发动机动力	千瓦	139209	138584
2.电力发动机动力	千瓦	43158	46963
3.汽油发动机动力	千瓦	10886	11598
一、耕作机械动力	**千瓦**	**11254**	**10051**
# 1.大中型拖拉机	台	35	43
2.小型拖拉机	台	916	858
3.机动水稻插秧机	台	—	—
二、农用排灌机械动力	**千瓦**	**30839**	**30910**
# 1.农用水泵	台	3719	3886
2.喷灌机械	套	163	168
三、农产品加工机械动力	**千瓦**	**6335**	**6259**
# 1.碾米机	台	342	362
2.磨粉机	台	171	200
四、植保机械动力	**千瓦**	**515**	**503**
#机动喷雾（粉）机	部	—	51

表 3-10 续表

	单位	2006 年末	2005 年末
五、收获机械动力	**千瓦**	**22977**	**26162**
# 1.联合收割机	台	23	31
2.机动脱粒机	台	9407	9618
3.扬场机	台	3288	4308
六、牧业机械动力	**千瓦**	**3028**	**3547**
#饲料粉碎机	台	219	278
七、渔业机械动力	**千瓦**	**23245**	**23269**
#渔用机动船	艘	1318	1353
八、运输机械动力	**千瓦**	**70221**	**70738**
# 1.农用载重汽车	辆	254	287
2.农用运输车	辆	113	131
3.机动运输船	艘	12	10
4.农用挂浆船	条	8982	9033
九、其他农业机械动力	**千瓦**	**24839**	**25706**
#推土机	台	88	88

表 3-11

农村固定资产情况

单位：万元

	2006年末	2005年末
年末固定资产原值	**2775913**	**2445738**
一、生产性固定资产	**1530669**	**1348607**
1.农林牧渔业固定资产	41462	36530
#生产用房及建筑物	17574	15483
役畜、产品畜	2336	2058
大中型铁木农具	5077	4473
农林牧渔业设备	15852	13967
2.工业固定资产	1384595	1219908
#生产用房及建筑物	604101	532248
生产设备	737873	650108
3.建筑业固定资产	18726	16499
4.运输业固定资产	45193	39818
5.批发零售、餐饮和服务业	40693	35852
二、非生产性固定资产	**1245244**	**1097131**
#住　宅	1058970	933013

表 3-11 续表

	2006年末	2005年末
年末固定资产原值	**2775913**	**2445738**
乡一级所有	1047717	923099
村一级所有	179907	158508
联户企业所有	160792	141667
农民家庭所有	1387497	1222464
生产性固定资产原值	**1530669**	**1348607**
乡一级所有	577723	509007
村一级所有	99203	87404
联户企业所有	88662	78116
农民家庭所有	765081	674080
非生产性固定资产原值	**1245244**	**1097131**
乡一级所有	469994	414092
村一级所有	80704	71104
联户企业所有	72130	63551
农民家庭所有	622416	548384

表 3-12

农村经济收入分配和效益

单位：万元

	2006 年	2005 年	2006 年为 2005 年%
一、农村经济总收入	**5143368**	**4682280**	**109.8**
1.第一产业收入	**163372**	**160441**	**101.8**
(1)农　业	58414	58049	100.6
#种植业	43658	48928	89.2
(2)林　业	11275	13769	81.9
(3)牧　业	14342	18532	77.4
(4)渔　业	79341	70091	113.2
2.第二产业收入	**4753717**	**4266806**	**111.4**
(1)工　业	4672710	4124892	113.3
(2)建筑业	81007	141914	57.1
3.第三产业收入	**226279**	**255033**	**88.7**
(1)运输业	39632	44525	89.0
(2)商饮业	54476	67983	80.1
(3)其他业	132171	142525	92.7
二、农村经济总费用	**4641010**	**3915094**	**118.5**
1.生产费用	3821378	3238456	118.0

表 3-12 续表

	2006 年	2005 年	2006 年为 2005 年%
2.管理费用	270000	228821	118.0
3.其他费用	549632	447817	122.7
三、净收入	**502358**	**767186**	**65.5**
四、投资收益	**2111**	**1444**	**146.2**
五、农民外出劳务收入	**45449**	**25628**	**177.3**
六、可分配净收入总额	**549918**	**794258**	**69.2**
1.国家税金	60465	192863	31.4
2.上交有关部门利润	1136	2214	51.3
3.外来投资分利	979	4353	22.5
4.外来人员带走劳务收入	20871	79956	26.1
5.企业各项留利	64999	145992	44.5
6.乡村集体所得	23617	43837	53.9
7.农民经营所得	377851	325043	116.2
七、农民从集体再分配所得	**21431**	**27764**	**77.2**
八、农民所得总额	**399282**	**352807**	**113.2**
农民人均所得(元)	9665	8637	111.9

表 3-13 各镇、区、街道

	村民委员会（个）	村民小组（个）	户数（户）		人口（人）	
			总户数	#非农户数	总人口	#非农人口
度假区	23	503	35461	7103	105412	23697
开发区	16	247	34520	12984	127684	50668
长　桥	—	—	8075	7734	22854	17446
角　直	9	318	14676	5050	43029	12325
车　坊	7	228	5508	96	19703	343
郭　巷	2	41	11078	1215	38093	6400
藏　书	5	230	8200	985	27909	2786
木　渎	6	189	19331	14264	58528	39953
胥　口	4	147	6804	1647	19803	3750
横　泾	12	174	8618	1899	29896	8326
浦　庄	6	165	5869	1135	21741	4207
渡　村	7	165	7290	738	24181	7140
东　山	12	303	17715	3982	52226	10992
光　福	7	228	13630	2623	44139	8199
西　山	11	229	15308	2017	43907	8941
香　山	5	46	6523	2463	17366	6557

基本情况(2006年末)

乡村劳动力(人)		耕地面积(亩)		村级基础设施情况(个)		
总劳动力	#女劳动力	合计	平均每人	自来水受益村	通汽车村数	通电话村数
57765	27110	32638	0.31	20	23	23
35566	15721	62668	0.49	15	16	16
4295	1554	3198	0.03	—	—	—
18749	9193	28633	0.67	9	9	9
11884	5958	19409	0.99	7	7	7
16089	7536	26368	0.69	2	2	2
15318	7582	19932	0.71	5	5	5
14993	5680	15065	0.26	6	6	6
9414	2931	13227	0.67	4	4	4
14604	4975	16194	0.54	11	12	12
10263	3434	20011	0.92	6	6	6
13252	6035	23549	0.97	7	7	7
28938	6399	7551	0.14	11	11	12
25748	12063	19552	0.44	7	7	7
22783	10451	8719	0.20	8	11	11
9234	4596	4367	0.25	5	5	5

表 3-14

各镇、区、街道乡村劳动力行业构成情况

(2006 年末)

	合计	农林牧渔业	工业	建筑业	运输仓储邮电通讯业	批发零售贸易餐饮业
度假区	57765	22538	18765	4662	1705	1928
开发区	35566	10120	11479	4279	1528	1684
长桥	4295	—	2998	684	95	180
角直	18749	2710	9267	979	1014	1942
车坊	11884	2640	3385	520	1413	641
郭巷	16089	4263	4243	1353	815	868
藏书	15318	1794	7569	598	580	1584
木渎	14993	125	10980	637	401	1283
胥口	9414	982	6810	683	278	587
横泾	14604	4827	5936	1586	598	816
浦庄	10263	1766	6051	1590	272	503
渡村	13252	1524	6760	1355	289	565
东山	28938	16800	7277	951	607	954
光福	25748	9856	8036	2157	835	918
西山	22783	10610	7055	1132	648	609
香山	9234	2072	3674	1373	222	401

表 3-15

各镇、区、街道粮食面积和总产量

	2006年			2005年			2006年总产量为2005年%
	面 积(亩)	单 产(公斤)	总产量(吨)	面 积(亩)	单 产(公斤)	总产量(吨)	
度假区	9444	522	4928	9076	509	4618	106.7
开发区	18370	522	9585	27494	490	13467	71.2
长 桥	—	—	—	—	—	—	—
角 直	14929	410	6128	16319	413	6738	90.9
车 坊	12005	475	5704	16610	442	7342	77.7
郭 巷	9768	499	4872	17907	485	8683	56.1
藏 书	4064	484	1965	5322	481	2559	76.8
木 渎	135	267	36	250	524	131	27.5
胥 口	2954	454	1340	3154	417	1316	101.8
横 泾	8602	548	4713	9095	496	4509	104.5
浦 庄	11193	501	5608	11594	493	5713	98.2
渡 村	8068	569	4589	9257	518	4796	95.7
东 山	1193	540	644	1475	470	693	92.9
光 福	1417	496	703	2879	513	1476	47.6
西 山	5240	550	2882	5656	505	2856	100.9
香 山	2787	482	1343	541	529	286	469.6
场 圃	—	—	—	—	—	—	—

表 3-16

各镇、区、街道三麦面积和产量

	2006年			2005年			2006年总产量为2005年%
	面 积(亩)	单 产(公斤)	总产量(吨)	面 积(亩)	单 产(公斤)	总产量(吨)	
度假区	1042	260	271	83	217	18	1505.6
开发区	3784	270	1022	5828	269	1568	65.2
长 桥	—	—	—	—	—	—	—
角 直	7465	270	2016	6427	265	1703	118.4
车 坊	2676	256	685	2893	178	515	133.0
郭 巷	2658	271	720	4328	268	1160	62.1
藏 书	812	241	196	1050	244	256	76.6
木 渎	135	264	36	—	—	—	—
胥 口	1078	242	261	1205	225	271	96.3
横 泾	1126	268	302	1500	272	408	74.0
浦 庄	3130	272	851	2907	271	788	108.0
渡 村	416	268	112	1034	264	273	41.0
东 山	—	—	—	—	—	—	—
光 福	204	243	49	83	217	18	272.2
西 山	—	—	—	—	—	—	—
香 山	838	265	222	—	—	—	—
场 圃	—	—	—	—	—	—	—

表 3-17

各镇、区、街道水稻面积和产量

	2006年			2005年			2006年总产量为2005年%
	面　积（亩）	单　产（公斤）	总产量（吨）	面　积（亩）	单　产（公斤）	总产量（吨）	
度假区	8402	554	4657	8993	512	4600	101.2
开发区	14586	587	8563	21666	549	11898	72.0
长　桥	—	—	—	—	—	—	—
角　直	7464	551	4112	9892	509	5035	81.7
车　坊	9329	538	5019	12707	526	6684	75.1
郭　巷	7110	584	4152	13579	554	7523	55.2
藏　书	3252	544	1769	4272	539	2303	76.8
木　渎	—	—	—	250	524	131	—
胥　口	1876	575	1079	1949	536	1045	103.3
横　泾	7476	590	4411	7595	540	4101	107.6
浦　庄	8063	590	4757	8587	570	4895	97.2
渡　村	7652	585	4477	8223	550	4523	99.0
东　山	1193	540	644	1475	470	693	92.9
光　福	1213	539	654	2796	521	1458	44.9
西　山	5240	550	2882	5656	505	2856	100.9
香　山	1949	575	1121	541	529	286	392.0
场　圃	—	—	—	—	—	—	—

表 3-18

各镇、区、街道油菜籽面积和产量

	2006年			2005年			2006年总产量为2005年%
	面积(亩)	单产(公斤)	总产量(吨)	面积(亩)	单产(公斤)	总产量(吨)	
度假区	3112	110	342	4145	115	477	139.5
开发区	8894	145	1290	10120	146	1475	114.3
长　桥	—	—	—	—	—	—	—
角　直	1845	115	212	2023	100	202	95.3
车　坊	5850	105	614	6700	115	771	125.6
郭　巷	4894	145	710	6040	130	785	110.6
藏　书	500	100	50	505	115	58	116
木　渎	—	—	—	—	—	—	—
胥　口	312	96	30	303	96	29	96.7
横　泾	4000	145	580	4000	170	680	117.2
浦　庄	2576	156	402	2628	164	431	107.2
渡　村	3500	130	455	3163	120	380	83.5
东　山	—	—	—	—	—	—	—
光　福	112	106	12	145	117	17	141.7
西　山	3000	110	330	4000	115	460	139.4
香　山	—	—	—	—	—	—	—

表 3-19

各镇、区、街道水果主要品种产量

（2006 年）　单位：吨

	合　计	柑　桔	梅　子	杨　梅	枇　杷	桃　子	葡　萄
度假区	12266	4795	3276	1676	876	743	116
开发区	67	16	—	4	—	24	13
长　桥	—	—	—	—	—	—	—
角　直	1	—	—	—	—	—	1
藏　书	—	—	—	—	—	—	—
木　渎	60	—	—	—	—	—	60
胥　口	262	201	—	—	—	23	38
横　泾	52	6	—	4	—	24	13
浦　庄	89	70	—	—	2	2	8
渡　村	310	99	—	—	—	76	20
东　山	13028	10000	250	1233	600	250	—
光　福	877	398	120	35	103	18	41
西　山	11389	4397	3156	1641	773	725	75

表 3-20 各镇、区、街道

	猪（头）			奶牛年末头数（头）	牛奶产量（吨）
	全年出栏	年末圈存量	母猪		
度假区	9431	8665	560	27	126
开发区	45852	24575	1400	405	2324
长桥	355	175	—	—	—
角直	19490	10762	—	500	2015
车坊	3008	1609	18	335	1519
郭巷	38982	18148	510	405	2268
藏书	5288	7559	782	230	1114
木渎	18786	5526	400	50	251
胥口	4255	1732	—	—	—
横泾	2156	3516	700	—	56
浦庄	6564	7797	713	2	11
渡村	3383	3234	80	—	19
东山	928	972	4	—	—
光福	2863	2110	370	27	126
西山	6568	6555	190	—	—

牧业生产情况(2006 年)

羊年末只数(只)	#山羊(只)	家禽年末只数(万羽)	#鸡(万羽)	鸭(万羽)	兔年末只数(只)
4150	150	11.36	6.66	1.84	400
85	85	18.88	13.67	3.98	—
—	—	0.22	0.01	0.20	—
—	—	2.77	—	—	—
—	—	0.62	0.50	0.20	—
85	85	8.03	2.73	3.72	—
—	—	1.70	1.66	0.06	—
—	—	—	0.20	—	—
—	—	2.07	1.00	—	—
—	—	7.09	8.30	0.20	—
—	—	4.55	3.22	0.65	—
—	—	2.85	3.35	0.54	—
11077	—	0.87	1.67	0.05	9100
150	150	2.53	3.30	0.22	—
4000	—	8.83	3.36	1.62	400

表 3-21

各镇、区、街道渔业生产情况

(2006 年)

	水产品总产量(吨)	1. 养殖产量	2. 捕捞产量	总产量中	养殖面积(亩)
				鱼类产量	
度假区	7956	2226	5730	5482	27647
开发区	6537	5627	910	3990	34354
长　桥	—	—	—	—	—
角　直	1873	1778	95	602	5885
车　坊	2974	2915	59	1977	8547
郭　巷	1622	1302	320	1612	4335
藏　书	—	—	—	—	—
木　渎	69	44	25	15	389
胥　口	151	54	97	32	508
横　泾	2661	2661	—	828	24259
浦　庄	830	680	150	388	7775
渡　村	953	723	230	270	10033
东　山	4628	3924	704	865	71144
光　福	5860	480	5380	4218	14814
西　山	2096	1746	350	1264	12833

表 3-22　各镇、区、街道农林牧渔业总产值(1990 年不变价)

（2006 年）　单位：万元

	合计	1. 农业	2. 林业	3. 牧业	4. 渔业
度假区	19931	9735	1123	2268	6805
开发区	15833	1050	3	5788	8992
长　桥	—	—	—	—	—
角　直	6630	2414	73	1562	2581
车　坊	5998	987	—	—	5011
郭　巷	8068	505	—	5591	1972
藏　书	1316	620	493	203	—
木　渎	363	28	—	224	111
胥　口	1469	260	2	321	886
横　泾	7765	545	3	197	7020
浦　庄	6750	2755	33	2413	1549
渡　村	3124	795	—	222	2107
东　山	14487	3419	415	56	10597
光　福	13885	6427	741	1836	4881
西　山	5753	3140	380	320	1913
香　山	293	168	2	112	11

表 3-23 各镇、区、街道农林牧渔业总产值(现行价)

(2006 年)

单位：万元

	合计	1. 农业	2. 林业	3. 牧业	4. 渔业
度假区	51742	16675	9609	4905	20553
开发区	43495	3094	90	11228	29083
长　桥	—	—	—	—	—
角　直	16112	4808	1176	3521	6607
车　坊	9400	3013	—	—	6387
郭　巷	16000	1438	—	10871	3691
藏　书	31276	1270	29580	426	—
木　渎	925	49	—	494	382
胥　口	4029	879	69	706	2375
横　泾	27495	1656	90	357	25392
浦　庄	16529	5243	570	6006	4710
渡　村	10076	1417	—	500	8159
东　山	49167	7645	490	112	40920
光　福	37143	10247	8578	3949	14369
西　山	13753	5920	953	722	6158
香　山	846	508	78	234	26

表 3-24 各镇、区、街道农林牧渔业总产值构成情况

（2006 年） 单位：万元

	合 计	1. 农业	2. 林业	3. 牧业	4. 渔业
度假区	100.0	32.2	18.6	9.5	39.7
开发区	100.0	7.1	0.2	25.8	66.9
长 桥	—	—	—	—	—
角 直	100.0	29.8	7.3	21.9	41.0
车 坊	100.0	32.1	—	—	67.9
郭 巷	100.0	9.0	—	67.9	23.1
藏 书	100.0	4.1	94.5	1.4	—
木 渎	100.0	5.3	—	53.4	41.3
胥 口	100.0	21.8	1.7	17.6	58.9
横 泾	100.0	6.0	0.3	1.3	92.4
浦 庄	100.0	31.7	3.4	36.4	28.5
渡 村	100.0	14.0	—	5.0	81.0
东 山	100.0	15.5	1.1	0.2	83.2
光 福	100.0	27.6	23.1	10.6	38.7
西 山	100.0	43.0	6.9	5.3	44.8
香 山	100.0	60.0	9.2	27.7	3.1

表 3-25

各镇、区、街道农业机械总动力

	农业机械总动力（千瓦）	1.耕作机械			2.排灌机械	
		动力（千瓦）	大中型拖拉机（台）	小型拖拉机（台）	动力（千瓦）	农用水泵（台）
度假区	36667	1246	6	107	5153	172
开发区	40384	2574	5	271	6447	506
长桥	1865	53	—	5	393	—
角直	27530	1067	15	39	2947	52
车坊	30247	882	—	86	1506	—
郭巷	15268	1323	—	150	2462	178
藏书	4011	291	—	25	312	35
木渎	2322	237	—	20	285	—
胥口	9004	1869	2	111	1894	—
横泾	18846	764	4	70	3019	242
浦庄	6603	896	6	80	1091	—
渡村	5209	631	1	56	1957	173
东山	29411	1508	—	116	8854	2781
光福	31299	867	6	64	1683	—
西山	5368	379	—	43	3470	172

及主要农机保有量(2006 年末)

3. 收获机械				4. 农产品加工机械		
动 力(千瓦)	联合收割机(台)	机动脱粒机(台)	扬场机(台)	动 力(千瓦)	碾米机(部)	磨粉机(部)
699	—	353	143	811	17	62
6478	—	3164	1132	1453	49	42
288	—	185	—	—	—	—
4856	15	—	116	2225	194	—
3750	—	1420	810	265	6	10
3803	—	1744	600	533	25	—
555	—	370	—	—	—	—
74	2	—	—	10	—	2
2993	—	—	160	712	33	28
2675	—	1420	532	790	18	32
2533	5	1274	776	352	20	10
751	1	244	151	507	23	17
—	—	—	—	—	—	—
323	—	240	110	311	—	—
376	—	113	33	500	17	62

表 3-25

	5.植保机械		6.牧业机械		7.渔业机械	
	动力(千瓦)	机动喷雾(粉)机(部)	动力(千瓦)	饲料粉碎机(台)	动力(千瓦)	渔用机动船(艘)
度假区	24	—	932	56	19494	822
开发区	7	—	701	83	958	235
长　桥	—	—	—	—	247	31
角　直	184	—	372	28	1658	188
车　坊	—	—	—	—	—	—
郭　巷	—	—	337	56	—	—
藏　书	—	—	135	9	—	—
木　渎	—	—	—	—	154	6
胥　口	71	—	385	—	26	3
横　泾	—	—	364	27	—	—
浦　庄	13	—	111	26	185	21
渡　村	12	—	392	17	522	12
东　山	204	—	—	—	—	—
光　福	—	—	313	17	19494	822
西　山	24	—	619	39	—	—

续表

8.运输机械					9.其他农业机械	
动　力(千瓦)	农用汽车(辆)	农用运输车(辆)	机动运输船(艘)	农用挂浆船(条)	动　力(千瓦)	推土机(台)
8308	—	—	—	367	—	—
11726	169	2	10	1292	3543	15
35	—	—	—	4	849	9
6077	27	—	—	689	6658	56
23667	—	—	2	2670	176	—
6553	—	—	9	716	257	4
159	27	18	—	—	118	—
—	28	—	—	—	188	—
1053	—	93	—	22	—	—
4738	169	—	1	530	—	—
176	3	—	—	21	1191	8
175	—	—	—	20	263	—
18845	—	—	—	3897	—	—
8308	—	—	—	367	—	—
—	—	—	—	—	—	—

表 3-26

分村社会主要经

	自然村数（个）	全村户数（户）				全村人口（人）	从业人员（人）			年末耕地面积（亩）
			通自来水的户	住楼房的户数	通有线电视户			从事非农行业	外出打工人数	
越溪街道										
张桥村	19	730	640	680	600	2560	1610	1210	91	170
旺山村	13	560	550	508	545	2188	1486	520	320	800
郭巷街道										
姜家村	3	699	699	699	600	2561	1400	1100	10	600
官浦村	6	496	496	445	262	1886	1076	798	85	1948
横泾街道										
新路村	9	590	530	525	450	2261	1258	558	120	1173
新齐村	11	716	525	515	356	2750	1588	926	100	3189
镇南村	11	617	606	535	530	2255	830	681	20	2151
新众村	9	649	400	450	450	2515	1510	1074	208	1441
尧南村	9	553	537	510	537	2133	1586	1530	180	1700
新思村	6	487	470	360	412	1830	1231	805	88	1113
三星村	9	644	600	595	620	2316	1540	1290	286	1615
上庄村	3	208	170	200	160	740	440	435	100	369
后巷村	17	571	571	561	561	2197	1786	1633	80	317
马家村	19	602	552	569	525	2302	1199	1068	485	2104
新湖村	1	447	—	60	—	1754	1005	20	10	—
上林村	14	1063	610	1011	850	4118	2640	1800	300	3377

济指标(2006 年)

参保人数(人)		享受低保人数(人)	各类企业个数(个)	各类企业营业收入(万元)	个体工商户数(户)	村级可支配收入(万元)	农村经济总收入(万元)	农民人均纯收入(元)	村集体资产总额(万元)	村集体债务总额(万元)
基本医疗保险	基本养老保险									
2480	2040	39	25	12000	5	350	12615	10800	1530	475
2149	1740	30	22	8000	3	730	7365	11050	3900	500
2561	1800	10	3	2300	100	176	2554	9300	1000	30
1792	1605	69	2	931	10	138	2237	9208	292	56
2177	1855	49	4	650	3	119	2945	8916	745	30
2734	1955	43	5	1800	30	120	6240	8930	521	27
2221	1607	23	9	990	20	130	6960	9395	567	263
2498	1920	44	1	518	80	181	2113	8900	473	17
2073	1586	8	40	12000	168	371	16152	11860	2278	553
1793	1525	10	6	450	60	28	1623	9125	458	130
2260	1700	33	27	6800	30	131	8358	9690	1290	274
721	480	8	6	910	7	68	1671	8858	155	40
2162	1753	38	32	15320	39	203	3334	9400	1103	107
2275	1880	22	23	4000	35	92	6400	9260	629	103
1722	1046	20	—	—	4	38	3278	8988	263	14
4118	2988	28	3	1200	60	253	7550	9450	726	46

表 3-26

	自然村数（个）	全村户数（户）	通自来水的户	住楼房的户数	通有线电视户	全村人口（人）	从业人员（人）	从事非农行业	外出打工人数	年末耕地面积（亩）
香山街道										
梅舍村	2	475	475	425	465	1602	815	805	200	—
郁舍村	2	468	459	430	459	1648	999	989	350	350
香山村	4	712	668	669	615	1506	1241	1089	250	141
小横山	5	443	440	420	435	1498	987	977	350	180
舟山村	17	1693	1460	1300	1370	5801	3492	2592	1600	1686
甪直镇										
淞南村	14	1269	1269	1245	1100	4195	2912	2859	350	3107
淞港村	8	868	868	850	756	2894	1872	1661	52	211
淞浦村	7	813	805	785	560	2623	1486	1347	58	1124
澄北村	9	738	720	655	410	2553	1484	1213	54	1094
澄湖村	11	1031	1031	930	855	3543	2170	2019	30	630
澄东村	9	1052	1040	1029	690	3474	2189	1818	10	2429
甫南村	16	916	916	916	916	2743	1293	1168	60	1638
甫港村	12	1271	1144	1154	800	3581	2125	1861	50	264
甫田村	13	798	798	768	463	2757	1576	1388	20	1638
车坊办										
江湾村	4	864	864	815	480	2718	1721	1211	90	2936

续表 1

参保人数(人)		享受低保人数(人)	各类企业个数(个)	各类企业营业收入(万元)	个体工商户数(户)	村级可支配收入(万元)	农村经济总收入(万元)	农民人均纯收入(元)	村集体资产总额(万元)	村集体债务总额(万元)
基本医疗保险	基本养老保险									
1348	1195	38	11	1700	36	47	2650	8770	166	186
1414	1131	22	14	1354	79	40	4086	9800	252	51
1163	1060	4	5	800	25	11	1851	9163	18	16
1468	1026	2	2	1200	10	6	2005	9033	75	5
4876	3883	107	22	1140	83	153	13251	9381	990	480
4102	2946	71	148	52530	58	1500	57511	11500	6852	2523
2894	1789	68	96	21680	60	601	22891	10624	3717	928
2623	1272	80	60	3040	26	404	5634	10393	2691	1674
2553	2294	40	25	1100	65	131	3332	9362	737	330
3543	2697	61	34	2809	215	563	9459	10804	3309	1829
3474	2660	45	50	6060	95	301	9097	9880	2453	499
2743	1870	70	36	7286	70	385	7807	10323	1705	771
3581	3004	47	26	4288	77	436	7020	10370	1808	864
2757	1710	54	43	4030	42	280	6981	9967	1448	1185
2701	1814	35	5	3218	136	160	6318	8870	1012	432

表 3-26

	自然村数(个)	全村户数(户)	通自来水的户	住楼房的户数	通有线电视户	全村人口(人)	从业人员(人)	从事非农行业	外出打工人数	年末耕地面积(亩)
前港村	11	564	480	500	320	2165	1526	1313	750	1560
三马村	8	880	866	850	705	3330	2166	1184	80	3333
湖浜村	6	641	641	623	490	2493	1601	951	60	2305
澄湖村	13	741	623	710	400	2636	2140	2040	220	2773
长巨村	12	1092	1040	1040	830	3754	2251	1805	960	4191
瑶盛村	31	726	726	706	520	2622	1548	967	510	3297
藏 书 镇										
藏东村	29	1516	1370	1400	1320	5438	3382	3277	1620	3274
藏南村	18	1265	1208	1158	1020	4666	3216	2814	150	170
藏西村	20	1217	1098	1135	1120	4653	2825	2520	1000	1979
藏北村	29	1615	700	1510	1420	5851	3001	2340	1000	6207
藏中村	33	1602	1602	1580	1240	5556	3661	3611	270	2480
木 渎 镇										
灵岩村	20	1125	1125	1083	1085	4033	2351	2351	260	649
尧峰村	24	1031	1018	1021	1010	3854	3100	3050	14	3371
金山村	10	1441	1441	1426	1441	4286	1295	1295	608	1270
天平村	26	1369	1367	1362	1367	4967	2772	2772	350	1294
姑苏村	35	1480	1480	1418	1480	5426	3548	3503	470	293

续表 2

参保人数(人)		享受低保人数(人)	各类企业个数(个)	各类企业营业收入(万元)	个体工商户数(户)	村级可支配收入(万元)	农村经济总收入(万元)	农民人均纯收入(元)	村集体资产总额(万元)	村集体债务总额(万元)
基本医疗保险	基本养老保险									
2165	1689	36	3	658	78	56	3015	8875	614	344
3330	2492	36	3	358	63	87	4936	8701	350	140
2493	1256	48	2	258	45	59	3999	8901	320	90
2636	2228	40	2	355	38	72	4192	8938	413	70
3754	2654	56	5	4316	208	274	4260	8895	784	122
2622	1840	50	3	45	45	100	3374	8947	999	316
5212	3437	144	31	8806	150	309	19095	10018	1669	1360
4560	3483	62	23	24681	190	290	27810	10795	2058	1329
4172	3365	20	9	25176	35	203	28330	9832	967	623
4976	4516	33	13	3450	15	179	8010	9116	624	615
5269	3799	20	20	4452	50	195	14419	9910	1452	684
4030	4023	39	40	12000	230	520	33650	10080	8078	1281
3854	2292	12	32	17343	12	324	18660	12688	7947	813
4202	3618	28	116	14212	150	608	37242	11017	7223	788
4924	4025	61	175	54220	850	2150	6954	14000	24145	4831
5380	5202	23	115	27300	390	1005	30600	12000	12206	941

表 3-26

	自然村数(个)	全村户数(户)	通自来水的户	住楼房的户数	通有线电视户	全村人口(人)	从业人员(人)	从事非农行业	外出打工人数	年末耕地面积(亩)
西跨塘	9	1252	1252	1236	1252	4564	2634	2634	123	1124
胥口镇										
东欣村	37	5247	5247	4927	4992	16160	12840	11560	120	6781
新峰村	18	1879	929	942	1219	6443	3639	3010	370	4005
箭泾村	22	2320	2320	2230	2320	6997	4763	3419	644	470
香山村	28	1871	1380	1302	1371	5488	3621	3100	200	3966
浦庄镇										
湖桥村	28	1278	1278	1214	1027	4338	3106	1863	1130	4998
浦庄村	25	894	850	860	860	3540	2290	2190	75	846
马舍村	12	895	790	790	870	3465	2403	1882	250	2135
石庄村	16	891	891	861	890	3341	2322	1927	12	1402
界路村	18	908	903	890	903	3365	2061	1459	245	1806
东吴村	24	785	772	738	769	2860	1686	938	425	1562
渡村镇										
前塘村	11	1075	710	1015	953	3686	2235	2025	215	3784
牛桥村	10	1416	1398	1272	1335	5965	3861	2701	442	4250
灵湖村	10	915	874	898	865	3212	1933	1159	539	3732
采莲村	10	1046	1046	1025	821	3846	2564	2231	371	3484

续表 3

参保人数(人)		享受低保人数(人)	各类企业个数(个)	各类企业营业收入(万元)	个体工商户数(户)	村级可支配收入(万元)	农村经济总收入(万元)	农民人均纯收入(元)	村集体资产总额(万元)	村集体债务总额(万元)
基本医疗保险	基本养老保险									
4507	4405	96	87	50782	167	1219	57109	13095	12900	1200
14275	11766	24	23	15594	35	312	9218	10400	2651	1652
4485	4102	15	16	5592	46	252	9218	10200	808	1020
4822	4044	12	16	8692	19	384	7963	10400	1335	1105
4380	3998	75	25	5000	15	330	8920	10300	1323	1330
4280	3230	38	28	13815	7	1250	4781	11000	3278	2650
2817	2582	—	15	6410	45	350	4350	9320	2042	1580
3226	2421	72	30	4529	20	3413	6930	9850	1107	635
3330	2311	40	16	3640	45	269	3369	10085	1368	980
2824	2146	38	39	13290	26	355	3712	11450	1698	610
2480	2278	28	9	4320	6	181	181	9012	653	188
3686	2410	29	6	2185	35	120	5200	9243	319	79
4783	4064	37	10	21920	29	143	23474	9105	1028	140
3094	2114	27	6	10449	325	73	10546	8497	390	154
3653	2884	24	10	20790	34	300	21694	8965	590	141

表 3-26

	自然村数(个)	全村户数(户)	通自来水的户	住楼房的户数	通有线电视户	全村人口(人)	从业人员(人)	从事非农行业	外出打工人数	年末耕地面积(亩)
石塘村	9	774	766	675	400	2721	1989	1468	653	3470
石舍村	2	642	562	611	395	2385	1524	1255	450	2930
陆舍村	16	684	684	660	510	2396	1927	1262	460	2965
东 山 镇										
杨湾村	3	1132	550	1095	820	3555	2135	1603	129	679
三山村	6	295	—	210	221	798	462	228	130	393
碧螺村	3	1689	1431	1531	1474	4722	3640	2204	—	16
潦里村	2	1377	1337	1230	1086	4897	4644	1858	112	196
陆巷村	3	1503	620	1420	1202	4700	3174	1254	150	722
双湾村	2	1224	1036	1180	788	3894	2271	434	—	55
莫厘村	17	1505	1101	1420	1294	4230	3578	2320	60	—
吴巷村	2	903	830	820	729	3133	2690	1490	—	1366
渡口村	2	848	844	795	755	3106	1472	700	30	2067
渡桥村	3	1024	993	955	841	3286	2232	1229	—	1064
太湖村	4	841	603	510	388	2502	1575	130	—	41
新潦村	3	1392	1180	1260	1000	4586	2820	1339	100	131
光 福 镇										
福利村	42	1919	500	1890	1870	6978	3977	1721	762	3223

续表 4

参保人数(人)		享受低保人数(人)	各类企业个数(个)	各类企业营业收入(万元)	个体工商户数(户)	村级可支配收入(万元)	农村经济总收入(万元)	农民人均纯收入(元)	村集体资产总额(万元)	村集体债务总额(万元)
基本医疗保险	基本养老保险									
2670	2150	17	8	19510	28	105	20501	8915	260	12
2257	1987	22	6	1770	18	81	3264	8923	380	29
2259	1695	23	6	1920	35	57	2460	8920	125	115
3355	2535	6	14	28854	40	49	32325	8001	471	294
777	569	2	2	890	60	380	2554	11260	872	428
4590	3336	14	38	8949	60	121	12374	9400	1068	474
4708	3403	26	17	2846	40	148	15226	9743	948	639
4541	3369	20	7	5870	40	81	10042	9550	745	479
3551	2979	23	7	1053	12	45	4298	7260	633	432
4149	3437	46	19	9750	40	85	13601	9267	1132	342
2932	2420	46	47	29927	20	21	35582	8447	1440	769
2753	2455	22	35	5149	12	40	7340	7336	501	266
3124	2431	41	44	14012	100	48	15722	8000	808	366
2421	1831	12	2	810	10	160	13713	11016	680	134
4043	2869	26	14	7012	120	129	16991	9374	524	362
6708	4339	191	42	19200	237	200	19951	10341	1433	172

表 3-26

	自然村数（个）	全村户数（户）	通自来水的户	住楼房的户数	通有线电视户	全村人口（人）	从业人员（人）	从事非农行业	外出打工人数	年末耕地面积（亩）
邓尉村	20	931	718	840	530	3133	1972	1032	169	1779
香雪村	31	1994	500	1850	450	6926	4320	1320	750	1327
冲山村	5	807	655	760	655	2650	1988	1192	250	812
府巷村	18	1403	659	1200	950	4981	2779	1814	801	5192
迂里村	28	2184	234	2150	1490	7949	5460	2130	120	5529
太湖渔港	3	1348	905	806	803	4634	3102	1421	78	7
西 山 镇										
元山村	19	1150	1070	1150	970	3595	2100	1600	410	772
蒋东村	5	1125	1050	913	965	3667	2310	1939	581	630
庭山村	8	977	966	790	952	3231	2122	1659	352	426
林屋村	23	1518	900	1200	900	4242	2277	1550	412	439
秉常村	13	1322	1050	950	600	4110	2367	725	400	233
石公村	17	1049	—	996	566	3015	1970	1283	246	146
东蔡村	10	1174	—	1124	650	3420	2153	1063	507	842
缥缈村	17	848	760	825	730	2843	1680	730	396	1070
衙甪里	10	1187	—	1135	670	3494	2516	575	287	447
堂里村	7	1033	—	860	875	2896	1807	882	450	357
东村村	25	1023	—	900	850	3580	2145	910	645	290

续表 5

参保人数(人)		享受低保人数(人)	各类企业个数(个)	各类企业营业收入(万元)	个体工商户数(户)	村级可支配收入(万元)	农村经济总收入(万元)	农民人均纯收入(元)	村集体资产总额(万元)	村集体债务总额(万元)
基本医疗保险	基本养老保险									
2830	2223	51	8	8240	20	100	8600	10278	799	412
6187	4328	137	151	1802	15	130	9660	10056	910	82
2360	2214	38	5	2505	15	22	4910	9045	572	92
4856	3347	80	14	7015	160	133	13838	10159	813	385
7252	4746	182	7	3340	116	115	13890	9211	795	168
3868	3113	73	6	1232	62	48	13122	9255	360	157
2883	2797	100	8	730	80	81	1769	6966	974	44.7
3207	2991	52	7	490	4	110	2919	7960	1336	70
2964	2532	50	35	1803	17	87	2462	6911	544	97
3099	3045	62	2	1500	100	33	1509	8101	802	355
3126	2804	97	2	360	2	90	2932	6891	578	175
2564	2266	45	3	60	228	27	2758	8547	398	46
2482	2572	50	7	1230	4	8	2164	6328	110	60
2135	2341	41	2	520	2	31	2205	7757	162	74
3230	2731	65	3	65	37	8	2240	7292	116	83
2208	2267	70	1	140	1	97	1832	6611	307	82
2782	2563	34	1	170	1	78	2435	6964	189	109

主 要 统 计 指 标 解 释

农林牧渔业总产值 是以货币表现的农、林、牧、渔业全部产品的总量，它反映一定时期内农林牧渔业生产的总规模和总成果。农、林、牧、渔业的统计范围是：

⑴农业 包括农作物种植业和其他农业。农作物种植业：包括谷物、豆类、薯类、棉花、油料、糖料、麻类、烟叶、蔬菜、药材、瓜类和其他农作物的种植以及茶园、桑园、果园的生产经营。其他农业：包括采集野生植物的果实、纤维、树胶、树脂、油料以及柴草、野生药材、菌类等及农民家庭兼营的商品性工业。

⑵林业 包括林木的栽培(不包括茶园、桑园和果园的栽培、管理和收获等活动)、林产品的采集和村及村以下合作经济组织和农户的竹木采伐。

⑶牧业 包括除渔业养殖以外的一切动物饲养和放牧以及野生动物的捕猎和饲养。

⑷渔业 包括水生动物和海藻类植物的养殖和捕捞。

粮食产量 指全社会的粮食产量。包括国有经济经营的、集体统一经营的和农民家庭经营的粮食产量，还包括工矿企业家属办的农场和其他生产单位的产量。粮食除包括稻谷、小麦、玉米、高粱、谷子及其他杂粮外，还包括薯类和大豆。

油料产量 指全部油料作物的生产量。包括花生、油菜籽、芝麻、向日葵籽、胡麻籽(亚麻籽)和其他油料。不包括大豆，也不包括木本油料和野生油料。花生以带壳干花生计算。

水产品产量 指人工养殖的水产品和天然生长的水产品捕捞量，包括海水的鱼类、虾蟹类、贝类和藻类以及内陆水域的鱼类、虾蟹类和贝类，不包括淡水生植物。

耕地面积 指可以用来种植农作物、经常进行耕锄的田地，除包括熟地、当年新开荒地、连续撂荒未满三年的耕地和当年的休闲地(轮歇地)外，还包括以种植农作物为主并附带种植桑树、茶树、果树和其他林木的土地，以及沿海、沿湖地区已围垦利用的“海涂”、“湖田”等面积。但不包括属于专业性的桑园、茶园、果园、果木苗圃、林地、芦苇地、天然或人工草地面积。

农作物播种面积 指实际播种或移植有农作物的面积。凡是实际种植有农作物的面积，不论种植在耕地上还是种植在非耕地上，均包括在农作物播种面积中，同时还包括因遭灾而重新改种和补种的农作物面积，种一亩算一亩。

农用化肥施用量 指本年内实际用于农业生产的化肥数量。包括氮肥、磷肥、钾肥和复合肥。化肥施用量要求按折纯量计算数量。折纯法化肥施用量是把氮肥、磷肥和钾肥分别按含氮、含五氧化二磷、含氧化钾的百分之一百成份折算后的数量。复合肥按其所含主要成分折算。

农业机械总动力 指主要用于农、林、牧、渔业的各种动力机械的动力总和。包括耕作机械、排灌机械、收获机械、农产品加工机械、运输机械、植物保护机械、牧业机械、林业机械、渔业机械和其他农业机械[内燃机按引擎马力折成瓦(特)计算，电动机按功率折成瓦(特)计算]。不包括专门用于乡、镇、村、组办工业、基本建设、非农业运输、科学试验和教学等非农业生产方面用的动力机械与作业机械。

期初(末)畜禽存栏头(只)数 指本期期初(末)农村各种合作经济组织和国营农场、农民个人、机关、团体、学校、工矿企业、部队等单位以及城镇居民饲养的大牲畜、猪、羊、家禽等畜禽的存栏头(只)数。从1997年起，猪及家禽调查方法，由全面调查改为抽样调查。

工业

表 4-1

工业主要经济指标

	单位	2006 年	2005 年	2006 年为 2005 年%
企业个数（正常运营）	**个**	**4212**	**3903**	**107.9**
#规模以上	个	655	629	104.1
区属工业	个	548	562	98.5
镇村工业	个	3664	3341	109.7
年末资产合计	**万元**	**5685477**	**4807676**	**118.3**
#规模以上	万元	4916987	4132995	119.0
区属工业	万元	2427755	1983648	122.4
镇村工业	万元	3257722	2824028	115.4
工业总产值(现行价)	**万元**	**7603913**	**6184460**	**123.0**
#规模以上	万元	5510860	4461151	123.5
区属工业	万元	2873918	2193477	131.0
镇村工业	万元	4729995	3990983	118.5
工业销售产值(现行价)	**万元**	**7283467**	**5905725**	**123.3**
#规模以上	万元	5328737	4310578	123.6
区属工业	万元	2729263	2060099	132.5
镇村工业	万元	4554204	3845626	118.4
工业产值销售率	**%**	**95.8**	**95.5**	**100.3**
#规模以上	%	96.7	96.6	100.1
区属工业	%	95.0	93.9	101.2
镇村工业	%	96.3	96.4	99.9

表 4-1 续表 1

	单位	2006 年	2005 年	2006 年为 2005 年%
资本利税率	%	**12.0**	**12.2**	**98.4**
#规模以上	%	7.7	7.7	100.0
区属工业	%	9.3	10.3	90.3
镇村工业	%	13.9	13.8	100.7
主营业务收入	**万元**	**7234626**	**5915984**	**122.3**
#规模以上	万元	5348884	4325476	123.7
区属工业	万元	2777027	2141755	129.7
镇村工业	万元	4457599	3774229	118.1
利税总额	**万元**	**632296**	**520825**	**121.4**
#规模以上	万元	332720	269595	123.4
区属工业	万元	205141	176678	116.1
镇村工业	万元	427155	344147	124.1
利润总额	**万元**	**390602**	**327913**	**119.1**
#规模以上	万元	210580	172465	122.1
区属工业	万元	139563	122348	114.1
镇村工业	万元	251039	205565	122.1

表 4-1 续表 2

	单位	2006 年	2005 年	2006 年为 2005 年%
年末固定资产净值平均余额	**万元**	**1970208**	**1627678**	**121.0**
#规模以上	万元	1591656	1317106	120.8
区属工业	万元	746371	584339	127.7
镇村工业	万元	1223837	1043339	117.3
年末流动资产平均余额	**万元**	**3242441**	**2630066**	**123.3**
#规模以上	万元	2736355	2185642	125.2
区属工业	万元	1392444	1116142	124.8
镇村工业	万元	1849997	1513924	122.2
从业人员年平均人数	**人**	**318425**	**270282**	**117.7**
#规模以上	人	191162	170580	112.1
区属工业	人	95355	78421	121.6
镇村工业	人	223070	191861	116.3
人均利税额	**元/人**	**19857**	**19270**	**103.0**
#规模以上	元/人	17404	15805	110.1
区属工业	元/人	21513	22529	95.5
镇村工业	元/人	19149	17937	106.8
全部工业用电量	**万千瓦时**	**276764**	**234125**	**118.2**
#规模以上	万千瓦时	172059	142772	120.5

表 4-2

区属工业主要

	单位数(个)	工业总产值(现行价)	资产总计	#应收账款	年末固定资产净值平均余额 2006年	年末固定资产净值平均余额 2006年为2005年%
合计	**548**	**2873918**	**2427755**	**565235**	**746371**	**127.7**
1.经贸局系统	15	232315	194332	34312	47823	102.4
#工业资产公司	4	45096	35151	5909	8282	96.5
2.非经贸局系统	533	2641603	2233423	530923	698548	129.9
#吴中集团	5	214971	333835	39740	93339	145.3
附：开发区	1008	2882610	2139781	552029	677741	131.3
度假区	326	386337	171421	37704	58522	118.5

表 4-2

	利税总额		资本利税率(%)		人均利税(元)	
	2006年	2006年为2005年%	2006年	比上年增减百分点	2006年	比上年增减额
合计	**205141**	**116.1**	**9.3**	**-1.0**	**21513**	**-1016**
1.经贸局系统	32161	92.1	20.6	1.9	67452	-3287
#工业资产公司	3812	98.3	13.7	-0.2	25178	-6645
2.非经贸局系统	172980	122.0	8.4	-1.8	19095	-761
#吴中集团	9846	79.8	3.7	-3.1	43127	-63181
附：开发区	214006	123.4	11.2	-1.2	19167	967
度假区	40723	110.8	25.4	-3.0	22128	7662

经济指标(2006年)

单位：万元

年末流动资产净值平均余额		工业销售产值(现行价)		主营业务收入	
2006年	2006年为2005年%	2006年	2006年为2005年%	2006年	2006年为2005年%
1392444	**124.8**	**2729263**	**132.5**	**2777027**	**129.7**
124602	103.1	229911	99.97	229764	106.7
19556	101.1	42496	114.6	40736	112.3
1267842	127.4	2499352	136.6	2547263	132.2
176206	121.1	206975	135.4	208607	127.4
1237062	136.8	2744057	129.7	2730336	129.9
101545	122.7	361750	108.7	343726	109.0

续表

从业人员年平均人数(人)		产值销售率(%)		产值利税率(%)	
2006年	2006年为2005年%	2006年	比上年增减百分点	2006年	比上年增减百分点
95355	**121.6**	**95.0**	**1.1**	**7.1**	**-1.2**
4768	99.7	99.0	10.7	13.8	0.6
1514	124.3	94.2	3.6	8.5	-1.0
90587	123.0	94.6	-0.1	6.6	-1.0
2283	169.2	96.3	3.0	4.6	-4.1
111652	115.3	95.2	1.1	7.4	-0.4
18403	141.3	93.6	3.6	10.5	0.4

表 4-3

镇村工业主要

	单位数(个)	工业总产值(现行价)	资产总计	#应收账款	年末固定资产净值平均余额	
					2006 年	2006 年为2005 年%
合计	**3664**	**4729995**	**3257722**	**751356**	**1223837**	**117.3**
长桥	300	531143	357443	106683	86028	93.5
角直	529	1014453	876985	187605	313910	104.4
车坊	23	9515	9319	3215	3015	94.3
郭巷	205	221168	128625	31439	35549	130.8
藏书	195	168286	104437	25424	27673	117.4
木渎	984	934953	739132	129776	407589	141.2
胥口	245	870605	556030	152104	175232	94.9
横泾	275	154810	111568	29407	36983	252.6
浦庄	245	172382	37860	6706	17835	122.3
渡村	110	162511	61340	11200	18870	104.8
东山	227	173828	103562	30093	42631	158.9
光福	166	237600	110821	24038	39810	120.4
西山	74	90737	21015	3164	8536	99.9

经济指标(2006 年)

单位：万元

年末流动资产净值平均余额		工业销售产值(现行价)		主营业务收入	
2006 年	2006 年为 2005 年%	2006 年	2006 年为 2005 年%	2006 年	2006 年为 2005 年%
1849997	**122.2**	**4554204**	**118.4**	**4457599**	**118.1**
238672	105.6	521521	109.2	521521	109.2
486348	129.6	996480	115.7	996846	116.1
5318	106.1	9239	95.9	9208	95.8
81447	167.2	214610	121.2	214610	125.0
63650	126.3	161256	112.8	161341	110.5
355092	110.4	906904	116.1	864122	113.9
347059	139.0	847730	110.0	821297	113.6
63979	103.6	147070	126.2	147070	127.0
21380	107.1	168173	116.2	167560	115.6
31870	96.9	154580	109.0	153470	109.0
53637	134.6	164891	116.4	156828	110.7
69925	123.1	225480	111.6	213700	113.3
5245	85.1	84270	105.0	78026	105.3

表 4-3

	利税总额		资本利税率(%)		人均利税(元)	
	2006 年	2006 年为 2005 年%	2006 年	比上年增 减百分点	2006 年	比上年 增减额
合　计	**427155**	**124.1**	**13.9**	**0.1**	**19149**	1212
长　桥	42818	116.8	13.2	1.7	23351	4646
角　直	91031	119.9	11.4	0.2	18620	2849
车　坊	818	94.5	9.8	-0.8	16102	-1535
郭　巷	32549	130.0	27.8	-3.5	37638	3236
藏　书	11796	114.0	12.9	-1.1	15711	640
木　渎	84631	115.9	11.1	-0.3	16196	518
胥　口	59263	115.5	11.3	-1.1	25483	-5927
横　泾	18323	134.4	18.1	0.3	12465	1624
浦　庄	20686	126.3	52.8	5.4	19986	189
渡　村	12237	114.6	24.1	3.1	10723	1219
东　山	21798	112.0	22.6	-3.6	24759	986
光　福	25600	113.3	23.3	-1.9	27607	-28611
西　山	9352	110.6	67.9	10.4	16760	1328

续表

从业人员年平均人数(人)		产值销售率(%)		产值利税率(%)	
2006年	2006年为2005年%	2006年	比上年增减百分点	2006年	比上年增减百分点
223070	**116.3**	**96.3**	**-0.1**	**9.0**	**-0.1**
18337	93.5	98.2	-0.5	8.1	0.5
48890	102.3	98.2	0.2	9.0	0.4
508	102.4	97.1	0.7	8.6	-0.1
8648	121.5	97.0	-0.6	14.7	0.9
7508	105.5	95.8	1.7	7.0	0.2
52254	108.3	97.0	1.0	9.1	0.1
23256	125.2	97.4	-1.7	6.8	-0.5
14700	118.5	95.0	-0.1	11.8	0.7
10350	109.5	97.6	0.8	12.0	1.0
11412	100.1	95.1	0.0	7.5	0.3
8804	102.1	94.9	0.9	12.5	-0.4
9273	96.8	94.9	5.0	10.8	0.8
5580	106.7	92.9	0.2	10.3	1.0

表 4-4

各镇、区、街道三资、私营

	工业总产值	三资	私营	主营业务收入	三资	私营
度假区	386337	69511	274606	343726	72828	240654
开发区	2882610	1625019	1257591	2730336	1538242	1192094
长　桥	531143	379630	151513	521521	372753	148768
角　直	1014453	708555	286690	996846	697926	279810
车　坊	9515	—	9515	9208	—	9208
郭　巷	221168	107099	114069	214610	103817	110793
藏　书	168286	46042	122244	161341	45503	115838
木　渎	934953	380644	549398	864122	302442	556927
胥　口	870605	632075	238530	821297	607712	213585
横　泾	154810	13944	140866	147070	13231	133839
浦　庄	172382	24941	146633	167560	30196	136534
渡　村	162511	12785	133115	153470	23620	116400
东　山	173828	8002	162580	156828	8420	144544
光　福	237600	65511	158698	213700	68828	132291
西　山	90737	—	62120	78026	—	60565

工业主要经济指标(2006年)

单位：万元

利税总额	三资	私营	利润总额	三资	私营	资产总计	三资	私营
40723	6526	29506	25591	3403	20738	171421	52612	93699
214006	105685	108321	146811	92287	54524	2139781	1491748	648033
42818	29267	13551	25561	19428	6133	357443	262774	94669
91031	59285	29067	53445	34512	16890	876985	717053	140655
818	—	818	383	—	383	9319	—	9319
32549	14942	17607	20275	12296	7979	128625	59706	68919
11796	1861	9935	5108	1084	4024	104437	24810	79627
84631	29621	54545	44678	15637	28795	739132	342609	374349
59263	43828	15435	40483	29652	10831	556030	473785	82245
18323	1020	17303	10007	402	9605	111568	26347	85221
20686	2950	17624	10080	2770	7228	37860	7260	29810
12237	910	10815	3610	350	3070	61340	15240	41144
21798	567	20959	11818	456	11174	103562	14708	85028
25600	7246	16259	17650	4113	13043	110821	3003	82891
9352	—	6715	4301	—	3296	21015	—	12794

表 4-5

规模以上工业主要

	企业个数（个）	工业总产值（现价）	工业销售产值（现价）	工业增加值（现价）
总 计	**655**	**5510860**	**5328737**	**1420715**
#亏损企业	140	770564	735116	207319
一、按轻重工业				
轻工业	299	2189310	2143795	550140
重工业	356	3321550	3184942	870575
二、按企业规模分				
大型企业	5	880087	800794	141561
中型企业	102	2216039	2180302	598179
小型企业	548	2414734	2347641	680975
三、按登记注册类型分				
内资企业	312	1530458	1491761	410083
国有企业	3	20324	17595	5861
集体企业	11	46747	45872	14274
股份合作企业	3	8130	7131	2336
有限责任公司	19	190721	179509	48617
股份有限公司	3	209023	208024	47364
私营企业	271	1049088	1027649	289387
其他企业	2	6425	5981	2244
港、澳、台商投资企业	142	1333921	1270399	339478
#港澳台商独资经营企业	101	1033843	979441	251686
外商投资企业	201	2646481	2566577	671154
#外资企业	156	1997484	1942733	533144
四、按经济组织类型分				
独资企业	303	3182384	3069415	828857
合作、合伙企业	13	47363	44727	14137
股份有限公司	23	329769	324222	85219
有限责任公司	316	1951344	1890373	492502

经济指标(2006年)

单位：万元

工业中间投入合计	主营业务收入	资产合计	流动资产	长期投资	固定资产	无形及递延资产	负债合计
4203232	**5348884**	**4916987**	**2946963**	**67020**	**1747719**	**155285**	**2824720**
579997	731071	972002	452968	10745	465491	42798	558610
1690403	2141382	1966485	1148353	46733	707915	63484	1143293
2512829	3207502	2950502	1798610	20287	1039804	91801	1681427
743442	793476	623246	394197	100	225764	3184	428530
1669319	2177265	2153398	1271013	48217	745572	88598	1121944
1790471	2378143	2140343	1281753	18703	776383	63503	1274246
1163231	1492703	1253196	771069	55849	379988	46290	856006
15301	19121	30480	21887	551	7644	398	24670
33954	38772	36141	22770	1322	11830	219	21298
5956	7655	7657	4365	7	3197	88	4331
146697	173849	186577	82856	2329	96014	5379	123512
167334	210391	239047	155822	29954	47674	5598	140423
789338	1037204	739892	475430	21031	209505	33924	529555
4651	5711	13402	7939	655	4124	684	12217
1010820	1297410	1201954	791867	4974	375238	29875	714021
792540	1001447	1007192	646197	4053	332255	24686	590364
2029181	2558771	2461837	1384027	6197	992493	79120	1254693
1507298	1919694	1864873	1056129	2284	755782	50678	956342
2411905	3059266	2993530	1781954	9682	1124441	77452	1634016
34854	46443	64935	34934	762	25514	3724	46090
253272	328287	330594	208723	33814	78735	9323	197968
1503201	1914888	1527928	921352	22762	519029	64786	946646

表 4-5

	所有者权益合计	实收资本	主营业务成本	主营业务税金及附加
总　计	**2092267**	**1694350**	**4685038**	**9053**
#亏损企业	413392	512166	687202	4153
一、按轻重工业				
轻工业	823192	654641	1866275	3186
重工业	1269075	1039709	2818763	5867
二、按企业规模分				
大型企业	194716	142792	733642	9
中型企业	1031454	785286	1844916	4963
小型企业	866097	766272	2106480	4081
三、按登记注册类型分				
内资企业	397190	300905	1359980	4977
国有企业	5810	8201	15551	85
集体企业	14843	9418	36145	208
股份合作企业	3326	2958	7538	15
有限责任公司	63065	48221	160353	470
股份有限公司	98624	62770	189832	334
私营企业	210337	159517	945220	3842
其他企业	1185	9820	5341	23
港、澳、台商投资企业	487933	409426	1124143	270
#港澳台商独资经营企业	416828	367281	859366	190
外商投资企业	1207144	984019	2200915	3806
#外资企业	908531	729922	1635593	931
四、按经济组织类型分				
独资企业	1359514	1125838	2620659	1691
合作、合伙企业	18845	21796	40698	112
股份有限公司	132626	85449	292762	755
有限责任公司	581282	461267	1730919	6495

续表 1

其他业务收入	其他业务利润	营业费用	管理费用	财务费用	营业利润	营业外收入	营业外支出
49475	**22842**	**166114**	**256819**	**51004**	**203698**	**9892**	**10467**
11458	4119	22996	51733	14640	-45536	5003	3296
16746	6011	95142	106408	20937	55445	3716	3459
32729	16831	70972	150411	30067	148253	6176	7008
1661	1661	10121	28632	8898	13834	381	657
19015	11365	96688	106429	19771	115864	5137	5805
28799	9816	59305	121758	22335	74000	4374	4005
13891	4557	31370	62777	19042	19113	4041	2576
288	178	679	2098	330	557	—	553
963	140	323	1610	296	331	9	56
45	39	24	120	19	-20	—	6
4531	1231	4427	6501	2904	425	1526	125
1690	1335	7361	8690	4913	597	796	172
6276	1608	18410	42624	9339	19370	650	1664
98	26	146	1134	1241	-2147	1060	0
9797	5186	37941	55201	15885	69156	1541	1826
6424	4244	31903	45391	13525	55315	1398	1511
25787	13099	96803	138841	16077	115429	4310	6065
19397	10231	78340	115136	10645	89280	3071	3641
27237	14938	112480	167469	25314	146592	4485	5807
327	120	1408	3711	1799	-1161	1067	48
3470	2767	10576	14923	5967	6072	1145	356
18441	5017	41650	70716	17924	52195	3195	4256

表 4-5

	利润总额	亏损企业亏损额	应交所得税	利税总额
总　计	210580	42758	27785	332720
#亏损企业	-42758	42758	273	-21853
一、按轻重工业				
轻工业	60834	23394	10285	115253
重工业	149746	19364	17500	217467
二、按企业规模分				
大型企业	13558	1624	977	18482
中型企业	120719	5868	12905	177141
小型企业	76303	35266	13903	137097
三、按登记注册类型分				
内资企业	25320	7082	7362	73153
国有企业	134	—	—	1057
集体企业	268	435	105	1957
股份合作企业	-26	125	34	151
有限责任公司	2793	1390	1102	7856
股份有限公司	4123	—	244	10131
私营企业	19095	4047	5871	52574
其他企业	-1067	1085	6	-573
港、澳、台商投资企业	70696	11452	6769	87343
#港澳台商独资经营企业	56210	10750	4888	66782
外商投资企业	114564	24224	13654	172224
#外资企业	88852	19375	10197	132741
四、按经济组织类型分				
独资企业	146535	30881	15604	206603
合作、合伙企业	-122	1445	181	1619
股份有限公司	9822	912	913	19298
有限责任公司	54345	9520	11087	105200

续表 2

本年应交增值税	流动资产年平均余额	固定资产原价	生产经营用	累计折旧	本年折旧	固定资产净值年平均余额	全部从业人员平均人数(人)
113087	**2736355**	**2294147**	**2031941**	**677217**	**153291**	**1591656**	**191162**
16751	424003	644792	598839	206003	42899	443667	36348
51233	1067179	917297	810196	247371	52339	630729	86326
61854	1669176	1376850	1221745	429846	100952	960927	104836
4915	379530	255998	215577	64694	22922	191825	23582
51459	1170755	1049149	929563	343151	57202	697583	81921
56713	1186070	989000	886801	269372	73167	702248	85659
42856	718684	482877	417025	142326	27539	317253	59961
838	17868	14804	13704	7518	726	7504	956
1481	19671	21305	19988	12525	1468	10841	1233
162	3901	682	579	310	83	363	400
4593	73804	130674	122742	37642	5097	81364	3536
5674	152504	59190	43795	13772	1771	40115	2170
29637	438750	248605	208780	67036	17851	172910	50760
471	12186	7617	7437	3523	543	4156	906
16377	709361	509473	444634	157919	36889	353339	40437
10382	577232	438417	382445	127452	31335	311810	33507
53854	1308310	1301797	1170282	376972	88863	921064	90764
42958	994094	952506	837831	256327	67374	695418	76115
58377	1639582	1448517	1272923	410173	102544	1040505	116718
1629	37272	30706	29339	8079	2138	18263	2383
8721	199493	94691	66696	23078	5018	65375	9417
44360	860008	720233	662983	235887	43591	467513	62644

表 4—5

	企业个数（个）	工　业总产值（现价）	工业销售产值（现价）	工　业增加值（现价）
五、按行业类别分				
农副食品加工业	3	24127	22037	5584
食品制造业	6	25002	24903	7243
饮料制造业	2	19923	20671	4126
纺织业	101	433234	416976	119602
纺织服装、鞋、帽制造业	44	419404	416724	117618
皮革、毛皮、羽毛（绒）及其制品业	7	15603	15245	4238
木材加工及木、竹、藤、棕、草制品业	3	8777	8511	2544
家具制造业	4	10429	10361	3242
造纸及纸制品业	12	86795	97204	22376
印刷业和记录媒介的复制	13	38039	37595	12894
文教体育用品制造业	8	59194	58458	16075
化学原料及化学制品制造业	44	389201	373815	102514
医药制造业	9	199586	197069	49294
化学纤维制造业	7	38474	36594	10662
橡胶制品业	10	67105	67004	25811
塑料制品业	64	338074	330677	96132
非金属矿物制品业	20	251159	245805	70581
黑色金属冶炼及压延加工业	7	68859	67570	15577
有色金属冶炼及压延加工业	8	68930	68532	20455
金属制品业	31	125899	127635	36684
通用设备制造业	61	338205	321567	97737
专用设备制造业	35	231487	230051	73264
交通运输设备制造业	12	73633	70201	19388
电气机械及器材制造业	72	873785	853500	174664
通信设备、计算机及其他电子设备	55	1203741	1116439	274044
仪器仪表及文化、办公用机械制造业	5	40316	40537	10887
工艺品及其他制造业	6	14428	13143	6145
电力、热力的生产和供应业	2	28240	28240	8236
水的生产和供应业	4	19211	11673	13098

续表 3

工业中间投入合计	主营业务收入	资产合计					负债合计
			流动资产	长期投资	固定资产	无形及递延资产	
18866	22589	23930	18497	50	4646	737	7185
17985	25976	22771	13360	30	7976	1405	12801
16411	18484	51040	9058	—	41824	158	30555
322048	424494	378006	211166	3598	148553	14692	223111
312424	421503	436334	270522	36393	112189	17230	244628
11666	15504	9993	6638	358	2399	597	7898
6445	8054	5845	3698	50	1593	504	4639
7290	10106	3432	2359	—	920	154	1891
66247	89283	82463	52301	—	27417	2745	57437
26725	38109	37407	17843	303	17833	1428	20067
43270	59680	30467	19384	—	9228	1855	14678
292979	370895	237521	175505	2482	55303	4231	117060
165844	189635	186980	114171	—	64776	8032	99048
28912	31978	22737	12675	225	9801	36	13917
42847	69199	69960	48767	—	19445	1748	30722
248562	329453	304137	174256	2003	119665	8213	162373
192353	253706	404438	200512	1267	178254	24404	191920
54116	66301	72228	41555	—	28004	2668	47572
49220	71454	19528	14999	—	4380	149	10723
91781	126221	111933	73093	5534	28903	4403	69301
246931	328906	294182	172327	6071	104016	11768	172541
166520	233574	253081	144200	1268	101726	5888	131058
55510	71748	54723	36964	2120	12009	3629	31262
707812	858541	588956	390007	4044	182039	12868	357826
943353	1118824	1029064	647049	608	365745	15661	646769
30261	42205	45688	22345	10	16397	6936	27268
8757	14269	10128	8080	—	1663	385	5782
21188	25969	27491	11586	—	14068	1837	12196
6909	12224	102524	34046	606	66947	924	72492

表 4-5

	所有者权益合计	实收资本	主营业务成本	主营业务税金及附加
五、按行业类别分				
农副食品加工业	16745	14588	18852	27
食品制造业	9970	6447	21515	7
饮料制造业	20485	44057	19590	4
纺织业	154895	140758	389701	1182
纺织服装、鞋、帽制造业	191706	133737	369655	505
皮革、毛皮、羽毛(绒)及其制品业	2095	3761	14982	40
木材加工及木、竹、藤、棕、草制品业	1206	877	7610	22
家具制造业	1541	1496	9243	5
造纸及纸制品业	25026	20585	77274	56
印刷业和记录媒介的复制	17340	12142	31629	267
文教体育用品制造业	15789	10761	51745	8
化学原料及化学制品制造业	120461	56089	317620	415
医药制造业	87932	50165	113193	210
化学纤维制造业	8820	4215	31924	112
橡胶制品业	39238	22689	52270	133
塑料制品业	141764	122459	290777	225
非金属矿物制品业	212518	212499	209085	3090
黑色金属冶炼及压延加工业	24656	30515	61480	73
有色金属冶炼及压延加工业	8805	6569	68410	27
金属制品业	42632	37015	111557	284
通用设备制造业	121641	104975	286711	467
专用设备制造业	122023	110339	200202	284
交通运输设备制造业	23461	19742	63617	91
电气机械及器材制造业	231130	170078	784997	786
通信设备、计算机及其他电子设备	382295	294743	999594	406
仪器仪表及文化、办公用机械制造业	18420	21235	36730	66
工艺品及其他制造业	4346	5393	13210	6
电力、热力的生产和供应业	15295	11895	23641	148
水的生产和供应业	30032	24526	8224	107

续表 4

其他业务收入	其他业务利润	营业费用	管理费用	财务费用	营业利润	营业外收　入	营业外支　出
39	30	1538	668	50	1485	7	71
80	80	1331	1379	-45	1870	104	115
798	717	2172	1146	1172	-4884	207	34
1490	467	9039	18225	4300	2514	1327	1380
1982	1440	12621	19583	7234	13344	882	307
33	1	247	856	73	-693	—	13
—	—	168	148	133	-26	—	1
8	8	311	501	54	—	3	22
980	828	2541	4423	899	4918	32	118
177	140	699	3078	340	2235	3	52
834	—	1820	4788	376	943	57	3
5133	2055	9605	12837	2504	29969	488	300
1708	208	40142	19732	-160	16723	89	433
67	62	61	719	374	-1150	—	49
1252	1199	1276	4412	605	11703	1	69
5114	907	7965	16582	2649	12163	357	606
2465	1480	20159	13306	3505	6039	1144	2717
364	292	603	2213	436	1789	10	49
229	228	291	1769	100	1085	19	3
1103	874	3262	5852	1605	4535	335	294
3239	1116	5798	16679	3249	17118	1258	460
5958	2889	7918	13787	3829	10444	911	778
122	122	3450	3318	217	1177	68	67
4348	1857	12742	31826	3439	26609	1602	1506
7087	4517	17279	51478	11612	42971	904	797
108	105	290	3979	921	325	60	132
58	56	251	1036	-44	-134	4	36
410	410	—	1063	934	593	3	4
4289	754	2535	1436	643	33	17	51

表 4-5

	利润 总额	亏损 企业 亏损额	应交 所得税	利税 总额
五、按行业类别分				
农副食品加工业	1421	391	217	1771
食品制造业	1858	123	214	2091
饮料制造业	-4711	4711	—	-4093
纺织业	2769	4848	1183	12366
纺织服装、鞋、帽制造业	17078	772	727	28221
皮革、毛皮、羽毛(绒)及其制品业	-706	762	16	-365
木材加工及木、竹、藤、棕、草制品业	-23	58	12	211
家具制造业	-19	76	10	89
造纸及纸制品业	4832	1405	1310	6716
印刷业和记录媒介的复制	2186	48	276	4032
文教体育用品制造业	998	304	79	1157
化学原料及化学制品制造业	30303	544	4323	37009
医药制造业	16389	889	2905	32152
化学纤维制造业	-1198	1219	—	14
橡胶制品业	11635	330	541	13321
塑料制品业	12615	5169	2057	19460
非金属矿物制品业	5260	3637	839	20126
黑色金属冶炼及压延加工业	1750	—	188	2656
有色金属冶炼及压延加工业	1100	283	112	1872
金属制品业	4512	1628	1253	7362
通用设备制造业	18819	1404	2324	25749
专用设备制造业	10662	3687	1010	19242
交通运输设备制造业	1177	527	446	2533
电气机械及器材制造业	27116	2468	3310	36594
通信设备、计算机及其他电子设备	43076	5723	3834	57140
仪器仪表及文化、办公用机械制造业	292	1369	229	1190
工艺品及其他制造业	-154	360	12	326
电力、热力的生产和供应业	693	20	23	2025
水的生产和供应业	850	3	335	1753

续表 5

本年应交增值税	流动资产年平均余额	固定资产原价	生产经营用	累计折旧	本年折旧	固定资产净值年平均余额	全部从业人员平均人数(人)
323	8360	6510	5698	2260	370	4659	244
226	8305	14463	10674	6742	748	7498	1081
614	7963	52198	46735	10490	3704	38062	593
8415	192153	190573	172731	52476	11265	135141	29011
10638	261064	132047	106211	30074	4843	92737	21119
301	6603	3083	2999	1062	181	1865	1313
212	3800	1708	1114	411	70	1245	255
103	2320	1690	1634	826	92	795	503
1828	48618	33746	30941	6618	2828	28234	2145
1579	16918	22153	19201	6368	1580	14420	2309
151	18950	14795	13710	5627	700	9164	4713
6291	154576	80500	66777	29103	6283	50565	5869
15553	109083	84043	64134	24887	3292	53469	2530
1100	13009	13373	11705	3656	502	6762	971
1553	42433	25481	19464	6883	2183	17190	4165
6620	164620	171098	164099	57988	12443	110249	11262
11776	200277	295575	289850	125504	15921	177214	7156
833	52723	25274	23351	5537	1859	20207	1046
745	12835	7402	6149	3022	634	4500	902
2566	65537	36812	31368	11031	2903	26018	5217
6463	162603	131065	114066	36222	10879	103848	10278
8296	129277	142473	128478	42999	8535	97753	8299
1265	38932	15282	11765	3813	1100	11575	2128
8692	355634	231206	205131	58254	16355	170674	20969
13658	590639	427966	362368	105848	36434	322703	43007
832	24361	23732	17257	8204	2707	16100	2053
474	7173	4127	3929	2521	400	1692	1057
1184	11592	23860	18888	11578	189	12290	530
796	25997	81912	81514	17213	4291	55027	437

表 4-6

大中型工业企业主要

	企业个数(个)	工业总产值(现价)	工业销售产值(现价)	主营业务收入
总计	107	3096126	2981096	2970741
＃轻工业	43	1277125	1263943	1243617
重工业	64	1819001	1717153	1727124
＃大型企业	5	880087	800794	793476
中型企业	102	2216039	2180302	2177265
＃高新技术产业	32	1331572	1248375	1239924
1. 计算机及办公设备制造业	8	241566	233286	244789
2. 电子及通信设备制造业	15	830537	755975	748654
3. 医药制造业	2	149851	150023	140632
4. 专用科学仪器设备制造业	2	24724	24898	25245
5. 电气机械及设备制造业	4	77301	76908	73290
6. 新材料产业	1	7593	7285	7314
一、按登记注册类型分				
1. 内资企业	28	537052	524845	517853
国有企业	2	18563	16089	16990
集体企业	1	11843	11899	6678
有限责任公司	3	42450	41238	40118
股份有限公司	1	183509	183508	184841
私营企业	21	280687	272111	269226
2. 港、澳、台商投资企业	28	727035	679539	698865
＃港澳台商独资经营企业	23	663860	618513	641006
3. 外商投资企业	51	1832039	1776712	1754023
＃外商独资企业	44	1419729	1381760	1353185

经济指标(2006 年)

单位：万元

利税总额	利润总额	资产合计	负债合计	所有者权益	固定资产原值	全部从业人员平均人数(人)
195622	**134276**	**2776644**	**1550474**	**1226170**	**1305147**	**105503**
76973	48896	1050015	579600	470415	418023	39905
118649	85380	1726629	970874	755755	887124	65598
18482	13557	623245	428530	194715	255998	23582
177140	120719	2153399	1121944	1031455	1049149	81921
83903	56581	1112739	679679	433060	464704	44599
17367	16467	223042	128019	95023	85225	7840
37308	26382	686088	446369	239719	287844	30049
26378	12814	130695	62146	68549	55980	1426
-989	-1383	33273	22017	11256	21700	1620
3218	2258	33528	17598	15930	7234	2809
621	43	6113	3530	2583	6721	855
26202	9235	528419	339453	188966	182107	18127
1023	130	28254	23220	5034	13640	836
321	-76	4121	1938	2183	3062	318
2111	186	46474	24663	21811	43175	1665
9284	3596	228349	130971	97378	55546	1900
13463	5399	221221	158661	62560	66684	13408
46143	41958	666363	399757	266606	274521	22837
41614	38454	616882	371296	245586	243806	20722
123277	83083	1581862	811264	770598	848519	64539
109635	76387	1232257	640493	591764	600820	57177

表 4-6

	企业个数(个)	工　业总产值（现价）	工业销售产值(现价)	主营业务收入
二、按工业行业大中类分组				
制造业	**106**	**3077638**	**2962608**	**2952116**
食品制造业	1	8865	8865	9302
纺织业	13	192176	185476	184716
纺织服装、鞋、帽制造业	10	322772	321935	326363
造纸及纸制品业	2	16320	28270	17828
文教体育用品制造业	2	37330	36963	38749
化学原料及化学制品制造业	4	105509	96286	96758
医药制造业	2	149851	150023	140632
化学纤维制造业	1	11843	11899	6678
橡胶制品业	2	30940	30187	33036
塑料制品业	5	81337	77497	75113
非金属矿物制品业	7	134644	131560	134232
黑色金属冶炼及压延加工业	1	11688	12146	11943
金属制品业	2	17656	17656	17879
通用设备制造业	5	94387	87056	91496
专用设备制造业	6	129922	129422	128514
交通运输设备制造业	1	17844	19575	19266
电气机械及器材制造业	16	614896	600689	597910
通信设备、计算机及其他电子设备	24	1079397	996555	1000604
仪器仪表及文化、办公用机械制造业	1	17305	17592	17782
工艺品及其他制造业	1	2956	2956	3315
电力、燃气和水供应业	**1**	**18488**	**18488**	**18625**
电力、热力的生产和供应业	1	18488	18488	18625

续表

利税总额	利润总额	资产合计	负债合计	所有者权益	固定资产原值	全部从业人员平均人数(人)
193733	**133562**	**2755606**	**1543580**	**1212026**	**1285162**	**105183**
1165	1165	6818	3135	3683	6105	625
4442	2144	187028	110120	76908	96501	10840
22104	14222	381864	209591	172273	109319	12937
3375	2807	13802	6911	6891	3085	852
503	500	18963	9538	9425	8765	2333
18127	17446	90138	38862	51276	36876	2339
26378	12814	130695	62146	68549	55980	1426
321	-76	4121	1938	2183	3062	318
3695	2939	30797	17272	13525	11778	2964
7222	6171	60712	24525	36187	38186	4080
7729	-188	256898	79631	177267	245988	5671
769	79	4898	3247	1651	2756	522
170	-32	18761	9919	8842	6303	746
7833	6688	80151	46852	33299	26486	2266
13382	8552	138030	69117	68913	87644	4232
375	60	11424	7905	3519	1966	350
22102	16557	376888	245909	130979	150277	12691
55149	43324	913627	576330	337297	375058	38289
-1033	-1369	25848	17887	7961	16789	1200
-75	-241	4143	2745	1398	2238	502
1889	**714**	**21038**	**6894**	**14144**	**19985**	**320**
1889	714	21038	6894	14144	19985	320

表 4-7 规模以上高新技术工业企业

	总　计	1.计算机及办公设备制造业
一、基本情况		
企业个数	121	14
#亏损企业数	23	1
全部从业人员平均人数(人)	57193	8878
工业总产值（现价）	1792474	270789
工业销售产值（现价）	1695154	261625
工业增加值（现价）	401944	150184
二、年末资产负债		
流动资产合计	947662	162674
#短期投资	163	—
应收账款净额	436398	87763
存　货	221870	34300
#产成品	86979	10953
流动资产年平均余额	872552	143912
长期投资	1779	—
固定资产合计	523564	78645
固定资产原价	632366	95762
#生产经营用	529447	87681
累计折旧	166758	20546
#本年折旧	50074	7173
固定资产净值年平均余额	460900	80475
无形及递延资产合计	37013	10044
#无形资产	17457	2138
资产总计	1510016	251364
流动负债合计	836366	142561
#应付账款	416812	95393

主要经济指标(2006 年)

单位：万元

2.电子及通信设备制造业	3.医药制造业	4.专用科学仪器设备制造业	5.电气机械及设备制造业	6.新材料产业
38	6	7	38	18
9	2	3	7	1
33395	2119	2348	8342	2111
918685	191200	44179	255874	111747
840518	188703	45498	249073	109737
143026	11908	18429	65514	12883
479806	111593	24368	117492	51729
—	—	—	163	—
231052	28507	11661	54941	22474
117135	24400	9387	24763	11885
51050	9549	3339	9007	3081
442789	106872	24574	108228	46177
582	—	991	51	155
283266	63667	19457	55540	22989
329767	81999	29213	62955	32670
272650	62436	22556	56332	27792
84353	23953	10425	15056	12425
29091	3121	2852	4924	2913
240765	52362	19347	47175	20776
5251	7900	6396	5685	1737
3639	4149	1591	4505	1435
768905	183160	51212	178767	76608
458637	90775	24335	84810	35248
217305	30641	10913	48377	14183

表 4-7

	总　计	1.计算机及办公设备制造业
长期负债合计	60181	415
负债合计	896547	142976
所有者权益合计	613469	108388
＃实收资本	462832	81588
1.国家资本	5000	—
2.集体资本	2015	—
3.法人资本	19944	—
4.个人资本	23350	4566
5.港澳台资本	159207	33220
6.外商资本	253316	43802
三、损益及分配		
主营业务收入	1692616	274397
主营业务成本	1455991	241593
主营业务税金及附加	954	17
其他业务收入	13584	1862
其他业务利润	5897	1341
营业费用	65474	4489
管理费用	90120	10429
＃税　金	1439	99
财产保险费	836	88
办公费	3215	624
职工教育费	222	17
财务费用	13746	1777
＃利息支出	12998	898
营业利润	72228	17434
投资收益	107	—

续表 1

2.电子及通信设备制造业	3.医药制造业	4.专用科学仪器设备制造业	5.电气机械及设备制造业	6.新材料产业
39186	5261	9871	697	4751
497823	96037	34206	85506	39999
271082	87123	17006	93261	36609
209739	48251	23964	76171	23119
5000	—	—	—	—
—	—	—	—	2015
390	3610	113	12998	2833
7110	535	3200	5059	2880
96177	—	13591	12815	3404
101062	44106	7060	45299	11987
829705	180510	46584	250362	111058
745299	104540	42549	223771	98239
380	209	69	160	119
5203	1708	2523	2033	255
3156	208	429	656	107
12356	39924	1690	3836	3179
40117	19207	3523	12534	4310
687	190	129	277	57
647	36	3	28	34
1332	187	209	646	217
95	46	34	18	12
9618	-216	1147	968	452
10130	106	875	455	534
25089	17053	-1964	9749	4867
—	—	—	107	—

表 4-7

	总　计	1.计算机及办公设备制造业
补贴收入	316	—
营业外收入	2591	207
营业外支出	2651	86
利润总额	72592	17555
亏损企业亏损额	9727	145
应交所得税	8345	1776
广告费	18094	5
研究开发费	1903	5
劳动、失业保险费	874	202
养老保险和医疗保险费	7263	1333
住房公积金和住房补贴	1389	178
四、工资、福利费、增值税		
本年应付工资总额	118538	19579
#主营业务应付工资总额	116799	19288
本年应付福利费总额	7776	616
#主营业务应付福利费总额	7452	600
利税总额	108665	18999
本年应交增值税	35119	1427
本年进项税额	105360	7054
本年销项税额	114843	4358
五、工业中间投入合计	**1399740**	**208000**
#直接材料	1188535	185997
制造费用中的中间投入	114877	13818
管理费用中的中间投入	43052	3875
营业费用中的中间投入	39533	2533

续表 2

2.电子及通信设备制造业	3.医药制造业	4.专用科学仪器设备制造业	5.电气机械及设备制造业	6.新材料产业
—	10	124	179	3
697	66	749	812	60
661	433	278	1041	152
25125	16697	-1370	9807	4778
5409	417	2224	1021	511
1975	2905	93	1036	560
12	18074	—	3	—
185	1684	—	2	27
286	132	16	97	141
3003	1444	194	1019	270
571	472	28	75	65
65641	6804	6022	15161	5331
65023	6606	5980	14757	5145
3273	1058	689	1775	365
3040	1030	686	1753	343
37650	32326	-751	12945	7496
12145	15420	550	2978	2599
38175	16551	4641	24776	14163
35901	31072	3177	25250	15085
724634	**159976**	**32671**	**193640**	**80819**
630510	105129	24348	173452	69099
65000	13672	4577	11048	6762
13178	15171	1458	6607	2763
6328	26220	1143	1566	1743

表 4-8

规模以上工业主要产品产量

	单位	2006 年	2005 年	2006 年为 2005 年%
火力发电	万千瓦小时	22451	17760	126.4
配(混)合饲料	吨	21609	17991	120.1
糖　果	吨	1895	2306	82.2
酱　油	吨	4082	3948	103.4
软饮料	吨	26232	5141	510.3
化学纤维	吨	48658	33602	144.8
#粘胶纤维	吨	4383	5726	76.5
合成纤维	吨	44275	27876	158.8
印染布	万米	770	1718	44.8
丝织品	万米	1121	767	146.2
针棉织品折用纱线量	吨	1481	1483	99.9
服　装	万件	9805.29	7595.20	129.1
#梭织服装	万件	7347.29	5072.37	144.8
针织服装	万件	2458.00	2522.83	97.4
皮　鞋	万双	813.0	114.7	708.8
瓦楞纸箱(纸箱)	吨	124857	71237	175.3
建筑涂料	吨	5673	2561	221.5
染　料	吨	475	626	75.9
合成洗涤剂	吨	2020	1725	117.1
化学药品原药(化学原料药)	吨	675	522	129.3
塑料制品	吨	14393	10374	138.7
#塑料制管子及其附件	吨	7162	3450	207.6
日用塑料制品	吨	1121	1310	85.6
水泥熟料	吨	2734715	1575344	173.6
水　泥	吨	2710080	2495863	108.6
商品混凝土	立方米	3335339	3264970	102.2

表 4-8 续表

	单位	2006 年	2005 年	2006 年为 2005 年%
瓷质砖	平方米	2967489	2745350	108.1
卫生陶瓷	件	57840	74492	77.6
日用陶瓷	万件	467	518	90.2
生　铁	吨	67859	53970	125.7
钢　材	吨	78074	56648	137.8
#中　板	吨	32415	23919	135.5
热轧薄宽钢带	吨	14826	9740	152.2
镀层板(带)	吨	19166	13158	145.7
#镀锌板(带)	吨	19166	13158	145.7
其他钢材	吨	7571	4703	161.0
金属切削工具	万件	1139	446	255.4
模　具	套	384	1050	36.6
电动手提式工具(电动工具)	台	907405	1367418	66.4
锁　具	万把	2962	3360	88.2
泵(液体泵)	台	95145	103089	92.3
滚动轴承(轴承)	万套	9933	8969	110.7
阀　门	吨	9885	7252	136.3
缝纫机	架	457	383	119.3
环境保护专用设备	台（套）	133	93	143.0
电动自行车	辆	143268	123385	116.1
变压器	千伏安	2405756	184973	1300.6
蓄电池	千伏安时	88416	126203	70.1
原电池及原电池组(折 R20 标准只)	万只	10507	9495	110.7
家用吸尘器	台	5739153	8262187	69.5
彩色电视机	台	27355	22950	119.2

表 4-9

产值 50 强

（2006 年）

企 业 名 称	所在地	名次
三洋能源（苏州）有限公司	胥 口 镇	1
佳通科技（苏州）有限公司	城南街道	2
江苏吴中实业股份有限公司	苏苑街道	3
雅新电子（苏州）有限公司	城南街道	4
苏州维信电子有限公司	城南街道	5
苏州兴瑞贵金属材料有限公司	城南街道	6
泰怡凯电器（苏州）有限公司	长桥街道	7
苏州惠氏制药有限公司	城南街道	8
苏州东瑞制药有限公司	城南街道	9
维讯柔电路板（苏州）有限公司	城南街道	10
对松堂电子（苏州）有限公司	木 渎 镇	11
欣日兴精密电子（苏州）有限公司	甪 直 镇	12
华新金猫水泥（苏州）有限公司	木 渎 镇	13
嘉彰科技（苏州）有限公司	城南街道	14
新兴精密电子（苏州）有限公司	城南街道	15
苏州不二工机有限公司	光 福 镇	16
苏州市林通染料化工有限公司	郭巷街道	17
苏州锦辉铜材有限公司	甪 直 镇	18
适新科技（苏州）有限公司	城南街道	19
远东服装（苏州）有限公司	城南街道	20
三洋家用电器（苏州）有限公司	胥 口 镇	21
苏州市吴中区双马机电有限公司	木 渎 镇	22
纪元高千穗电子（苏州）有限公司	胥 口 镇	23
苏州惠业塑胶工业有限公司	城南街道	24
苏州市泰渊玩具有限公司	甪 直 镇	25

表 4-9 续表

企　业　名　称	所在地	名次
迎新科技（中国）有限公司	角 直 镇	26
江苏景盟针织企业有限公司	城南街道	27
天隆电脑配件（苏州）有限公司	木 渎 镇	28
联升科技（苏州）有限公司	角 直 镇	29
琦伟（苏州）纺织有限公司	城南街道	30
基杰五金制品（苏州）有限公司	胥 口 镇	31
藤兴工业有限公司	角 直 镇	32
富裕注塑制模（苏州）有限公司	城南街道	33
苏州市新华美塑料有限公司	角 直 镇	34
苏州市东山钣金有限责任公司	东 山 镇	35
苏州石川制铁有限公司	城南街道	36
和成（中国）有限公司	角 直 镇	37
艾来得机械（苏州）有限公司	长桥街道	38
苏州市宏利来服饰有限公司	越溪街道	39
苏州正雄制衣有限公司	角 直 镇	40
新进电子（苏州）有限公司	城南街道	41
日立电线（苏州）有限公司	胥 口 镇	42
苏州市德力商品混凝土有限公司	郭巷街道	43
安徽山鹰纸业股份有限公司苏州分公司	城南街道	44
翔国电脑（苏州）有限公司	城南街道	45
智宝（苏州）有限公司	木 渎 镇	46
苏州大荣电子有限公司	城南街道	47
重村钢模机械工业（苏州）有限公司	角 直 镇	48
苏州东瑞化工有限公司	城南街道	49
苏州远大企业有限公司	长桥街道	50

表 4-10

主营业务收入 50 强

（2006 年）

企 业 名 称	所在地	名次
三洋能源（苏州）有限公司	胥 口 镇	1
佳通科技（苏州）有限公司	城南街道	2
江苏吴中实业股份有限公司	苏苑街道	3
雅新电子（苏州）有限公司	城南街道	4
苏州维信电子有限公司	城南街道	5
苏州兴瑞贵金属材料有限公司	城南街道	6
泰怡凯电器（苏州）有限公司	长桥街道	7
苏州东瑞制药有限公司	城南街道	8
苏州惠氏制药有限公司	苏苑街道	9
对松堂电子（苏州）有限公司	木 渎 镇	10
欣日兴精密电子（苏州）有限公司	角 直 镇	11
维讯柔电路板（苏州）有限公司	城南街道	12
华新金猫水泥（苏州）有限公司	木 渎 镇	13
新兴精密电子（苏州）有限公司	城南街道	14
嘉彰科技（苏州）有限公司	城南街道	15
苏州不二工机有限公司	光 福 镇	16
苏州锦辉铜材有限公司	角 直 镇	17
远东服装（苏州）有限公司	城南街道	18
适新科技（苏州）有限公司	城南街道	19
三洋家用电器（苏州）有限公司	胥 口 镇	20
苏州市吴中区双马机电有限公司	木 渎 镇	21
迎新科技（中国）有限公司	角 直 镇	22
苏州市林通染料化工有限公司	郭巷街道	23
苏州惠业塑胶工业有限公司	城南街道	24
纪元高千穗电子（苏州）有限公司	胥 口 镇	25

表 4-10 续表

企业名称	所在地	名次
苏州市泰渊玩具有限公司	角直镇	26
江苏景盟针织企业有限公司	城南街道	27
联升科技（苏州）有限公司	角直镇	28
天隆电脑配件（苏州）有限公司	木渎镇	29
基杰五金制品（苏州）有限公司	胥口镇	30
琦伟（苏州）纺织有限公司	城南街道	31
苏州市新华美塑料有限公司	藏书镇	32
翔国电脑（苏州）有限公司	城南街道	33
苏州市东山钣金有限责任公司	东山镇	34
富裕注塑制模（苏州）有限公司	城南街道	35
藤兴工业有限公司	角直镇	36
苏州石川制铁有限公司	城南街道	37
艾来得机械（苏州）有限公司	长桥街道	38
苏州正雄制衣有限公司	角直镇	39
苏州市德力商品混凝土有限公司	郭巷街道	40
新进电子（苏州）有限公司	城南街道	41
和成（中国）有限公司	角直镇	42
日立电线（苏州）有限公司	胥口镇	43
安徽山鹰纸业股份有限公司苏州分公司	城南街道	44
苏州市宏利来服饰有限公司	越溪街道	45
苏州大荣电子有限公司	城南街道	46
智宝（苏州）有限公司	木渎镇	47
重村钢模机械工业（苏州）有限公司	角直镇	48
苏州英济电子塑胶有限公司	城南街道	49
苏州市吴中区和平实业有限公司	胥口镇	50

表 4-11

资产合计50强

（2006年）

企 业 名 称	所在地	名次
江苏吴中实业股份有限公司	苏苑街道	1
佳通科技（苏州）有限公司	城南街道	2
雅新电子（苏州）有限公司	城南街道	3
华新金猫水泥（苏州）有限公司	木 渎 镇	4
三洋能源（苏州）有限公司	胥 口 镇	5
苏州吴中供水有限公司	城南街道	6
苏州维信电子有限公司	城南街道	7
苏州惠氏制药有限公司	苏苑街道	8
苏州东瑞制药有限公司	城南街道	9
富裕注塑制模（苏州）有限公司	城南街道	10
欣日兴精密电子（苏州）有限公司	角 直 镇	11
智宝（苏州）有限公司	木 渎 镇	12
泰怡凯电器（苏州）有限公司	长桥街道	13
爱尔泰可新材料(苏州)有限公司	胥 口 镇	14
迎新科技（中国）有限公司	角 直 镇	15
罗马瓷砖有限公司	角 直 镇	16
维讯柔电路板（苏州）有限公司	城南街道	17
嘉彰科技（苏州）有限公司	城南街道	18
远东服装（苏州）有限公司	城南街道	19
和成（中国）有限公司	角 直 镇	20
三洋家用电器（苏州）有限公司	胥 口 镇	21
适新科技（苏州）有限公司	城南街道	22
重村钢模机械工业（苏州）有限公司	角 直 镇	23
苏州永盛混凝土有限公司	木 渎 镇	24
苏州柳新实业有限公司	长桥街道	25

表 4-11 续表

企 业 名 称	所在地	名次
宏全企业（苏州）有限公司	角 直 镇	26
江苏景盟针织企业有限公司	城南街道	27
日立电线（苏州）有限公司	胥 口 镇	28
苏州不二工机有限公司	光 福 镇	29
俐马（苏州）织染有限公司	城南街道	30
威鑫新型金属材料（苏州）有限公司	胥 口 镇	31
翔国电脑（苏州）有限公司	城南街道	32
远纺织染（苏州）有限公司	城南街道	33
苏州宏星食品包装有限公司	角 直 镇	34
苏州天马医药集团精细化学品有限公司	木 渎 镇	35
天隆电脑配件（苏州）有限公司	木 渎 镇	36
新进电子（苏州）有限公司	城南街道	37
新兴精密电子（苏州）有限公司	城南街道	38
苏州市宏利来服饰有限公司	越溪街道	39
均豪精密(苏州)有限公司	木 渎 镇	40
对松堂电子（苏州）有限公司	木 渎 镇	41
苏州长征-欣凯制药有限公司	城南街道	42
基杰五金制品（苏州）有限公司	胥 口 镇	43
黑松食品（苏州）有限公司	木 渎 镇	44
联升科技（苏州）有限公司	角 直 镇	45
藤兴工业有限公司	角 直 镇	46
小松精练（苏州）有限公司	角 直 镇	47
苏州石川制铁有限公司	城南街道	48
泰信电机（苏州）有限公司	城南街道	49
艾来得机械（苏州）有限公司	长桥街道	50

表 4-12

利税 50 强

（2006 年）

企 业 名 称	所在地	名次
苏州惠氏制药有限公司	苏苑街道	1
佳通科技（苏州）有限公司	城南街道	2
适新科技（苏州）有限公司	城南街道	3
江苏吴中实业股份有限公司	苏苑街道	4
天隆电脑配件（苏州）有限公司	木 渎 镇	5
苏州东瑞制药有限公司	城南街道	6
重村钢模机械工业（苏州）有限公司	角 直 镇	7
苏州市林通染料化工有限公司	郭巷街道	8
苏州石川制铁有限公司	城南街道	9
苏州维鲸有限公司	城南街道	10
苏州正雄制衣有限公司	角 直 镇	11
苏州市德力商品混凝土有限公司	郭巷街道	12
盛州橡胶（苏州）有限公司	角 直 镇	13
雅新电子（苏州）有限公司	城南街道	14
翔国电脑（苏州）有限公司	城南街道	15
苏州东瑞化工有限公司	城南街道	16
嘉彰科技（苏州）有限公司	城南街道	17
泰怡凯电器（苏州）有限公司	长桥街道	18
新兴精密电子（苏州）有限公司	城南街道	19
苏州不二工机有限公司	光 福 镇	20
苏州佳值电子工业有限公司	城南街道	21
藤兴工业有限公司	角 直 镇	22
华新金猫水泥（苏州）有限公司	木 渎 镇	23
琦伟（苏州）纺织有限公司	城南街道	24
新航新型包装材料（苏州）有限公司	城南街道	25

表 4-12 续表

企　业　名　称	所在地	名次
艾来得机械（苏州）有限公司	长桥街道	26
欣日兴精密电子（苏州）有限公司	角 直 镇	27
常宏电脑配套制品（苏州）有限公司	城南街道	28
苏州市东山钣金有限责任公司	东 山 镇	29
苏州荣成塑胶五金有限公司	长桥街道	30
金和精细化工（苏州）有限公司	角 直 镇	31
巨福五金塑料（苏州）有限公司	角 直 镇	32
苏州大荣电子有限公司	城南街道	33
苏州宏盛商品混凝土有限公司	胥 口 镇	34
苏州太湖度假区安洁绝缘材料有限公司	香山街道	35
苏州祥崴电子有限公司	胥 口 镇	36
江苏景盟针织企业有限公司	城南街道	37
俐马（苏州）织染有限公司	城南街道	38
苏州英杰注塑有限公司	木 渎 镇	39
中元混凝土（苏州）有限公司	郭巷街道	40
苏州华东镀膜玻璃有限公司	城南街道	41
柳道万和（苏州）热流道系统有限公司	角 直 镇	42
苏州市江远热电有限责任公司	城南街道	43
三洋能源（苏州）有限公司	胥 口 镇	44
苏州市凯丽保姆电器有限公司	城南街道	45
苏州英济电子塑胶有限公司	城南街道	46
东锋材料科技（苏州）有限公司	城南街道	47
苏州帝凯维动物营养有限公司	浦 庄 镇	48
苏州苏豪东方制衣有限公司	长桥街道	49
新进电子（苏州）有限公司	城南街道	50

表 4-13

固定资产净值平均余额50强

（2006年）

企业名称	所在地	名次
华新金猫水泥（苏州）有限公司	木渎镇	1
佳通科技（苏州）有限公司	城南街道	2
苏州吴中供水有限公司	城南街道	3
雅新电子（苏州）有限公司	城南街道	4
三洋能源（苏州）有限公司	胥口镇	5
江苏吴中实业股份有限公司	苏苑街道	6
爱尔泰可新材料(苏州)有限公司	胥口镇	7
苏州维信电子有限公司	城南街道	8
智宝（苏州）有限公司	木渎镇	9
嘉彰科技（苏州）有限公司	城南街道	10
迎新科技（中国）有限公司	角直镇	11
富裕注塑制模（苏州）有限公司	城南街道	12
罗马瓷砖有限公司	角直镇	13
苏州不二工机有限公司	胥口镇	14
苏州宏星食品包装有限公司	角直镇	15
黑松食品（苏州）有限公司	木渎镇	16
和成（中国）有限公司	角直镇	17
苏州东瑞制药有限公司	城南街道	18
苏州永盛混凝土有限公司	木渎镇	19
小松精练（苏州）有限公司	角直镇	20
日立电线（苏州）有限公司	胥口镇	21
江苏景盟针织企业有限公司	城南街道	22
重村钢模机械工业（苏州）有限公司	角直镇	23
苏州惠氏制药有限公司	苏苑街道	24
俐马（苏州）织染有限公司	城南街道	25

表 4-13 续表

企业名称	所在地	名次
远纺织染（苏州）有限公司	城南街道	26
维讯柔电路板（苏州）有限公司	城南街道	27
宏全企业（苏州）有限公司	角直镇	28
威鑫新型金属材料（苏州）有限公司	胥口镇	29
泰信电机（苏州）有限公司	城南街道	30
苏州中央可锻有限公司	城南街道	31
均豪精密(苏州)有限公司	木渎镇	32
新兴精密电子（苏州）有限公司	城南街道	33
翔国电脑（苏州）有限公司	城南街道	34
苏州市江远热电有限责任公司	城南街道	35
三洋家用电器（苏州）有限公司	胥口镇	36
苏州石川制铁有限公司	城南街道	37
泰怡凯电器（苏州）有限公司	长桥街道	38
新进电子（苏州）有限公司	城南街道	39
苏州印染厂有限公司	角直镇	40
适新科技（苏州）有限公司	城南街道	41
苏州长征-欣凯制药有限公司	城南街道	42
永丰余纸业（苏州）有限公司	城南街道	43
讯通光电科技（苏州）有限公司	城南街道	44
苏州柳新实业有限公司	长桥街道	45
富山阀门实业（苏州）有限公司	城南街道	46
苏州市林通染料化工有限公司	郭巷街道	47
江苏景盛针织有限公司	城南街道	48
苏州台容电子有限公司	木渎镇	49
巨福五金塑料（苏州）有限公司	角直镇	50

主 要 统 计 指 标 解 释

工　业　指从事自然资源的开采，对采掘品和农产品进行加工和再加工的物质生产部门。具体包括：

⑴对自然资源的开采，如采矿、晒盐、森林采伐等(但不包括禽兽捕猎和水产捕捞)；

⑵对农副产品的加工、再加工，如粮油加工、食品加工、轧花、缫丝、纺织、制革等；

⑶对采掘品的加工、再加工，如炼铁、炼钢、化工生产、石油加工、机器制造、木材加工等，以及电力、自来水、煤气的生产和供应等；

⑷对工业品的修理、翻新，如机器设备的修理、交通运输工具(包括小车)的修理等。

轻工业　指主要提供生活消费品和制作手工工具的工业。按其所使用的原料不同，可分为两大类：

⑴以农产品为原料的轻工业，是指直接或间接以农产品为基本原料的轻工业。主要包括食品制造、饮料制造、烟草加工、纺织、缝纫、皮革和毛皮制作、造纸以及印刷等工业；

⑵以非农产品为原料的轻工业，是指以工业品为原料的轻工业。主要包括文教体育用品、化学药品制造、合成纤维制造、日用化学制品、日用玻璃制品、日用金属制品、手工工具制造、医疗器械制造、文化和办公用机械制造等工业。

重工业　是指为国民经济各部门提供物质技术基础的主要生产资料的工业。按其生产性质和产品用途，可以分为下列三类：

⑴采掘工业，是指对自然资源的开采，包括石油开采、煤炭开采、金属矿开采、非金属矿开采和木材采伐等工业；

⑵原材料工业，指向国民经济各部门提供基本材料、动力和燃料的工业。包括金属冶炼及加工、炼焦及焦炭化学、化工原料、水泥、人造板以及电力、石油和煤炭加工等工业；

⑶加工工业，是指对工业原材料进行再加工制造的工业。包括装备国民经济各部门的机械设备制造工业、金属结构、水泥制品等工业，以及为农业提供的生产资料如化肥、农药等工业。

根据上述划分原则，修理业中以重工业产品为修理作业对象的划为重工业，反之划为轻工业。

工业总产值　是以货币表现的工业企业在一定时期内生产的已出售或可供出售工业产品总量，它反映一定时期内工业生产总规模和总水平。它包括：在本企业内不再进行加工，经检验、包装入库(规定不需包装的产品除外)的成品价值，加工费收入，自制半成品、在产品期末期初差额价值。工业总产值采用“工厂法”计算，即以工业企业作为一个整体，按企业工业生产活动的最终成果来计算，企业内部不允许重复计算，不能把企业内部各个车间(分厂)生产的成果相加。但在企业之间、行业之间、地区之间存在着重复计算。

轻重工业总产值的划分也是按“工厂法”计算的，即一个工业企业在正常情况下生产的主要产品的性质属于轻工业，则该企业的全部总产值作为轻工业总产值；一个工业企业生产的主要产品性质属于重工业，则该企业的全部总产值作为重工业总产值。

工业销售产值 是以货币表现的工业企业在一定时期内销售的本企业生产的工业产品总量。包括已销售的成品、半成品价值，对外提供的工业性作业价值和对本单位基本建设部门、生活福利部门等提供的产品和工业性作业及自制设备的价值。已销售的成品、半成品不论是本期生产的、还是上期生产的，只要是本期销售出去的均包括在内。对外提供的工业性作业是指企业按合同对外提供的工业性劳务。企业为本单位基本建设部门、生活福利部门等提供的产品和工业性作业及自制设备也应视同销售，这部分也作为销售统计。

工业销售产值的计算范围、计算价格和计算方法与工业总产值一致，但两者计算的基础不同；工业销售产值计算的基础是产品销售总量，工业总产值计算的基础是工业产品生产总量。

工业增加值 是指工业企业在报告期内以货币表现的工业生产活动的最终成果。工业增加值有两种计算方法：一是生产法，即工业总产出减去工业中间投入；二是收入法，即从收入的角度出发，根据生产要素在生产过程中应得到的收入份额计算，具体构成项目有固定资产折旧、劳动者报酬、生产税净额、营业盈余，这种方法也称要素分配法。

固定资产原价 指企业在建造、购置、安装、改建、扩建、技术改造某项固定资产所支出的全部货币总额。它一般包括买价、包装费、运杂费和安装费等。

固定资产净值 是指固定资产原价减去历年已提折旧额后的净额。

流动资产 是指可以在一年或者超过一年的一个营业周期内变现或者耗用的资产，包括现金及各种存款、短期投资、应收及预付货款、存货等。

利税总额 指企业产品销售税金及附加、应交增值税和利润总额之和。

资金利税率 指在一定时期内已实现的利润、税金总额与同期的资产(固定资产净值和流动资产)之比。计算公式：

资金利税率(%)=报告期累计实现利税总额÷(固定资产净值+流动资产平均余额)×100%

资金利税率反映每单位资金所提供的利润税金额。它是考察和评价部门或企业资金运用的经济效益，分析资金投入效果的主要分析指标。

资产负债率 是负债合计与资产合计之比，反映一定时点状态下的负债水平。计算公式：

资金负债率(%)=负债合计÷资产合计×100%

销售利润率 指在一定时期内产品销售利润与产品销售收入之比，反映产品销售利润的实现程度。计算公式：

销售利润率(%)=产品销售利润÷产品销售收入×100%

固定资产净值率 指固定资产净值与固定资产原价之比。反映一定时点状态下固定资产的新旧程度，计算公式：

固定资产净值率(%)=固定资产净值÷固定资产原价×100%

工业增加值率 指在一定时期内工业增加值占同期工业总产出的比重，反映降低中间消耗的经济效益。计算公式：

工业增加值率(%)=工业增加值÷工业总产出×100%

流动资产周转次数 指在一定时期内流动资产完成的周转次数，反映流动资产的周转速度。计算公式：

流动资产周转次数(次)=产品销售收入÷全部流动资产平均余额

产品销售率 指一定时期内销售产值与同期全部工业总产值之比，反映工业产品已实现销售的程度。计算公式：

工业产品销售率(%)=现价工业销售产值÷现价工业总产值×100%

产品销售收入 指企业销售产品的销售收入和提供劳务等主要经营业务取得的收入总额。

产品销售工厂成本 指企业销售产品和提供劳务等主要经营业务的实际成本。

工业全员劳动生产率 指报告期工业企业平均每个职工创造的工业增加值，是反映工业活劳动投入的经济效益指标，也是考核企业经济活动的重要指标，是企业生产技术水平、经营管理水平、职工技术熟练程度和劳动积极性的综合表现。计算公式：

工业全员劳动生产率(元/人)=工业增加值÷全部职工平均人数

建筑业

表 5-1 资质内建筑业企业生产情况主要指标

（2006 年）

	单位	2006 年	2005 年
一、企业数	**个**	**112**	**85**
#有工作量的企业	个	112	79
二、签订合同额	**万元**	**592387**	**351250**
三、建筑业总产值	**万元**	**492177**	**289108**
#建筑工程产值	万元	437209	282082
安装工程产值	万元	46721	5736
四、竣工产值	**万元**	**420259**	**235057**
五、年末自有施工机械设备净值	**万元**	**26716**	**20983**
年末自有机械设备总台数	台	11454	9934
年末自有机械设备总功率	万千瓦	253498	87906
六、主要建筑材料消耗			
钢材消耗	吨	172592	115585
木材消耗	立方米	59934	47866
水泥消耗	吨	672812	430456
七、房屋建筑施工面积	**平方米**	**5845197**	**4855127**
房屋建筑竣工面积	平方米	2701383	1612458
八、计算劳动生产率的年平均人数	**人**	**34893**	**24833**
九、建筑业劳动生产率	**万元/人**	**14.11**	**11.64**

表 5－2 资质内建筑业企业个数、从业

	企业个数（个）	有工作量的企业个数	年末从业人员人数（人）	＃管理人员
总　　计	**112**	**112**	**38736**	**5704**
一、按登记注册类型分组				
1.内资企业	110	110	38368	5632
＃集体企业	2	2	676	47
股份合作企业	2	2	486	84
有限责任公司	20	20	14011	1838
股份有限公司	3	3	768	211
私营企业	79	79	22311	3439
＃私营合伙企业	2	2	972	150
私营有限责任公司	74	74	20572	3126
私营股份有限公司	3	3	767	163
其他企业	4	4	116	13
2.外商投资企业	2	2	368	72
二、按国民经济行业分组				
1.房屋和土木工程建筑业	47	47	31188	3981
＃房屋工程建筑	28	28	28157	3208
土木工程建筑	19	19	3031	773
2.建筑安装业	28	28	4335	921
3.建筑装饰业	20	20	1722	392
4.其他建筑业	17	17	1491	410
三、按企业资质等级分组				
1.施工总承包	52	52	34225	4615
一　级	1	1	982	315
二　级	11	11	19125	1923
三级及以下	40	40	14118	2377
2.专业承包	60	60	4511	1089
一级	2	2	322	85
二　级	11	11	1242	304
三级及以下	47	47	2947	700

人员和劳动生产率情况（2006 年）

# 工程技术人员	# 持有一级资质证书的项目经理	# 现场施工工人	# 持证上岗人员	计算劳动生产率的平均人数（人）	建筑业劳动生产率（万元/人）
4975	86	29767	19384	34893	14.11
4914	86	29635	19274	34529	14.04
37	—	584	50	328	9.02
66	—	307	120	318	17.04
1459	46	11957	9697	14344	15.95
163	1	476	296	631	18.48
3173	37	16258	9070	18843	12.45
150	—	822	822	822	15.07
2878	37	14871	8099	17071	12.41
145	—	565	149	950	10.93
16	2	53	41	65	19.40
61	—	132	110	364	20.37
3643	37	24945	16812	27118	11.16
2939	19	23309	15880	24598	9.47
704	18	1636	932	2520	27.74
757	22	3108	1673	4780	29.50
262	11	951	453	1675	15.69
313	16	763	446	1320	16.78
4093	41	27052	17761	29817	13.78
250	12	467	210	660	24.92
1744	18	15981	11914	17517	9.78
2099	11	10604	5637	11640	19.17
882	45	2715	1623	5076	16.01
89	6	152	71	581	10.46
244	14	663	405	1537	17.17
549	25	1900	1147	2958	16.50

表 5－3

资质内建筑业企业合同情况

（2006 年）

单位：万元

	直接从建设单位签订的合同额	上年结转的合同额	本年新签的合同额	从建设单位以外承揽的合同额
总　　计	**592387**	**124572**	**467815**	**34599**
一、按登记注册类型分组				
1. 内资企业	584971	123712	461259	34599
＃集体企业	2959	—	2959	—
股份合作企业	6608	847	5761	600
有限责任公司	264837	47004	217833	15817
股份有限公司	10796	2684	8112	358
私营企业	298676	73035	225641	17649
＃私营合伙企业	19514	5303	14211	—
私营有限责任公司	267622	62365	205257	17196
私营股份有限公司	11540	5367	6173	453
其他企业	1095	142	953	175
2. 外商投资企业	7416	860	6556	—
二、按国民经济行业分组				
1. 房屋和土木工程建筑业	397789	107443	290346	22897
＃房屋工程建筑	331997	90518	241479	1656
土木工程建筑	65792	16925	48867	21241
2. 建筑安装业	140000	10021	129979	8208
3. 建筑装饰业	34700	1433	33267	2351
4. 其他建筑业	19898	5675	14223	1143
三、按企业资质等级分组				
1. 施工总承包	520021	117047	402974	10013
一　级	14902	1010	13892	4698
二　级	257992	87244	170748	11
三级及以下	247127	28793	218334	5304
2. 专业承包	72366	7525	64841	24586
一　级	6642	1618	5024	—
二　级	36099	972	35127	2284
三级及以下	29625	4935	24690	22302

表 5—4

资质内建筑业企业承包工程完成情况

（2006 年）

单位：万元

	直接从建设单位承揽工程完成的产值			从建设单位以外承揽工程完成的产值
		自行完成施工的产值	分包出去的工程产值	
总　　计	**458839**	**458492**	**347**	**33685**
一、按登记注册类型分组				
1. 内资企业	451423	451076	347	33685
#集体企业	2959	2959	—	—
股份合作企业	4818	4818	—	600
有限责任公司	210452	210452	—	18362
股份有限公司	11408	11408	—	254
私营企业	220700	220622	78	14025
#私营合伙企业	12388	12388	—	—
私营有限责任公司	198274	198274	—	13599
私营股份有限公司	10039	9961	78	426
其他企业	1086	817	269	444
2. 外商投资企业	7416	7416	—	—
二、按国民经济行业分组				
1. 房屋和土木工程建筑业	282252	281905	347	20844
#房屋工程建筑	231175	231175	—	1656
土木工程建筑	51077	50730	347	19188
2. 建筑安装业	132321	132321	—	8674
3. 建筑装饰业	24399	24399	—	1887
4. 其他建筑业	19867	19867	—	2280
三、按企业资质等级分组				
1. 施工总承包	401981	401712	269	9187
一　级	13936	13936	—	2509
二　级	171301	171301	—	11
三级及以下	216744	216475	269	6667
2. 专业承包	56858	56780	78	24498
一　级	6078	6078	—	—
二　级	25085	25085	—	1309
三级及以下	25695	25617	78	23189

表 5-5 资质内建筑业企业总产值和竣工产值

（2006 年）　　单位：万元

	建筑业总产值	建筑工程产值	安装工程产值	竣工产值
总计	492177	437209	46721	420259
一、按登记注册类型分组				
1. 内资企业	484761	429793	46721	413443
#集体企业	2959	2660	—	2959
股份合作企业	5418	5418	—	5508
有限责任公司	228815	190528	38287	216813
股份有限公司	11662	11662	—	11415
私营企业	234646	218338	8434	175561
#私营合伙企业	12388	12332	—	12040
私营有限责任公司	211872	195620	8434	155882
私营股份有限公司	10386	10386	—	7639
其他企业	1261	1187	—	1187
2. 外商投资企业	7416	7416	—	6816
二、按国民经济行业分组				
1. 房屋和土木工程建筑业	302748	295085	331	254033
#房屋工程建筑	232831	232374	331	183483
土木工程建筑	69917	62711	—	70550
2. 建筑安装业	140996	95205	45776	130728
3. 建筑装饰业	26287	24845	542	17604
4. 其他建筑业	22146	22074	72	17894
三、按企业资质等级分组				
1. 施工总承包	410899	366921	36724	355064
一级	16444	16444	—	17834
二级	171313	170912	330	131441
三级及以下	223142	179565	36394	205789
2. 专业承包	81278	70288	9997	65195
一级	6078	6078	—	6308
二级	26394	24137	2242	14639
三级及以下	48806	40073	7755	44248

表 5-6 资质内建筑业企业房屋施工和竣工面积

（2006 年） 单位：平方米

	房屋建筑施工面积	#本年新开工面积	#实行投标承包面积	房屋建筑竣工面积
总计	**5845197**	**3525623**	**3987350**	**2701383**
一、按登记注册类型分组				
1. 内资企业	5837390	3521994	3987350	2693576
#集体企业	26636	26626	6626	26626
股份合作企业	101323	89956	40364	75365
有限责任公司	2448553	1249418	2194128	1196369
股份有限公司	152180	144180	129100	122160
私营企业	3108698	2011814	1617132	1273056
#私营合伙企业	229264	113010	229264	116254
私营有限责任公司	2730435	1819805	1238879	1098214
私营股份有限公司	148999	78999	148989	58588
其他企业				
2. 外商投资企业	7807	3629	—	7807
二、按国民经济行业分组				
1. 房屋和土木工程建筑业	5206602	3199726	3792450	2520064
#房屋工程建筑	5078252	3071376	3664100	2391714
土木工程建筑	128350	128350	128350	128350
2. 建筑安装业	486195	276267	194900	178919
3. 建筑装饰业				
4. 其他建筑业	152400	49630	—	2400
三、按企业资质等级分组				
1. 施工总承包	5414737	3370465	3987350	2697674
一级				
二级	3676125	2150369	3070349	1691801
三级及以下	1738612	1220096	917001	1005873
2. 专业承包	430460	155158	—	3709
一级	100000	—	—	—
二级	169647	103203	—	—
三级及以下	160813	51955	—	3709

表 5-7　资质内建筑业企业自有施工机械设备情况

（2006 年末）

	施工机械设备净值（万元）	施工机械设备总台数（台）	施工机械设备总功率（千瓦）
总　计	**26716**	**11454**	**253498**
一、按登记注册类型分组			
1. 内资企业	26681	11402	253482
＃集体企业	279	244	1158
股份合作企业	82	357	1770
有限责任公司	9755	2318	92901
股份有限公司	848	128	2911
私营企业	15686	8348	154614
＃私营合伙企业	667	365	2383
私营有限责任公司	14702	7307	148962
私营股份有限公司	317	676	3269
其他企业	31	7	128
2. 外商投资企业	35	52	16
二、按国民经济行业分组			
1. 房屋和土木工程建筑业	18342	8518	177168
＃房屋工程建筑	10719	7280	128108
土木工程建筑	7623	1238	49060
2. 建筑安装业	3454	2156	45296
3. 建筑装饰业	1537	401	1829
4. 其他建筑业	3383	379	29205
三、按企业资质等级分组			
1. 施工总承包	19125	8822	207420
一　级	2340	378	1490
二　级	5279	4239	114437
三级及以下	11506	4205	91493
2. 专业承包	7591	2632	46078
一　级	267	393	1786
二　级	2172	519	6596
三级及以下	5152	1720	37696

表 5-8 资质内建筑业企业主要建材消耗量情况

（2006 年）

	钢材（吨）	木材（立方米）	水泥（吨）	平板玻璃（平方米）	铝材（吨）
总计	172592	59934	672812	319867	2862
一、按登记注册类型分组					
1. 内资企业	172497	57934	671862	319067	2812
#集体企业	32	77	155	92	42
股份合作企业	4385	1568	17589	5800	28
有限责任公司	52500	21413	255003	84418	105
股份有限公司	3548	691	29522	1830	37
私营企业	111412	34065	361243	226927	2600
#私营合伙企业	4011	7049	14099	972	—
私营有限责任公司	99952	24782	309896	194177	2577
私营股份有限公司	7449	2234	37248	31778	23
其他企业	620	120	8350	—	—
2. 外商投资企业	95	2000	950	800	50
二、按国民经济行业分组					
1. 房屋和土木工程建筑业	152673	55945	613526	138405	1839
#房屋工程建筑	148757	55049	569389	138405	1839
土木工程建筑	3916	896	44137	—	—
2. 建筑安装业	17918	1101	51756	14000	469
3. 建筑装饰业	568	2415	3400	167212	546
4. 其他建筑业	1433	473	4130	250	8
三、按企业资质等级分组					
1. 施工总承包	165437	55849	642837	151205	1852
一级	196	256	9060	—	—
二级	90701	32266	326977	86095	1563
三级及以下	74540	23327	306800	65110	289
2. 专业承包	7155	4085	29975	168662	1010
一级	560	1620	5600	400	6
二级	3545	2150	1100	150800	162
三级及以下	3050	315	23275	17462	842

表 5-9 资质内建筑业企业财务状况主要指标

单位：万元

	2006 年	2005 年	2006 年为 2005 年%
一、实收资本	**101869**	**72693**	**140.1**
二、年末资产负债			
流动资产合计	540327	373008	144.9
固定资产合计	77811	44203	176.0
固定资产原价	69753	44444	156.9
累计折旧	17117	11891	143.9
资产总计	662429	459990	144.0
负债合计	483149	370080	130.6
所有者权益合计	179280	89910	199.4
三、损益及分配			
工程结算收入	476972	263530	181.0
工程结算税金及附加	15049	12102	125.3
工程结算利润	48607	16146	301.0
管理费用	26719	14462	184.8
#税　金	382	314	121.7
其他业务收入	7870	7167	109.8
营业利润	21518	2451	877.9
利润总额	34850	3831	909.7
四、工资、福利费			
应付工资总额	37051	29560	125.3
应付福利费总额	4992	3380	147.7

表 5—10

资质内建筑业企业资产情况

(2006 年末)　　单位：万元

	资产合计	流动资产	长期投资	固定资产	无形及递延资产
总　　计	**662429**	**540327**	**33111**	**77811**	**9687**
一、按登记注册类型分组					
1. 内资企业	655655	535060	33111	76348	9643
#集体企业	5341	5031	31	279	—
股份合作企业	3913	3727	—	171	15
有限责任公司	369966	309859	24601	28083	7422
股份有限公司	7694	6024	—	1390	280
私营企业	259920	209134	8479	40107	1926
#私营合伙企业	10642	9809	—	673	160
私营有限责任公司	237910	189030	8311	38541	1754
私营股份有限公司	11368	10295	168	893	12
其他企业	8821	1285	—	6318	—
2. 外商投资企业	6774	5267	—	1463	44
二、按国民经济行业分组					
1. 房屋和土木工程建筑业	352315	292050	6507	51029	1460
#房屋工程建筑	277658	246143	4989	25693	764
土木工程建筑	74657	45907	1518	25336	696
2. 建筑安装业	191981	158267	7901	18300	7490
3. 建筑装饰业	26371	19759	1800	4238	440
4. 其他建筑业	91762	70251	16903	4244	297
三、按企业资质等级分组					
1. 施工总承包	569602	467763	31010	61269	8291
一　级	17638	6848	1350	9440	—
二　级	295052	253270	21084	19819	863
三级及以下	256912	207645	8576	32010	7428
2. 专业承包	92827	72564	2101	16542	1396
一　级	6449	6073	76	300	—
二　级	20256	16502	—	3268	438
三级及以下	66122	49989	2025	12974	958

表 5－11 资质内建筑业企业流动资产情况

(2006 年末)

单位：万元

	流动资产合计	货币资金	应收账款	预付账款	存货
总计	540327	104288	81701	93945	177014
一、按登记注册类型分组					
1.内资企业	535059	104105	80073	93686	175196
＃集体企业	5030	409	1987	10	2625
股份合作企业	3727	395	1184	684	1256
有限责任公司	309858	85491	36784	29369	112660
股份有限公司	6024	874	1162	742	879
私营企业	209135	16814	38803	62558	57255
＃私营合伙企业	9810	1369	2628	2589	3159
私营有限责任公司	189030	15022	34346	57428	50560
私营股份有限公司	10295	423	1829	2541	3536
其他企业	1285	122	153	323	521
2.外商投资企业	5268	183	1628	259	1818
二、按国民经济行业分组					
1.房屋和土木工程建筑业	292050	18299	51013	71819	105480
＃房屋工程建筑	246143	14130	35112	63806	99169
土木工程建筑	45907	4169	15901	8013	6311
2.建筑安装业	158267	61071	14108	11433	61353
3.建筑装饰业	19759	1684	5511	2273	4757
4.其他建筑业	70251	23234	11069	8420	5424
三、按企业资质等级分组					
1.施工总承包	467763	89787	58131	85968	159191
一　级	6848	33	214	978	1
二　级	253270	32817	32181	52805	82903
三级及以下	207645	56937	25736	32185	76287
2.专业承包	72564	14501	23570	7977	17823
一　级	6073	944	796	1454	2822
二　级	16502	2276	4536	1402	5909
三级及以下	49989	11281	18238	5121	9092

表 5－12

资质内建筑业企业固定资产情况

(2006 年末)

单位：万元

	固定资产合计	固定资产原值	#生产经营用	累计折旧	#本年折旧	在建工程
总　　计	**77811**	**69753**	**51756**	**17117**	**3977**	**17537**
一、按登记注册类型分组						
1.内资企业	76348	68262	51586	16923	3877	17371
#集体企业	279	601	596	322	17	—
股份合作企业	171	435	234	264	30	—
有限责任公司	28083	27932	24727	7124	1485	7270
股份有限公司	1390	1878	1512	487	76	—
私营企业	40107	37155	24347	8637	2229	9861
#私营合伙企业	673	901	901	278	43	—
私营有限责任公司	38541	35039	22886	8037	2071	9861
私营股份有限公司	893	1215	560	322	115	—
其他企业	6318	261	170	89	40	240
2.外商投资企业	1463	1491	170	194	100	166
二、按国民经济行业分组						
1.房屋和土木工程建筑业	51029	42063	30821	11674	2488	13464
#房屋工程建筑	25693	23736	15492	6318	978	7004
土木工程建筑	25336	18327	15329	5356	1510	6460
2.建筑安装业	18300	18741	14386	3297	945	2643
3.建筑装饰业	4238	3839	2221	910	172	1147
4.其他建筑业	4244	5110	4328	1236	372	283
三、按企业资质等级分组						
1.施工总承包	61269	50178	38664	12144	2656	16041
一　级	9440	4904	4879	990	467	5525
二　级	19819	16726	9127	4920	665	6824
三级及以下	32010	28548	24658	6234	1524	3692
2.专业承包	16542	19575	13092	4973	1321	1496
一　级	300	373	373	72	44	—
二　级	3268	4112	2787	932	181	—
三级及以下	12974	15090	9932	3969	1096	1496

表 5－13

资质内建筑业企业负债情况

（2006 年末）

单位：万元

	负债合计	流动负债	长期负债	#长期借款
总计	483149	475296	7853	836
一、按登记注册类型分组				
1.内资企业	478310	470457	7853	836
#集体企业	4288	3688	600	600
股份合作企业	2608	2608	—	—
有限责任公司	304354	304358	－4	－4
股份有限公司	3585	3585	—	—
私营企业	155525	155285	240	240
#私营合伙企业	7920	7920	—	—
私营有限责任公司	140354	140114	240	240
私营股份有限公司	7251	7251	—	—
其他企业	7950	933	7017	—
2.外商投资企业	4839	4839	—	—
二、按国民经济行业分组				
1.房屋和土木工程建筑业	249038	241209	7829	812
#房屋工程建筑	203024	202424	600	600
土木工程建筑	46014	38785	7229	212
2.建筑安装业	152759	152735	24	24
3.建筑装饰业	15327	15327	—	—
4.其他建筑业	66025	66025	—	—
三、按企业资质等级分组				
1.施工总承包	426560	418735	7825	808
一级	7496	7284	212	212
二级	220737	220737	—	—
三级及以下	198327	190714	7613	596
2.专业承包	56589	56561	28	28
一级	3912	3913	—	—
二级	12889	12889	—	—
三级及以下	39788	39759	28	28

表 5—14

资质内建筑业企业流动负债情况

(2006 年末)

单位：万元

	流动负债合计	短期借款	应付账款	预收账款
总　　计	**475296**	**37564**	**115991**	**195193**
一、按登记注册类型分组				
1.内资企业	470457	37044	113445	193781
＃集体企业	3688	10	169	3500
股份合作企业	2608	—	1526	998
有限责任公司	304358	16241	83360	97515
股份有限公司	3585	700	360	1651
私营企业	155285	20093	27718	89938
＃私营合伙企业	7920	—	1564	6351
私营有限责任公司	140114	19743	24266	78650
私营股份有限公司	7251	350	1888	4937
其他企业	933	—	312	179
2.外商投资企业	4839	520	2546	1412
二、按国民经济行业分组				
1.房屋和土木工程建筑业	241209	25010	46256	144241
＃房屋工程建筑	202424	21530	34401	123999
土木工程建筑	38785	3480	11855	20242
2.建筑安装业	152735	3021	29918	38154
3.建筑装饰业	15327	1848	7337	4742
4.其他建筑业	66025	7685	32480	8056
三、按企业资质等级分组				
1.施工总承包	418735	32766	95868	173833
一　级	7284	—	1594	5456
二　级	220737	29390	55715	102081
三级及以下	190714	3376	38559	66296
2.专业承包	56561	4798	20123	21360
一　级	3913	—	1312	2168
二　级	12889	2710	3432	4642
三级及以下	39759	2088	15379	14550

表 5－15

资质内建筑业企业所有者权益情况

（2006 年末）

单位：万元

	所有者权益合计	实收资本	资本公积金	盈余公积金	未分配利润
总　　计	179280	101869	3738	6209	16944
一、按登记注册类型分组					
1.内资企业	177345	100030	3540	6209	17046
＃集体企业	1052	706	—	—	—
股份合作企业	1305	1204	—	102	－67
有限责任公司	65612	31769	2425	4784	10161
股份有限公司	4109	3800	9	13	246
私营企业	104396	61700	1106	1310	6789
＃私营合伙企业	2722	2600	—	31	90
私营有限责任公司	97557	55450	1044	1178	6484
私营股份有限公司	4117	3650	62	101	215
其他企业	871	851	—	—	－83
2.外商投资企业	1935	1839	198	—	－102
二、按国民经济行业分组					
1.房屋和土木工程建筑业	103277	56151	861	1023	6209
＃房屋工程建筑	74634	36862	104	448	3893
土木工程建筑	28643	19289	757	575	2316
2.建筑安装业	39222	27883	2389	4789	2359
3.建筑装饰业	11044	9880	455	337	168
4.其他建筑业	25737	7955	33	60	8208
三、按企业资质等级分组					
1.施工总承包	143042	72877	3074	4105	14620
一　级	10142	4000	39	140	435
二　级	74315	19945	656	521	11199
三级及以下	58585	48932	2379	3444	2986
2.专业承包	36238	28992	664	2104	2324
一　级	2537	2000	2	98	436
二　级	7367	6292	222	487	365
三级及以下	26334	20700	440	1519	1523

表 5—16

资质内建筑业企业实收资本情况

(2006 年末)　　单位：万元

	实收资本合计	集体资本	法人资本	个人资本	外商资本
总　　计	**101869**	**700**	**29369**	**70430**	**1020**
一、按登记注册类型分组					
1. 内资企业	100030	700	28549	70430	—
#集体企业	706	600	106	—	—
股份合作企业	1204	—	—	1204	—
有限责任公司	31769	100	10535	20784	—
股份有限公司	3800	—	—	3800	—
私营企业	61700	—	17908	43792	—
#私营合伙企业	2600	—	100	2500	—
私营有限责任公司	55450	—	17448	38002	—
私营股份有限公司	3650	—	360	3290	—
其他企业	851	—	—	850	—
2. 外商投资企业	1839	—	820	—	1020
二、按国民经济行业分组					
1. 房屋和土木工程建筑业	56151	600	16127	38744	331
#房屋工程建筑	36862	600	8989	26943	331
土木工程建筑	19289	—	7138	11801	—
2. 建筑安装业	27883	—	9023	18861	—
3. 建筑装饰业	9880	—	2689	6501	689
4. 其他建筑业	7955	100	1530	6324	—
三、按企业资质等级分组					
1. 施工总承包	72877	600	18978	52969	331
一　级	4000	—	4000	—	—
二　级	19945	—	4960	14985	—
三级及以下	48932	600	10018	37984	331
2. 专业承包	28992	100	10391	17461	689
一　级	2000	—	1350	650	—
二　级	6292	—	2511	3091	689
三级及以下	20700	100	6530	13720	—

表 5-17

资质内建筑业企业损益

	工程结算收入	工程结算成本	工程结算利润	工程结算税金及附加	其他业务收入	其他业务利润
总　　计	**476972**	**411748**	**48607**	**15049**	**7870**	**1882**
一、按登记注册类型分组						
1. 内资企业	469556	405088	48077	14822	7870	1882
#集体企业	2754	2459	169	126	—	—
股份合作企业	5147	4746	220	172	—	—
有限责任公司	220439	181756	31670	6929	6698	1270
股份有限公司	10735	9842	552	334	33	6
私营企业	229391	205366	15349	7221	959	427
#私营合伙企业	19613	18566	400	647	44	44
私营有限责任公司	200630	178785	14115	6275	915	383
私营股份有限公司	9148	8015	834	299	—	—
其他企业	1090	919	117	40	180	180
2. 外商投资企业	7416	6660	530	227	—	—
二、按国民经济行业分组						
1. 房屋和土木工程建筑业	295536	272230	13654	9449	6588	933
#房屋工程建筑	222908	207195	8496	7112	6364	736
土木工程建筑	72628	65035	5158	2337	224	197
2. 建筑安装业	135743	101697	29275	4050	922	827
3. 建筑装饰业	26212	21248	3464	912	360	122
4. 其他建筑业	19481	16573	2214	638	—	—
三、按企业资质等级分组						
1. 施工总承包	400050	347064	39589	12549	1996	1371
一　级	16305	14998	778	529	12	11
二　级	165770	153896	6658	5196	874	424
三级及以下	217975	178170	32153	6824	1110	936
2. 专业承包	76922	64684	9018	2500	5874	511
一　级	6078	5398	461	202	5478	274
二　级	23244	19084	3110	729	2	2
三级及以下	47600	40202	5447	1569	394	235

及分配情况（2006年）

单位：万元

经营费用	管理费用		财务费用	营业利润	投资收益	利润总额	本年应付工资总额	本年应付福利费总额
		税金						
1569	**26719**	**382**	**2252**	**21518**	**13686**	**34850**	**37051**	**4992**
1569	26260	378	2218	21482	13686	34822	36489	4801
—	103	20	4	63	—	63	465	10
8	199	—	—	22	—	6	395	13
84	16709	116	−121	16351	10431	26744	17584	2516
7	254	7	58	246	—	172	1273	143
1455	8900	234	2219	4658	3255	7695	16729	2114
1	462	17	−7	−12	—	−12	190	26
1454	7793	207	2215	4492	3255	7550	16029	2026
—	645	10	11	178	—	157	510	62
15	95	1	58	142	—	142	43	5
—	459	4	34	36	—	28	562	191
204	8547	208	2370	3670	3250	6785	28102	3563
105	6151	155	2072	1010	3250	4300	23001	2934
99	2396	53	298	2660	—	2485	5101	629
722	15224	109	−336	15215	2912	17936	4680	977
588	1600	37	78	1907	—	1887	1954	296
55	1348	28	140	726	7524	8242	2315	156
848	21545	257	2066	17349	13186	30160	31496	4106
—	564	5	3	221	—	155	2772	388
20	3853	107	2223	1006	10774	11703	18473	2295
828	17128	145	−160	16122	2412	18302	10251	1423
721	5174	125	186	4169	500	4690	5555	886
19	470	6	−6	272	—	410	433	55
321	1050	34	123	1938	—	1927	1567	426
381	3654	85	69	1959	500	2353	3555	405

表 5-18

劳务分包建筑业企业

	单位	总计	按登记注册分	
			集体企业	私营企业
企业个数	个	7	2	5
#有工作量的企业个数	个	6	2	4
年末从业人数	人	735	288	447
#管理人员	人	77	25	52
工程技术人员	人	126	45	81
现场施工工人	人	512	198	314
计算劳动生产率的平均人数	人	385	136	249
建筑业总产值	万元	1460	700	760
劳动生产率	万元/人	3.79	5.15	3.05
年末固定资产原价	万元	629	541	88
本年折旧	万元	100	83	17
年末资产总计	万元	2974	1866	1108
年末负债合计	万元	671	526	145
年末实收资本	万元	2047	1152	895
#集体资本	万元	1152	1152	—
法人资本	万元	130	—	130
个人资本	万元	765	—	765
营业收入合计	万元	1079	410	669
#主营业务收入	万元	653	410	243
主营业务成本	万元	925	377	548
主营业务税金及附加	万元	40	14	26
费用合计	万元	95	14	81
营业利润	万元	19	6	13
利润总额	万元	4	6	-2
从业人员劳动报酬	万元	258	95	163

生产经营情况（2006年）

按行业分		按资质等级分级		
房屋和土木工程建筑业	建　筑安装业	一　级	二　级	三　级及以下
3	4	3	1	3
3	3	3	1	2
568	167	568	82	85
60	17	60	9	8
91	35	91	8	27
397	115	397	65	50
271	114	271	70	44
943	517	943	49	468
3.48	4.54	3.48	0.70	10.64
542	87	542	16	71
83	17	83	3	14
2061	913	2061	71	842
561	110	561	51	59
1302	745	1302	15	730
1152	—	1152	—	—
130	—	—	130	—
150	615	150	15	600
425	654	425	48	606
425	229	425	48	180
377	548	378	38	509
15	25	14	2	24
17	78	17	7	71
17	2	17	1	1
17	-13	17	1	-14
122	136	122	30	106

主要统计指标解释

建筑业总产值（即自行完成施工产值）指建筑业企业或附属施工单位自行完成的按工程进度计算的建筑安装生产总值。施工产值包括：

⑴建筑工程产值：指列入建筑工程预算内的各种工程价值。

⑵设备安装工程产值：指设备安装工程价值。

⑶房屋、构筑物修理产值：指房屋、构筑物修理所完成的价值，但不包括被修理房屋、构筑物本身的价值和生产设备的修理价值。

⑷非标准设备制造产值：指加工制造没有定型的、非标准的生产设备的加工费和原材料价值，不论是现场还是附属加工厂为本单位承建工程制造的非标准设备的价值，都应计算产值。

竣工产值 指在报告期内，按照设计所规定的工程内容全部完成，达到了设计规定的交工条件，经有关部门检查验收鉴定合格的单位工程价值之和。

房屋建筑施工面积 指在报告期内施工的全部房屋建筑面积。包括本期内新开的；上期施工跨入本期继续施工、上期停建本期复工的房屋建筑面积；不包括上期开工后又停工，本期未施工的房屋建筑面积。

房屋建筑竣工面积 指在报告期内，按照设计所规定的工程内容全部完成，达到了设计规定的交工条件，经有关部门检查验收鉴定合格的房屋建筑面积。

住宅竣工面积 指房屋建筑竣工面积中供居住用的房屋建筑竣工面积。

自有机械设备年末总台数 指归本企业（或单位）所有，属于本企业固定资产的生产性机械设备年末总台数。包括施工机械、生产设备、运输设备以及其他设备。

自有机械设备年末总功率 指本企业（或单位）自有施工机械、生产设备、运输设备以及其他设备等列为在册固定资产的生产性机械设备年末总功率，按设定能力或查定能力计算。包括机械本身的动力和为该机械服务的单独动力设备，如电动机等。计量单位用千瓦，动力换算可按1马力=0.735千瓦折合成千瓦数。电焊机、变压器、锅炉不计算动力。

工程结算收入 指企业（或单位）按工程的分部分项自行完成的建筑产品价值、并已与甲方在报告期内办理结算手续的工程价款收入，以及向甲方收取的除工程价款以外的按规定列作营业收入的各种款项，如临时设施费、劳动保险费、施工机械调迁费等以及向甲方收取的各种索赔款。

工程结算利润 指已结算工程实现的利润。如为亏损以“—”号表示。其计算公式为：

工程结算利润=工程结算收入—工程结算成本—工程结算税金及附加

企业总收入 指与企业生产经营直接有关的各项收入，包括工程结算收入和其他业务收入，即：

企业总收入=工程结算收入＋其他业务收入

交通运输业

表 6-1

交通运输业基本情况

	单位	2006 年	2005 年
一、公路总里程	公里	981	498
二、公路桥梁	座	714	311
三、内河航道通航里程	公里	326	330
四、通航河流上建筑物	座	4	3
五、航道上设立的航标	座	47	47
六、年末汽车拥有量	辆	43298	33388
#营业性	辆	4653	4728
#个　体	辆	912	595
非营业性	辆	38645	28660
#载客汽车	辆	36223	27072
载货汽车	辆	7075	6316
七、系统内旅客运输量			
客运量	万人次	3549.2	2669.1
#公　路	万人次	3549.2	2669.1
旅客周转量	万人公里	71454	56247
#公　路	万人公里	71454	56247

表 6-2

通车通航里程

	单位	2006 年	2005 年
一、公路总里程	**公里**	**981**	**498**
1. 按行政等级分			
(1)省　道	公里	124	94
(2)县　道	公里	260	257
(3)乡　道	公里	292	132
(4)专用公路	公里	77	15
(5)村　道	公里	228	—
2. 按等级分			
(1)高　速	公里	71	33
(2)一　级	公里	91	77
(3)二　级	公里	295	161
(4)三　级	公里	388	181
(5)四　级	公里	136	44
(6)等外公路	公里	—	2
3. 按路面标准分			
(1)高　级	公里	969	454
(2)次高级	公里	12	34
(3)中　级	公里	—	9
(4)低　级	公里	—	1
二、公路桥梁	**座**	**714**	**311**
	延米	23816	21625
三、内河航道通航里程	**公里**	**326**	**330**
#通机动船	公里	257	254
四、通航河流上建筑物	**座**	**4**	**3**
1.永久性闸坝	座	2	1
2.船　闸	座	1	1
3.套　闸	座	1	1
五、航道上设立的航标	**座**	**47**	**47**
#发光的	座	41	41

表 6-3

营业性汽车拥有量

（2006 年末）

	单位	总计	#个体
合　计	**辆**	**4653**	**912**
1.载客汽车	**辆**	**558**	**1**
	客位	11158	5
#大型汽车	辆	184	—
	客位	8480	—
中型汽车	辆	47	—
	客位	998	—
2.载货汽车	**辆**	**4095**	**911**
	吨位	19306	2169
(1)普通载货汽车	辆	3853	911
	吨位	17054	2169
#大型汽车	辆	1150	110
	吨位	12223	756
#重型汽车	辆	628	25
	吨位	9502	313
中型汽车	辆	602	171
	吨位	1916	535
(2)专用载货汽车	辆	76	—
	吨位	1013	—
#集装箱车	辆	21	—
	TEU	47	—

主要统计指标解释

公路里程 指在一定时期内实际达到《公路工程技术标准 JTJ01—88》规定的等级公路，并经公路主管部门正式验收交付使用的公路里程数。其计算单位为：公里。它包括大中城市的郊区公路以及通过小城镇街道部分的公路里程，也包括桥梁、渡口的长度，但不包括大中城市的街道、厂矿、林区生产用道和农业生产用道的里程。两条或多条公路共同经由同一路段，只计算一次，不得重复计算里程长度。公路里程是反映公路建设发展规模的重要指标，也是计算运输网密度等指标的基础资料。

内河航道里程 也称“内河通航里程”，是反映内河水运网规模、水平和发展情况的主要指标，是指在一定时期内，能通航运输船舶及排筏的天然河流、湖泊水库、运河及通航渠道的长度。包括全年季节性通航累计三个月以上的航道，但不包括仅供零散流放竹、木排的河道。

货(客)运量 指在一定时期内，各运输部门实际运送的货物(旅客)数量。是反映运输业为国民经济和人民生活服务的数量指标，也是制定和检查运输生产计划、研究运输发展规模和速度的重要指标。货运按吨计算，客运按人计算。货物不论运输距离长短、货物类别，均按实际重量统计；旅客不论行程远近或票价多少，均按一人一次作为客运量统计。半价票、小孩票也按一人统计。

货物(旅客)周转量 指在一定时期内，由各种运输工具运送的货物(旅客)数量与其相应运输距离的乘积之总和，是反映运输业生产总成果的重要指标，也是编制和检查运输生产计划，计算运输效率、劳动生产率以及核算运输单位成本的主要基础资料。通常以吨公里和人公里为计算单位。计算货物周转量通常按发出站与到达站之间的最短距离，也就是计费距离计算。

批发和零售 住宿和餐饮业

表 7-1 批发零售贸易业、餐饮业网点、从业人员

	网 点(个)		从业人员(人)	
	2006 年	2005 年	2006 年	2005 年
总 计	**16652**	**15772**	**70853**	**68723**
一、按经济类型分				
国有经济	23	23	292	289
集体经济	137	138	801	806
私营经济	675	657	8105	7837
个体经济	15803	14942	61449	59595
联营经济	8	7	121	114
股份制经济	6	5	85	82
二、按国民经济行业(大类)分				
批发业	1035	912	7652	7418
零售业	12965	12339	43265	42291
#个 体	12325	11895	38152	37421
餐饮业	2652	2521	19936	19014
#个 体	2505	2413	18252	17485

表 7-2

社会消费品零售总额

单位：万元

	2006 年	2005 年
社会消费品零售总额	**997137**	**854442**
#个　体	465447	374031
1.批发和零售业	836904	729775
2.住宿和餐饮业	159333	122433
3.其他	900	2234

表 7-3

社会消费品零售总额构成比重

单位：%

	2006 年	2005 年
社会消费品零售总额	**100.0**	**100.0**
#个　体	46.7	43.8
1.批发和零售业	83.9	85.4
2.住宿和餐饮业	16.0	14.3
3.其　他	0.1	0.3

表 7-4

分月社会消费品零售总额和比重

（2006 年）　单位：万元

	零售总额	比　重(%)
合　　计	997137	100
第一季度	249793	25.0
一　月	78027	7.8
二　月	83876	8.4
三　月	87890	8.8
第二季度	248534	24.9
四　月	81516	8.2
五　月	82910	8.3
六　月	84108	8.4
第三季度	237378	23.9
七　月	82263	8.3
八　月	77513	7.8
九　月	77602	7.8
第四季度	261432	26.2
十　月	80231	8.0
十一月	87262	8.8
十二月	93939	9.4

表 7—5

限额以上批发零售贸易

	法人单位数（个）	经营网点（个）	零售网点	零售经营面积（平方米）
合　　计	38	99	44	85743
一、批发业	9	50	3	1900
＃国有及国有控股	—	2	2	1200
1.按登记注册类型分				
国有企业	—	2	2	1200
集体企业	1	1	—	—
有限责任公司	2	11	—	—
私营企业	6	36	1	700
2.按主要行业分				
食品、饮料及烟草制品批发	1	1	—	—
医药及医疗器材批发	3	12	1	500
矿产品、建材及化工产品批发	3	6	2	1400
机械设备、五金交电及电子产品批发	2	31	—	—
二、零售业	29	49	41	83843
＃国有及国有控股	1	16	8	4121
1.按登记注册类型分				
国有企业	1	16	8	4121
有限责任公司	2	2	2	2350
私营企业	26	31	31	77372
2.按主要行业分				
文化、体育用品及器材专门零售业	1	16	8	4121
汽车、摩托车、燃料及零配件专门零售业	28	33	33	79722
3.按经营方式分				
独立经营	29	49	41	83843
4.按零业态分				
专业店	8	23	15	10401
专卖店	21	26	26	73442
其　他	—	—	—	—

企业主要财务指标（2006 年）

单位：万元

年末从业人员（人）	流动资产合计	固定资产原价	累计折旧	本年折旧	资产总计	负债总计	所有者权益
4413	**173966**	**33324**	**6675**	**1504**	**209409**	**160799**	**48610**
2622	**46256**	**5988**	**1799**	**318**	**52408**	**41102**	**11306**
—	—	—	—	—	—	—	—
1984	—	—	—	—	—	—	—
17	59	97	77	8	97	29	68
269	23836	1429	398	124	26252	19596	6657
352	22361	4462	1324	186	26059	21477	4582
22	2112	1387	189	80	3309	2083	1226
435	31264	2790	1292	157	33405	25403	8002
2106	4134	670	110	12	4719	3769	950
59	8746	1141	208	69	10975	9847	1128
1791	**127710**	**27336**	**4876**	**1186**	**157001**	**119697**	**37304**
60	2149	1136	587	35	2698	652	2046
60	2149	1136	587	35	2698	652	2046
61	15630	1966	42	42	17630	14585	3045
1670	109931	24234	4247	1109	136673	104460	32213
60	2149	1136	587	35	2698	652	2046
1731	125561	26200	4289	1151	154303	119045	35258
1791	127710	27336	4876	1186	157001	119697	37304
291	27579	4032	792	181	31684	23303	8381
1500	100131	23304	4084	1005	125317	96394	28923
—	—	—	—	—	—	—	—

表7—5

	实收资本总计	#国家资本	营业收入	主营业务成本
合　　计	32356	200	506906	474027
一、批发业	7038	—	109202	97918
#国有及国有控股	—	—	—	—
1.按登记注册类型分				
国有企业	—	—	—	—
集体企业	101	—	239	226
有限责任公司	4965	—	29608	23023
私营企业	1972	—	79355	74669
2.按主要行业分				
食品、饮料及烟草制品批发	296	—	11460	10756
医药及医疗器材批发	5665	—	47451	39738
矿产品、建材及化工产品批发	876	—	20766	20066
机械设备、五金交电及电子产品批发	201	—	29525	27358
二、零售业	25318	200	397704	376109
#国有及国有控股	200	200	3075	2259
1.按登记注册类型分				
国有企业	200	200	3075	2259
有限责任公司	5000	—	16349	15869
私营企业	20118	—	378280	357981
2.按主要行业分				
文化、体育用品及器材专门零售	200	200	3075	2259
汽车、摩托车、燃料及零配件专门零售	25118	—	394629	373850
3.按经营方式分				
独立经营	25318	200	397704	376109
4.按零业态分				
专业店	5300	200	32767	30661
专卖店	20018	—	364937	345448
其　他	—	—	—	—

续表

主营业务税金及附加	营业费用	管理费用	财务费用	利润总额	应付工资总额	应付增值税额	亏损企业（个）	亏损总额
334	**17109**	**11106**	**1058**	**7452**	**6432**	**5135**	**9**	**1040**
173	7053	2392	310	1358	2743	2073	3	41
—	—	—	—	—	—	—	—	—
—	—	—	—	—	—	—	—	—
—	7	12	2	-9	3	-26	1	9
117	4636	601	244	997	564	1516	1	23
56	2410	1779	64	370	2176	583	1	9
—	431	269	—	5	1610	-83	—	—
150	4874	969	395	1317	837	1475	1	9
3	400	267	20	10	124	9	1	9
20	1348	887	-105	26	172	672	1	23
161	**10056**	**8714**	**748**	**6094**	**3689**	**3062**	**6**	**999**
6	285	305	-11	175	19	-28	—	—
6	285	305	-11	175	19	-28	—	—
15	321	99	40	5	127	-146	1	237
140	9450	8310	719	5914	3543	3236	5	762
6	285	305	-11	175	19	-28	—	—
155	9771	8409	759	5919	3670	3090	6	999
161	10056	8714	748	6094	3689	3062	6	999
20	749	720	15	546	775	22	1	237
141	9307	7994	733	5548	2914	3040	5	762
—	—	—	—	—	—	—	—	—

表7－6 限额以上批发零售贸易企业商品购进及库存总额

单位：万元

	购进总额	进口	年末库存总额
合　　计	**670310**	**70**	**38766**
一、批发业	**232644**	**70**	**13761**
＃国有及国有控股	137452	—	8565
1.按登记注册类型分			
国有企业	137452	—	8565
集体企业	228	—	5
有限责任公司	12350	49	494
私营企业	82614	21	4697
2.按主要行业分			
食品、饮料及烟草制品批发	9287	—	201
医药及医疗器材批发	35664	—	3071
矿产品、建材及化工产品批发	156158	21	8691
机械设备、五金交电及电子产品批发	31535	49	1798
二、零售业	**437666**	—	**25005**
＃国有及国有控股	3772	—	774
1.按登记注册类型分			
国有企业	3772	—	774
有限责任公司	17300	—	960
私营企业	416594	—	23271
2.按主要行业分			
文化、体育用品及器材专门零售	3772	—	774
汽车、摩托车、燃料及零配件专门零售	433894	—	24231
3.按经营方式分			
独立经营	437666	—	25005
4.按零业态分			
专业店	38957	—	2314
专卖店	398709	—	22691
其　他	—	—	—

表 7－7　限额以上批发零售贸易企业商品销售总额

单位：万元

	销售总额	批发	出口	零售
合　　计	**699712**	**188855**	**26951**	**510857**
一、批发业	**252556**	**188855**	**26951**	**63701**
#国有及国有控股	133052	75440	—	57612
1.按登记注册类型分				
国有企业	133052	75440	—	57612
集体企业	236	236	—	—
有限责任公司	34641	34641	14829	—
私营企业	84627	78538	12122	6089
2.按主要行业分				
食品、饮料及烟草制品批发	10031	10031	—	—
医药及医疗器材批发	55367	49278	—	6089
矿产品、建材及化工产品批发	152613	95001	12122	57612
机械设备、五金交电及电子产品批发	34545	34545	14829	—
二、零售业	**447156**	—	—	**447156**
#国有及国有控股	—	—	—	—
1.按登记注册类型分				
国有企业	3576	—	—	3576
有限责任公司	19157	—	—	19157
私营企业	424423	—	—	424423
2.按主要行业分				
文化、体育用品及器材专门零售	3576	—	—	3576
汽车、摩托车、燃料及零配件专门零售	443580	—	—	443580
3.按经营方式分		—	—	
独立经营	447156	—	—	447156
4.按零业态分				
专业店	37750	—	—	37750
专卖店	409406	—	—	409406
其　他	—	—	—	—

表 7－8

星级住宿业和限额以上餐饮业

	法人单位数（个）	经营网点（个）	餐饮网点	经营面积（平方米）
合　　计	**13**	**26**	**15**	**20673**
一、住宿业	**9**	**21**	**10**	**11075**
＃国有及国有控股	6	16	7	7975
1.按登记注册类型分				
国有企业	5	10	6	6975
集体企业	—	—	—	—
有限责任公司	2	7	2	1300
私营企业	2	4	2	2800
2.按主要行业分				
旅游饭店	9	21	10	11075
3.按星级等级分				
四星级	1	1	1	1800
三星级	6	14	6	7100
二星级	1	1	1	200
其　他	1	5	2	1975
二、餐饮业	**4**	**5**	**5**	**9598**
1.按登记注册类型分				
私营企业	4	5	5	9598
2.按主要行业分				
正餐服务	4	5	5	9598
3.按经营方式分				
独立经营	4	5	5	9598

企业主要财务指标（2006年）

单位：万元

年末从业人员（人）	流动资产合计	固定资产原价	累计折旧	本年折旧	资产总计	负债总计	所有者权益
2361	**13567**	**67442**	**26275**	**2844**	**65036**	**27510**	**37526**
1872	**12351**	**66636**	**25805**	**2784**	**63484**	**26049**	**37435**
1406	10562	60475	24004	2489	54125	17941	36184
1077	5815	58178	22217	2489	47323	17403	29920
—	—	—	—	—	—	—	—
446	4992	8025	3421	258	11242	6664	4578
349	1544	433	167	37	4919	1982	2937
1872	12351	66636	25805	2784	63484	26049	37435
284	1719	24255	10061	962	16876	1076	15800
1137	7265	11065	4737	535	18969	11763	7206
51	307	600	352	23	629	461	168
400	3060	30716	10655	1264	27010	12749	14261
489	**1216**	**806**	**470**	**60**	**1552**	**1461**	**91**
489	1216	806	470	60	1552	1461	91
489	1216	806	470	60	1552	1461	91
489	1216	806	470	60	1552	1461	91

表 7—8

	实收资本总计	#国家资本	营业收入	主营业务成本
合　　计	**61350**	**56958**	**19885**	**6979**
一、住宿业	**60437**	**56958**	**16598**	**4928**
#国有及国有控股	56858	56858	12691	3961
1.按登记注册类型分				
国有企业	50608	50608	9935	3279
集体企业	—	—	—	—
有限责任公司	7450	6250	3874	953
私营企业	2379	100	2789	696
2.按主要行业分				
旅游饭店	60437	56958	16598	4928
3.按星级等级分				
四星级	26965	26965	2246	577
三星级	11823	8344	9323	2892
二星级	110	110	247	92
其　他	21539	21539	4782	1367
二、餐饮业	**913**	—	**3287**	**2051**
1.按登记注册类型分				
私营企业	913	—	3287	2051
2.按主要行业分				
正餐服务	913	—	3287	2051
3.按经营方式分				
独立经营	913	—	3287	2051

续表

主营业务税金及附加	营业费用	管理费用	财务费用	利润总额	应付工资总额	亏损企业（个）	亏损总额
1060	**9323**	**6528**	**118**	**-2725**	**3943**	**10**	**3230**
913	**8477**	**6291**	**111**	**-2717**	**3418**	**8**	**2999**
693	6557	5243	32	-2392	2815	5	2674
533	4268	4529	94	-2674	1863	5	2674
—	—	—	—	—	—	—	—
236	2499	1518	-55	31	1204	1	250
144	1710	244	72	-74	351	2	75
913	8477	6291	111	-2717	3418	8	2999
122	1011	2131	3	-1198	514	1	1198
526	5061	2414	32	-591	2099	5	873
9	102	95	—	-32	50	1	32
256	2303	1651	76	-896	755	1	896
147	**846**	**237**	**7**	**-8**	**525**	**2**	**231**
147	846	237	7	-8	525	2	231
147	846	237	7	-8	525	2	231
147	846	237	7	-8	525	2	231

主要统计指标解释

社会消费品零售额 指各种经济类型的批发零售贸易业。餐饮业、制造业和其他行业对城乡居民和社会集团的消费品零售额。这个指标反映通过各种商品流通渠道向居民和社会集团供应的生活消费品来满足他们生活需要，是研究人民生活、社会消费品购买力、货币流通等问题的重要指标。

批发零售贸易业 指不直接从事商品的生产，而是从农业、工业或其他的单位那里购买（或调拨）成品或半成品，未做任何加工，或只做简单的加工，通过转卖以获取利益的单位。

餐饮业 指在一定的场所内，以烹饪、调制等手段，向购买者提供各种主要供现场消费的食品、饮料，并且所提供的这种服务要大于所提供的其他服务（如娱乐）的单位。

限额以上批发企业 指年销售额在2000万元及以上，并且年末从业人员在20人及以上的批发贸易企业。

限额以上零售企业 指年销售额在500万元及以上，并且年末从业人员在60人及以上的零售贸易企业。

限额以上餐饮企业 指年销售额在200万元及以上，并且年末从业人员在40人及以上的餐饮企业。

批发、零售贸易业商品购销存总额 指以各种经济类型的批发、零售贸易业为总体的商品购、销、存总额。

商品购进总额 指从本企业（单位）以外的单位和个人购进（包括从国外直接进口）作为转卖或加工后转卖的商品。这个指标反映批发零售贸易业从国内、国外市场上购进商品的总量。包括：(1)从生产者购进；(2)从批发、零售贸易业购进；(3)进口；(4)其他。

商品销售总额 指对本企业（单位）以外的单位和个人出售[包括对国(境)外直接出口]的商品。这个指标反映批发零售贸易业在国内市场上销售商品以及出口商品的总量。包括：(1)对生产经营单位批发；(2)对批发零售贸易业批发；(3)出口；(4)对居民和社会集团商品零售。

批发零售贸易业年末库存 指年末各种经济类型的批发零售贸易企业(单位)已取得所有权的商品。它反映各地区，各批发零售贸易企业(单位)的商品库存情况和对市场商品供应的保证程度。

商品交易市场成交额 指在消费品市场与生产资料市场买卖双方(包括农民、非农业居民、机关、团体、工商企业、个体商贩)成交的全部商品金额，是反映商品交易市场规模的综合性指标。

对外经济 市场主体

表 8-1

外向型经济主要指标

	单位	2006 年	2005 年	2006 年为 2005 年%
一、进出口总值	**万美元**	**431184**	**353235**	**122.1**
#一般贸易	万美元	110733	91914	120.5
来料加工装配贸易	万美元	48128	40549	118.7
进料加工贸易	万美元	237287	195848	121.2
外商投资企业作为投资进口的设备、物品	万美元	32530	22981	141.6
出口总值	**万美元**	**245684**	**199594**	**123.1**
#一般贸易	万美元	90123	73477	122.7
来料加工装配贸易	万美元	28654	22928	125.0
进料加工贸易	万美元	126869	103036	123.1
进口总值	**万美元**	**185500**	**153641**	**120.7**
#一般贸易	万美元	20609	18437	111.8
来料加工装配贸易	万美元	19474	17621	110.5
进料加工贸易	万美元	110418	92812	119.0
外商投资企业作为投资进口的设备、物品	万美元	32530	22981	141.6
二、当年批准项目	**万美元**	**211**	**194**	**108.8**
当年新增注册外资	万美元	110436	120890	91.4
当年实际利用外资	万美元	44083	38663	114.0
三、对外劳务承包合同金额	**万美元**	**130**	**430**	**30.2**
完成对外承包工程营业额	万美元	319	359	88.9
四、接待境外旅游者人数	**人次**	**71052**	**117180**	**60.6**
实现旅游外汇收入	万美元	1371	2156	63.6

表 8-2

分国别、地区进出口情况

（2006 年）

单位：万美元

	进出口		出　口		进　口	
	总值	±%	总值	±%	总值	±%
进出口贸易总值	**431184**	**22.1**	**245684**	**23.1**	**185500**	**20.7**
亚　洲	**290305**	**22.0**	**128868**	**21.7**	**161437**	**22.1**
#孟加拉国	252	-67.5	249	-67.9	3	—
柬埔寨	204	547.5	175	454.6	29	—
印　度	2384	23.0	2009	26.2	375	8.4
印度尼西亚	1597	1.3	1407	10.0	190	-36.1
伊　朗	379	16.7	379	16.7	…	245.7
以色列	1285	205.2	382	47.7	903	455.2
日　本	97212	17.4	34445	16.4	62767	17.9
马来西亚	9654	100.3	4134	51.6	5520	163.9
巴基斯坦	209	4.4	190	-0.4	19	104.1
菲律宾	2809	1.9	1485	25.0	1324	-15.6
沙特阿拉伯	505	53.8	471	47.1	34	306.0
新加坡	6655	1.2	4616	-9.0	2039	35.5
韩　国	30777	22.8	9748	39.5	21029	16.3
泰　国	7218	60.4	3831	81.7	3387	41.6
土耳其	1790	66.4	1766	64.3	24	2330.4
阿拉伯联合酋长国	1124	68.0	1124	68.3	…	-99.3
越　南	1146	137.4	647	137.6	499	137.2
中国香港地区	52465	22.7	47896	21.8	4569	32.1
中国台湾地区	60115	16.7	12955	14.2	47160	17.4

表 8-2 续表 1

	进出口		出 口		进 口	
	总值	±%	总值	±%	总值	±%
非 洲	**2234**	**52.8**	**2115**	**55.8**	**119**	**13.7**
#摩洛哥	610	78.0	513	108.9	97	…
尼日利亚	201	160.9	201	160.9	—	—
南非(阿扎尼亚)	717	48.0	696	45.3	21	279.8
欧 洲	**59400**	**6.9**	**46135**	**6.7**	**13265**	**7.4**
#比利时	2286	-6.9	2003	21.7	283	-65.1
丹 麦	1221	4.5	1019	3.6	202	9.0
英 国	10463	5.7	9359	-0.5	1104	124.7
德 国	14373	25.8	8658	4.7	5715	81.2
法 国	5679	19.8	4144	14.9	1535	35.6
爱尔兰	433	-45.4	392	-47.6	41	-9.5
意大利	7157	17.0	5244	16.2	1913	19.1
荷 兰	3514	-32.6	2989	8.7	525	-78.7
希 腊	492	28.9	491	28.9	1	-71.5
葡萄牙	285	-36.3	232	39.5	53	-81.3
西班牙	2443	-2.9	2414	0.8	29	-75.9
奥地利	688	148.1	354	440.8	334	57.6
芬 兰	930	5.0	920	4.7	10	43.1
匈牙利	1808	-32.9	1741	-34.4	67	56.3
挪 威	770	32.4	719	32.6	51	29.7
波 兰	1095	-45.9	953	3.5	142	-87.1

表 8-2 续表 2

	进出口		出口		进口	
	总值	±%	总值	±%	总值	±%
罗马尼亚	226	39.3	225	39.3	1	35.2
瑞　典	841	21.4	765	34.3	76	-38.4
瑞　士	1549	44.7	905	24.5	644	87.7
俄罗斯	1031	44.9	942	41.7	89	90.8
斯洛文尼亚共和国	518	149.6	127	31.5	391	252.5
克罗地亚共和国	258	106.6	258	106.6	—	—
捷克共和国	468	55.7	449	68.4	19	-44.8
拉丁美洲	**9317**	**48.5**	**8725**	**42.9**	**592**	**252.8**
#阿根廷	348	61.3	348	62.7	—	—
巴　西	2455	32.1	2377	28.2	78	1831.3
智　利	706	30.6	706	30.6	—	—
墨西哥	4343	66.8	3920	56.5	423	328.5
巴拿马	335	24.8	335	24.8	—	—
北美洲	**66442**	**37.0**	**56665**	**42.5**	**9777**	**12.0**
#加拿大	5424	47.3	4924	41.2	500	155.1
美　国	61018	36.2	51741	42.6	9277	8.8
大洋洲	**3417**	**24.3**	**3176**	**20.5**	**241**	**112.6**
#澳大利亚	2993	23.8	2850	22.8	143	50.0
新西兰	411	39.0	313	12.8	98	449.4
东盟组织	**29343**	**41.3**	**16355**	**28.8**	**12988**	**61.1**
欧盟组织	**55161**	**4.9**	**42716**	**5.0**	**12445**	**4.4**

表 8-3

分企业类型进出口情况

单位：万美元

	2006 年	2005 年	2006 年为 2005 年%
进出口贸易总值	**431184**	**353235**	**122.1**
1.内资企业	45610	37237	122.5
#国有企业	2767	3993	69.3
集体企业	8653	4709	183.8
私营企业	33986	28429	119.5
2.外国和港澳台商投资企业	385574	315998	122.0
#合作企业	2054	2627	78.2
合资企业	71109	60818	116.9
独资企业	312411	252553	123.7
出口贸易总值	**245684**	**199594**	**123.1**
1.内资企业	39513	30607	129.1
#国有企业	907	1685	53.8
集体企业	8470	4250	199.3
私营企业	30040	24598	122.1
2.外国和港澳台商投资企业	206171	168987	122.0
#合作企业	1387	514	270.1
合资企业	41603	35027	118.8
独资企业	163181	133446	122.3
进口贸易总值	**185500**	**153641**	**120.7**
1.内资企业	6097	6631	92.0
#国有企业	1860	2308	80.6
集体企业	184	459	40.1
私营企业	3946	3831	103.0
2.外国和港澳台商投资企业	179403	147011	122.0
#合作企业	666	2113	31.5
合资企业	29507	25791	114.4
独资企业	149230	119107	125.3

表 8-4

分商品类别进出口情况

（2006 年）　　单位：万美元

	进出口总值	出口总值	进口总值
总　　计	431184	245684	185500
1. 活动物；动物产品	425	79	346
2. 植物产品	325	140	185
3. 食品，饮料，酒及醋；烟草及制品	1330	1310	20
#糖及糖食	954	954	—
4. 矿产品	483	3	480
5. 化学工业及其相关工业的产品	13666	8312	5354
#无机化学品；稀贵金属、放射性元素	2371	50	2321
有机化学品	6121	5463	658
药　品	1096	1088	8
鞣料，染料，颜料，漆，胶粘剂，墨水，油墨	865	479	386
精油及香膏；芳香料制品及化妆盥洗品	346	279	67
肥皂、洗涤剂，润滑剂，光洁剂，蜡，活性剂	323	146	177
蛋白类物质；改性淀粉；胶，酶	214	5	209
杂项化学用品	2320	794	1526
6. 塑料及其制品；橡胶及其制品	35468	7457	28011
#塑料及其制品	33217	7001	26216
橡胶及其制品	2251	456	1795
7. 生皮，皮革，毛皮及其制品	2957	2603	354
#皮革制品，旅行用品，手提包及类似容器	2616	2601	15
8. 木及木制品；其他编结材料制品	1092	963	129
#木及木制品，木炭	1025	900	125

表 8-4 续表 1

	进出口总　值	出　口总　值	进　口总　值
9. 纸浆；纸，纸板及其制品	**1520**	**289**	**1231**
#纸，纸板，纸浆，纸或纸板制品	1455	279	1176
10. 纺织原料及纺织制品	**65543**	**54436**	**11107**
#蚕　丝	851	713	138
羊毛，动物毛，马毛纱线及其机织物	1210	634	576
棉　花	1386	399	987
化学纤维长丝	3070	634	2436
化学纤维短丝	1919	1160	759
絮胎，毡呢及无纺织物；线，绳，缆及制品	358	36	322
地毯及纺织材料的其他铺地制品	433	432	1
特种机织物；花边，装饰毯、带，刺绣品	724	318	406
浸，涂，包或层压的纺织物；工业用纺织制品	1680	803	877
针织物及钩编织物	4590	976	3614
针织及钩编的服装及衣着附件	22614	22163	451
非针织及钩编的服装及衣着附件	23010	22574	436
其他纺织制成品；成套物品，旧纺织品	3547	3497	50
11. 鞋帽伞杖鞭；羽毛制品；人造花	**3278**	**3257**	**21**
#鞋靴，护腿和类似品及其零件	2971	2961	10
12. 石料及其制品；陶瓷玻璃及制品	**2530**	**1834**	**696**
#石料，石膏，水泥，石棉，云母及类似制品	341	89	252
陶瓷制品	1225	1153	72
玻璃及其制品	964	592	372
13. 珍珠，宝石，贵金属；仿首饰;硬币	**264**	**21**	**243**

表 8-4 续表 2

	进出口总值	出口总值	进口总值
14. 贱金属及其制品	**39188**	**12020**	**27168**
#钢　铁	9406	782	8624
钢铁制品	3999	3438	561
铜及其制品	8533	1030	7503
镍及其制品	4470	682	3788
铝及其制品	5673	2535	3138
其他贱金属，金属陶瓷及其制品	3560	1196	2364
贱金属工具，器具，利口器，餐匙、餐叉	593	268	325
贱金属杂项制品	2862	2081	781
15. 机器，电子产品，电气设备及零件	**240049**	**138108**	**101941**
#核反应堆，锅炉，机器，机械器具及零件	61859	23700	38159
电机电气设备，电视音像设备及零部件	178190	114408	63782
16. 车辆，航空器，船舶及运输设备	**2094**	**2090**	**4**
#车辆及其零件，铁道及电车道车辆除外	2081	2077	4
17. 光学，检测，医疗设备；钟表，乐器	**10453**	**2657**	**7796**
#光学，计量，检验，医疗设备及零件	10430	2634	7796
18. 杂项制品	**10517**	**10106**	**411**
家具，寝具，褥垫，照明装置，活动房屋	1763	1722	41
玩具，游戏品，运动用品及其零件，附件	8271	8239	32
杂项制品	483	145	338
附：机电产品	**266188**	**151825**	**114363**
农产品	**1961**	**1408**	**553**

表 8-5 主要商品出口量和价值情况

单位：万美元

	单位	2006 年		2005 年	
		数量	金额	数量	金额
出口贸易总值	—	—	**245684**	—	**198973**
糖及糖食	吨	3292	954	4355	1158
含附加含氧基的羧酸、酸酐及衍生物	吨	7558	2584	5938	1749
医药品	吨	1645	2160	1243	1371
#抗菌素	吨	88	907	36	453
塑料制品	吨	12349	6224	10250	4635
#塑料板及塑料膜	吨	1141	531	667	543
供运输、包装用塑料制品	吨	3782	2766	3082	1909
旅行用品及箱包	—	—	1506	—	1465
木制品(不含家具)	—	—	811	—	487
纺织纱线、织物及制品	—	—	9597	—	8177
#丝织物	千米	1770	651	1375	322
羊毛及其他动物毛纱线	吨	617	607	377	371
化纤纱线	吨	1866	894	3283	1348
化纤机织物	千米	8311	843	7128	673
塑料浸涂包层压的纺织物	吨	1868	789	1310	574
针织物及钩编织物	吨	2174	976	796	386
服装及衣着附件	—	—	45636	—	37521
#针织或钩编制服装	万件	3579	20350	3584	15231
非针织或钩编制服装	万件	3093	21009	2925	17956
皮革制衣着及附件	—	—	506	—	390
手　套	万双	3348	1283	3338	1435

表 8-5 续表 1

	单位	2006 年		2005 年	
		数量	金额	数量	金额
袜子(含连裤袜)	万双	1281	508	1224	328
披巾围巾	万条	534	1274	588	1324
鞋　靴	万双	911	2817	910	2695
陶瓷产品	—	—	1117	—	927
玻璃及其制品	—	—	591	—	459
钢　铁	百吨	90	782	82	691
钢铁制品	—	—	3438	—	3301
铝制品	吨	5451	2481	3944	1653
液体泵	千台	1674	1157	941	814
手提式动力工具	千台	1435	1890	1300	1806
＃手提式电动工具	千台	635	1352	846	1502
自动数据处理设备及其部件和零件	—	—	7015	—	5683
＃自动数据处理设备的零件	—	—	6519	—	5295
模　具	吨	770	1236	246	904
阀　门	千套	13926	1994	14988	1333
电动机及发电机	千台	1966	1353	1608	968
锂离子蓄电池	千个	3012	3940	1337	2052
家用电动器具	千台	6410	17272	6990	18327
＃真空吸尘器	千台	6385	17226	6967	18271
家用电热器具	千个	968	862	663	551
通信设备	千台	725	1251	653	800
扬声器、音响	万个	4399	1158	4233	913

表 8-5 续表 2

	单位	2006年		2005年	
		数量	金额	数量	金额
数码相机	千台	228	1237	558	3140
电视机(包括整套散件)	—	—	3928	—	1345
#彩色电视机	千台	305	3811	168	1234
#彩色液晶电视机	千台	32	1930	0	0
电视、收音机及无线电讯设备零附件	吨	1906	17943	1540	8721
电　容	吨	2007	2154	1261	1403
印刷线路板	万块	19521	33739	15191	30466
电线、电缆	吨	3250	3703	2771	2708
机动车零件	—	—	1567	—	602
液晶显示板	千个	590	500	1866	732
医疗仪器及器械	—	—	941	—	722
家具及其零件	—	—	646	—	408
玩偶、玩具	—	—	7669	—	7281
#填充玩具动物	万个	3875	6733	4043	6385
床垫、寝具及类似品	—	—	828	—	804
机电产品	—	—	151825	—	119757
高新技术产品	—	—	69711	—	52534
#生命科学技术	—	—	933	—	559
计算机与通信技术	—	—	32073	—	20103
电子技术	—	—	34490	—	30764
计算机集成制造技术	—	—	1835	—	911

表 8-6

各镇、区、街道利用外资情况

(2006 年)

	新批外资项目（个）	新增合同外资（万美元）	新增注册外资（万美元）	年内到账外资（万美元）
度假区	10	14990	5470	1012
#光　福	4	3295	1454	—
西　山	4	11006	4038	—
开发区	94	126670	70151	25031
#郭巷	7	4216	3184	—
横泾	5	2146	1058	—
长　桥	12	5393	927	1055
角　直	37	20987	10285	5100
车　坊	—	—	—	—
藏　书	4	342	190	95
木　渎	48	14392	8645	5060
胥　口	14	18282	8117	5665
浦　庄	9	7976	3776	1556
渡　村	1	572	1560	235
东　山	4	5521	2663	806

表 8-7

接待国际旅游者情况

	单位	2006年	2005年	2006年为2005年%
一、接待境外旅游者人数	**人次**	**71052**	**117180**	**60.6**
#外国人	人次	35112	82602	42.5
香港同胞	人次	14389	15419	93.3
澳门同胞	人次	686	141	486.5
台湾同胞	人次	20865	19018	109.7
二、境外旅游者过夜人天数	**人天**	**66703**	**101174**	**65.9**
#外国人	人天	37872	67249	56.3
香港同胞	人天	10798	15638	69.1
澳门同胞	人天	346	149	232.2
台湾同胞	人天	17687	18138	97.5
三、接待外国人按洲际分				
亚　洲	人次	28480	70376	40.5
美　洲	人次	3514	5918	59.4
欧　洲	人次	2454	5045	48.6
大洋洲	人次	469	1219	38.5
非　洲	人次	195	44	443.2

表 8-7 续表

	单位	2006 年	2005 年	2006 年为 2005 年%
四、接待外国人按国别分				
韩　　国	人次	16633	28331	58.7
日　　本	人次	7023	23165	30.3
马来西亚	人次	2182	12072	18.1
美　　国	人次	2158	3887	55.5
新 加 坡	人次	289	1842	15.7
加 拿 大	人次	814	1527	53.3
法　　国	人次	843	3755	22.5
澳大利亚	人次	453	1148	39.5
泰　　国	人次	316	1062	29.8
印度尼西亚	人次	1506	1643	91.7
其他国家	人次	2895	4170	69.4
五、平均每天境外旅游者来吴人数	人	195	321	60.7
六、来吴境外旅游者平均逗留天数	天	1.06	1.05	101.0
七、实现旅游外汇收入	万美元	1371	2156	63.6

表 8-8

市场主体发展主要指标

	单位	2006 年	2005 年
一、个体工商户			
1.年末实有个体工商户数	户	19922	18157
年末个体工商户实有注册资金	万元	83174	69762
2.年内新登记个体工商户数	户	4591	4929
年内个体工商户新增注册资金	万元	23968	23711
二、内资企业			
1.年末实有内资企业数	家	10787	8800
#私营企业	家	9281	7341
年末内资企业实有注册资金	万元	3118706	2135030
#私营企业	万元	2224945	1455322
2.年内新增内资企业数	家	2454	1972
#私营企业	家	2316	1832
年内内资企业新增注册资金	万元	912569	595156
#私营企业	万元	821110	411455
三、外国和港澳台商投资企业			
1.年末实有外国和港澳台商投资企业数	家	1317	1219
年末外国和港澳台商投资企业投资总额	万美元	872578	817674
年末外国和港澳台商投资企业实有注册资金	万美元	437810	407536
#外方认缴	万美元	397023	378665
2.年内新注册外国和港澳台商投资企业数	家	183	185
年内外国和港澳台商投资企业新增投资总额	万美元	97150	90957
年内外国和港澳台商投资企业新增注册资金	万美元	47541	46825
#外方认缴	万美元	43120	44978

表 8-9 内资企业年末实

	合计		国有企业	
	户数 (户)	注册资本 (万元)	户数 (户)	注册资本 (万元)
合　　计	**10787**	**3118706**	**209**	**70404**
第一产业	**143**	**14887**	**8**	**705**
农、林、牧、渔业	143	14887	8	705
第二产业	**6188**	**1589845**	**37**	**20747**
工　业	5623	1357090	21	20077
#制造业	5582	1308402	18	19937
电力、燃气及水的生产和供应业	36	48088	3	140
建筑业	565	232755	16	670
第三产业	**4456**	**1513974**	**164**	**48952**
交通运输、仓储和邮政业	190	234995	5	481
信息传输、计算机服务和软件业	219	8309	28	—
批发和零售业	2313	324954	50	4168
住宿和餐饮业	102	47804	20	20805
金融业	403	417527	30	—
房地产业	114	141912	3	20800
租赁和商务服务业	520	148117	11	1446
科学研究、技术服务和地质勘查业	23	21069	7	49
水利、环境和公共设施管理业	16	11495	3	700
居民服务和其他服务业	297	28209	4	453
卫生、社会保障和社会福利业	13	1730	—	—
文化、体育和娱乐业	53	5016	3	50
其他行业	193	122837	—	—

有情况（2006年末）

集体企业		股份合作企业		公司		私营企业		其他企业	
户数（户）	注册资本（万元）	户数（户）	注册资本（万元）	户数（户）	注册资本（万元）	户数（户）	注册资本（万元）	户数（户）	注册资本（万元）
568	**121647**	**110**	**45014**	**613**	**655298**	**9281**	**2224945**	**6**	**1398**
21	**408**	**11**	**914**	**10**	**2040**	**93**	**10820**	—	—
21	408	11	914	10	2040	93	10820	—	—
139	**23853**	**50**	**15163**	**109**	**153551**	**5851**	**1376116**	**2**	**415**
114	20590	45	14563	71	100790	5370	1200655	2	415
105	17067	45	14563	58	85320	5355	1171300	1	215
9	3523	—	—	10	14970	13	29255	1	200
25	3263	5	600	38	52761	481	175461	—	—
408	**97386**	**49**	**28937**	**494**	**499707**	**3337**	**838009**	**4**	**983**
20	1945	—	—	21	198387	144	34182	—	—
1	20	—	—	18	160	172	8129	—	—
202	23051	9	536	164	20179	1886	276612	2	408
19	522	1	—	13	12700	48	13702	1	75
13	42903	3	8699	145	90000	212	275925	—	—
20	15800	31	9658	59	95154	—	—	1	500
44	5735	2	—	36	52619	427	88317	—	—
4	102	—	—	12	20918	—	—	—	—
11	4265	—	—	2	6530	—	—	—	—
58	2801	2	9	19	660	214	24286	—	—
1	5	—	—	—	—	12	1725	—	—
14	137	—	—	5	2400	31	2429	—	—
1	100	1	10035	—	—	191	112702	—	—

表 8-10

内资企业年内登记

	合计		集体企业	
	户数（户）	注册资本（万元）	户数（户）	注册资本（万元）
合　　计	2059	574539	15	3172
第一产业	32	2376	—	—
农、林、牧、渔业	32	2376	—	—
第二产业	1025	361033	4	—
工　业	897	327951	1	—
#制造业	892	327301	1	—
电力、燃气及水的生产和供应业	4	650	—	—
建筑业	128	33082	3	—
第三产业	951	178891	11	3172
交通运输、仓储和邮政业	34	10985	—	—
信息传输、计算机服务和软件业	62	2930	—	—
批发和零售业	578	50129	3	—
住宿和餐饮业	10	600	1	—
金融业	7	15000	1	—
房地产业	81	56743	2	—
租赁和商务服务业	148	35454	3	2672
科学研究、技术服务和地质勘查业	5	5668	—	—
水利、环境和公共设施管理业	1	500	1	500
居民服务和其他服务业	19	821	—	—
卫生、社会保障和社会福利业	3	40	—	—
文化、体育和娱乐业	3	21	—	—
其他行业	51	32239	—	—

注册情况（2006 年）

股份合作企业		公　司		私营企业	
户数（户）	注册资本（万元）	户数（户）	注册资本（万元）	户数（户）	注册资本（万元）
26	**5298**	**81**	**46118**	**1927**	**519951**
6	**638**	—	—	**26**	**1738**
6	638	—	—	26	1738
2	—	**20**	**12750**	**999**	**348283**
1	—	11	5950	884	322001
1	—	9	5900	881	321401
—	—	1	50	3	600
1	—	9	6800	115	26282
18	**4660**	**61**	**33368**	**851**	**137691**
—	—	6	—	28	10985
—	—	9	140	50	2790
1	—	17	2800	556	47329
—	—	—	—	7	600
—	—	5	15000	—	—
17	4660	7	5380	55	46703
—	—	13	4320	132	28462
—	—	3	5668	—	—
—	—	—	—	—	—
—	—	1	60	17	761
—	—	—	—	3	40
—	—	—	—	3	21
—	—	—	—	51	32239

表 8-11

私营企业年末实有户数

（2006年末） 单位：户

	合 计	独资企业	合伙企业	有限责任公司
合 计	9281	1820	55	7406
第一产业	93	21	2	70
农、林、牧、渔业	93	21	2	70
第二产业	5851	1403	37	4411
工 业	5370	1383	37	3950
#制造业	5355	1381	37	3937
#农副食品加工业	36	11	2	23
纺织服装、鞋、帽制造业	692	157	5	530
印刷业和记录媒介的复制	158	68	3	87
电器机械及器材制造业	380	82	4	294
电力、燃气及水的生产和供应业	13	2	—	11
建筑业	481	20	—	461
第三产业	3337	396	16	2925
交通运输、仓储和邮政业	144	19	—	125
信息传输、计算机服务和软件业	172	68	—	104
#互联网信息服务	68	66	—	2
批发和零售贸易业	1886	147	2	1737
住宿和餐饮业	48	15	1	32
#餐饮业	29	6	1	22
房地产业	212	3	—	209
#房地产开发经营	88	—	—	88
租赁和商务服务业	427	30	5	392
#咨询与调查	33	4	—	29
广告业	58	2	—	56
居民服务和其他服务业	214	76	1	137
卫生、社会保障和社会福利业	12	5	4	3
文化、体育和娱乐业	31	15	1	15
其他行业	191	18	2	171

表 8-12

私营企业年末实有投资者人数

（2006 年末）　　单位：人

	合　计	独资企业	合伙企业	有限责任公司
合　计	**20316**	**1820**	**179**	**18317**
第一产业	**258**	**21**	**4**	**233**
农、林、牧、渔业	258	21	4	233
第二产业	**12629**	**1403**	**122**	**11104**
工　业	11446	1383	122	9941
＃制造业	11407	1381	122	9904
＃农副食品加工业	75	11	4	60
纺织服装、鞋、帽制造业	1438	157	33	1248
印刷业和记录媒介的复制	276	68	7	201
电器机械及器材制造业	853	82	12	759
电力、燃气及水的生产和供应业	34	2	—	32
建筑业	1183	20	—	1163
第三产业	**7429**	**396**	**53**	**6980**
交通运输、仓储和邮政业	382	19	—	363
信息传输、计算机服务和软件业	289	68	—	221
＃互联网信息服务	69	66	—	3
批发和零售贸易业	4138	147	5	3986
住宿和餐饮业	90	15	2	73
＃餐饮业	57	6	2	49
房地产业	545	3	—	542
＃房地产开发经营	254	—	—	254
租赁和商务服务业	1041	30	20	991
＃咨询与调查	90	4	—	86
广告业	120	2	—	118
居民服务和其他服务业	411	76	8	327
卫生、社会保障和社会福利业	26	5	11	10
文化、体育和娱乐业	56	15	2	39
其他行业	451	18	5	428

表 8-13

私营企业年末实有雇工人数

（2006年末） 单位：人

	合计	独资企业	合伙企业	有限责任公司
合计	**161724**	**25323**	**852**	**135549**
第一产业	**871**	**116**	**10**	**745**
农、林、牧、渔业	871	116	10	745
第二产业	**130466**	**22668**	**583**	**107215**
工业	120378	22550	583	97245
#制造业	119823	22536	583	96704
#农副食品加工业	467	90	32	345
纺织服装、鞋、帽制造业	28418	4179	20	24219
印刷业和记录媒介的复制	2943	845	21	2077
电器机械及器材制造业	7717	1193	31	6493
电力、燃气及水的生产和供应业	538	14	—	524
建筑业	10088	118	—	9970
第三产业	**30387**	**2539**	**259**	**27589**
交通运输、仓储和邮政业	1866	159	—	1707
信息传输、计算机服务和软件业	1041	312	—	729
#互联网信息服务	318	304	—	14
批发和零售贸易业	16585	798	8	15779
住宿和餐饮业	1220	312	10	898
#餐饮业	896	255	10	631
房地产业	2075	12	—	2063
#房地产开发经营	920	—	—	920
租赁和商务服务业	3438	172	72	3194
#咨询与调查	312	14	—	298
广告业	382	12	—	370
居民服务和其他服务业	1985	524	120	1341
卫生、社会保障和社会福利业	316	61	35	220
文化、体育和娱乐业	212	59	—	153
其他行业	1649	130	14	1505

表 8-14 私营企业年末实有注册资本

（2006年末） 单位：万元

	合 计	独资企业	合伙企业	有限责任公司
合 计	2224945	107849	3250	2113846
第一产业	10820	525	75	10220
农、林、牧、渔业	10820	525	75	10220
第二产业	1376116	95670	2820	1277626
工 业	1200655	95081	2820	1102754
#制造业	1171300	94941	2820	1073539
#农副食品加工业	5709	364	149	5196
纺织服装、鞋、帽制造业	112737	7743	130	104864
印刷业和记录媒介的复制	27474	10097	117	17260
电器机械及器材制造业	114241	6591	285	107365
电力、燃气及水的生产和供应业	29255	140	—	29115
建筑业	175461	589	—	174872
第三产业	838009	11654	355	826000
交通运输、仓储和邮政业	34182	587	—	33595
信息传输、计算机服务和软件业	8129	1257	—	6872
#互联网信息服务	1507	1197	—	310
批发和零售贸易业	276612	4356	66	272190
住宿和餐饮业	13702	1612	80	12010
#餐饮业	7032	642	80	6310
房地产业	275925	80	—	275845
#房地产开发经营	231931	—	—	231931
租赁和商务服务业	88317	847	81	87389
#咨询与调查	5209	44	—	5165
广告业	3128	60	—	3068
居民服务和其他服务业	24286	2163	53	22070
卫生、社会保障和社会福利业	1725	75	50	1600
文化、体育和娱乐业	2429	298	10	2121
其他行业	112702	379	15	112308

表 8-15

私营企业年内开业情况

（2006 年）

	户　数（户）	投资者人　数（人）	雇工人数（人）	注册资本(金)（万元）
合　计	**1927**	**4081**	**16797**	**519951**
第一产业	**26**	**54**	**198**	**1738**
农、林、牧、渔业	26	54	198	1738
第二产业	**999**	**2172**	**9704**	**348283**
工　业	884	1941	8656	322001
#制造业	881	1935	8634	321401
#农副食品加工业	2	6	38	150
纺织服装、鞋、帽制造业	80	153	1206	18590
印刷业和记录媒介的复制	5	11	44	600
电器机械及器材制造业	50	119	417	41449
建筑业	115	231	1048	26282
第三产业	**902**	**1855**	**6895**	**169930**
交通运输、仓储和邮政业	28	54	239	10985
信息传输、计算机服务和软件业	50	97	367	2790
#互联网信息服务	2	2	16	20
批发和零售贸易业	556	1149	4207	47329
住宿和餐饮业	7	16	61	600
#餐饮业	3	6	26	400
房地产业	55	109	494	46703
#房地产开发经营	15	25	153	40945
租赁和商务服务业	132	273	947	28462
#咨询与调查	3	13	24	2250
广告业	12	24	88	416
居民服务和其他服务业	17	33	133	761
卫生、社会保障和社会福利业	3	6	27	40
文化、体育和娱乐业	3	3	17	21
其他行业	51	115	403	32239

表 8-16

个体工商户年末实有情况

（2006 年末）

	户 数 （户）	从业人员 （人）	注册资金 （万元）
合 计	**19922**	**49582**	**83174**
第一产业	**52**	**172**	**921**
农、林、牧、渔业	52	172	921
第二产业	**2681**	**17411**	**19342**
工 业	2629	17220	19024
#制造业	2626	17210	19010
#农副食品加工业	51	139	233
纺织服装、鞋、帽制造业	400	3952	2654
印刷业和记录媒介的复制	22	90	534
电器机械及器材制造业	23	108	202
建筑业	52	191	318
第三产业	**17189**	**31999**	**62911**
交通运输、仓储和邮政业	340	432	1721
信息传输、计算机服务和软件业	24	34	52
批发和零售业	12081	18233	28846
住宿和餐饮业	1591	6087	14947
#餐饮业	1438	5527	9780
房地产业	43	70	118
租赁和商务服务业	290	484	1854
#咨询与调查	25	35	39
广告业	17	41	84
居民服务和其他服务业	2481	5800	11892
#理发及美容保健服务	512	1231	1100
洗浴服务	138	865	4170
卫生、社会保障和社会福利业	52	150	356
文化、体育和娱乐业	271	663	2322
#娱乐业	254	629	2182
其他行业	16	46	803

表 8-17

个体工商户年内开业情况

（2006 年末）

	户数（户）	从业人员（人）	注册资金（万元）
合　计	**4591**	**12105**	**23968**
第一产业	**10**	**28**	**127**
农、林、牧、渔业	10	28	127
第二产业	**562**	**3400**	**4819**
工　业	551	3352	4744
＃制造业	551	3352	4744
＃农副食品加工业	5	20	91
纺织服装、鞋、帽制造业	79	630	618
印刷业和记录媒介的复制	—	—	—
电器机械及器材制造业	5	26	65
建筑业	11	48	75
第三产业	**4019**	**8677**	**19022**
交通运输、仓储和邮政业	74	87	300
信息传输、计算机服务和软件业	5	9	12
批发和零售业	2847	4809	8908
住宿和餐饮业	397	1850	5371
＃餐饮业	351	1648	3173
房地产业	12	21	24
租赁和商务服务业	63	134	350
＃咨询与调查	—	—	—
广告业	2	8	10
居民服务和其他服务业	539	1569	3410
＃理发及美容保健服务	106	321	554
洗浴服务	29	190	903
卫生、社会保障和社会福利业	12	57	76
文化、体育和娱乐业	68	136	564
＃娱乐业	64	127	536
其他行业	2	5	7

表 8-18　各镇、区、街道内资企业年末实有情况

（2006 年末）

	内资企业户数（户）	#私营企业	内资企业注册资金（万元）	#私营企业
度假区	944	718	267721	154517
香　山	427	350	78608	64377
光　福	216	159	138825	67247
西　山	301	209	50288	22893
开发区	2794	2466	1122639	714913
城　南	1560	1393	743239	537820
越　溪	228	191	212915	28453
郭　巷	577	510	89087	82202
横　泾	429	372	77398	66438
长　桥	1942	1726	373025	250706
角　直	916	827	228915	205828
车　坊	109	94	22836	21253
藏　书	382	341	102448	96041
木　渎	2046	1854	377802	292288
胥　口	585	522	185187	157755
浦　庄	412	373	109366	84941
渡　村	223	192	81900	76988
东　山	436	339	98630	71556

表 8-19 **各镇、区、街道内资企业年内新增情况**

（2006 年）

	内资企业户数（户）	#私营企业	内资企业注册资金（万元）	#私营企业
度假区	131	112	42651	33757
香　山	64	59	28894	23456
光　福	33	26	8545	6725
西　山	34	27	5212	3576
开发区	634	604	350198	307277
城　南	419	401	292886	251490
越　溪	42	38	3927	3042
郭　巷	122	117	21898	21398
横　泾	51	48	31487	31347
长　桥	423	406	94986	73776
甪　直	217	209	72507	71117
车　坊	26	26	4665	4665
藏　书	62	59	56217	53192
木　渎	538	505	108348	102828
胥　口	108	103	58304	58044
浦　庄	82	78	38806	38351
渡　村	38	37	39425	39125
东　山	66	61	25721	25075

表 8-20

各镇、区、街道个体工商户情况

（2006 年）

	年末实有		年内新增	
	户　数（户）	注册资金（万元）	户　数（户）	注册资金（万元）
度假区	2402	10703	298	2145
香　山	981	5580	118	1126
光　福	421	1952	71	579
西　山	1000	3171	109	440
开发区	4556	18527	1212	6061
城　南	1560	6538	508	2490
越　溪	746	3163	221	1005
郭　巷	1050	5521	330	1957
横　泾	1200	3305	153	609
长　桥	1482	6582	343	2720
甪　直	2224	10458	366	2604
车　坊	219	1075	30	280
藏　书	480	3400	108	709
木　渎	3171	14748	1114	4780
胥　口	674	2316	280	921
浦　庄	694	2125	103	336
渡　村	802	1444	110	478
东　山	1290	3063	124	283

表 8-21 各镇、区、街道外国和港澳台商投资企业登记注册情况

(2006 年)

	年末实有				当年新增			
	户数 (户)	投资总额 (万美元)	注册资本 (万美元)	外方认缴	户数 (户)	投资总额 (万美元)	注册资本 (万美元)	外方认缴
度假区	76	33794	17129	13232	9	7616	3181	3134
#光福	30	8551	4691	3506	4	3697	1421	1389
西山	29	11114	6492	5532	4	3906	1747	1739
开发区	451	416688	210547	196837	61	44596	21777	19681
#郭巷	36	10168	5711	3896	7	1371	761	619
横泾	33	4921	3112	3059	4	2149	1108	1073
长　桥	133	39649	20673	18796	9	3098	1345	712
甪　直	253	146588	75553	73438	39	15193	7501	7084
车　坊	1	2000	950	285	—	—	—	—
藏　书	21	4348	2988	2492	4	314	234	159
木　渎	204	89061	44268	40706	39	7845	4294	3339
胥　口	95	95200	43331	39817	13	8722	4930	4732
浦　庄	43	24400	11682	1116	6	6005	2525	2525
渡　村	13	6966	3435	3263	1	500	310	310
东　山	27	13884	7254	7041	2	3261	1444	1444

主要统计指标解释

进出口总额　指实际进出中国国境的货物总金额。包括对外贸易实际进出口货物，来料加工装配进出口货物，国家间、联合国及国际组织无偿援助物资和赠送品，华侨、港澳台同胞和外籍华人捐赠品，租赁期满归承租人所有的租赁货物，进料加工进出口货物，边境地方贸易及边境地区小额贸易进出口货物（边民互市贸易除外），中外合资企业、中外合作经营企业、外商独资经营企业进出口货物和公用物品，到、离岸价格在规定限额以上的进出口货样和广告品（无商业价值、无使用价值和免费提供出口的除外），从保税仓库提取在中国境内销售的进口货物，以及其他进出口货物。进出口总额用以观察一个国家在对外贸易方面的总规模。我国规定出口货物按离岸价格统计，进口货物按到岸价格统计。

商品经营单位所在地进、出口额　指所在地海关注册登记的有进出口经营权的企业实际进、出口额。

商品目的地进口额和商品货源地出口额　目的地进口额，指进口货物的消费、使用或最终抵运地的实际进口额，货源地出口额是指出口货物的产地或原始发货地的实际出口额。

利用外资　指中国各级政府、部门、企业和其他经济组织通过对外借款、吸收外商直接投资以及用其他方式筹措的境外现汇、设备、技术等。

对外借款　是中国利用外资的重要部分。指通过对外正式签订借款协议，从境外筹措的资金，包括外国政府贷款、国际金融组织贷款、外国银行商业贷款、出口信贷以及对外发行债券等。1996年及以前还包括对外发行股票。

外商直接投资　是指外国企业和经济组织或个人（包括华侨、港澳台胞以及中国在境外注册的企业）按中国有关政策、法规，用现汇、实物、技术等在中国大陆开办外商独资企业、与中国大陆的企业或经济组织共同举办中外合资经营企业、合作经营企业或者合作开发资源的投资（包括外商投资收益的再投资）以及经政府有关部门批准的项目投资总额内，企业从境外借入的资金。

外商其他投资　指除对外借款和外商直接投资以外的各种利用外资的形式。包括企业在境内外股票市场公开发行的以外币计价的股票（目前主要是在香港证券市场发行的H股和在境内证券市场发行的B股）发行价总额，国际租赁进口设备的应付款，补偿贸易中外商提供的进口设备、技术、物料的价款，加工装配贸易中外商提供的进口设备、物料的价款。

对外承包工程 包括各对外承包公司以招标议标承包方式承揽的下列业务:⑴承包国外工程建设项目；⑵承包中国对外经援项目；⑶承包中国驻外机构的工程建设项目；⑷与外国承包公司合营或联合承包工程项目时中国公司分包部分；⑸以服务成果向业主收费的技术服务项目（包括承担地形地貌测绘；地质资源勘探与普查；建设区域规划；提供设计文件、图纸、生产工艺技术资料和工程技术经济咨询；工程项目的可行性考察、研究和评估；进行技术指导和培训人员等）；⑹对外承包兼营的房屋开发业务。对外承包工程的营业额是以货币表现的本期内完成的对外承包工程的工作量，包括以前年度签订的合同和本年度新签订的合同在报告期完成的工作量。

对外劳务合作 指以收取工资的形式向业主或承包商提供技术和劳动服务的活动。中国对外承包公司在境外开办的合营企业，中国公司同时又提供劳务的，其劳务部分也纳入劳务合作统计。劳务合作营业额按报告期内向雇主提交的结算数（包括工资、加班费和奖金等）统计。

境外旅游者人数 指来中国大陆参观、访问、旅行、探亲、访友、休养、考察、参加会议和从事经济、科技、文化、教育、体育、宗教等活动的外国人、华侨、港澳和台湾同胞的人数。不包括外国在我国的常驻机构，如使领馆、通讯社、企业办事处的工作人员；来中国常住的外国专家，留学生以及在岸逗留不过夜人员。

国际旅游（外汇）收入 指入境旅游的外国人、华侨、港澳同胞和台湾同胞在中国大陆旅游过程中发生的一切旅游支出，对于国家来说就是国际旅游（外汇）收入。

能源消费

表 9-1

全社会用电情况

单位：万千瓦时

项目	2006 年	2005 年	2006 年为2005 年%
全社会用电总计	**352279**	**294895**	**19.5**
第一产业	**2167**	**2045**	**6.0**
第二产业	**283100**	**241373**	**17.3**
工　业	276764	234125	18.2
建筑业	6336	7248	-12.6
第三产业	**32541**	**23843**	**36.5**
交通运输邮电通讯业	2146	2523	-14.9
商业公共饮食业	12052	6297	91.4
其他事业	10953	7543	45.2
城乡居民生活用电	**34471**	**27634**	**24.7**

表 9-2

规模以上工业企业主要能源购、销、存情况

(2006 年)

	单位	购进量		消费量			年末
		实物量	金额(万元)	合计	工业	非工业	库存量
原　煤	吨	1009713	42205	1010317	1009048	1269	23457
洗精煤	吨	48	2	48	48	—	—
其他焦化产品	吨	200	22	200	200	—	—
焦　炭	吨	39436	3954	39436	39432	4	650
汽　油	吨	4881	2250	4883	2874	2009	976
煤　油	吨	133	58	131	119	12	10
柴　油	吨	16222	7791	16203	14579	1624	54
燃料油	吨	3154	761	3153	3153	—	18
液化石油气	吨	6800	3335	6800	6797	3	—
热　力	百万千焦	819182	3156	918826	819182	99644	—
电　力	万千瓦时	228455	167184	263169	261891	1278	—

表 9-3 规模以上工业企业分行业综合能源消费量

单位：吨标准煤

	2006 年	2005 年	±%
总　计	**1613002**	**1555028**	**3.7**
#轻工业	358661	321011	11.7
重工业	1254341	1234017	1.6
一、制造业	**1458322**	**1390690**	**4.9**
#农副食品加工业	2129	2026	5.1
食品制造业	10395	9609	8.2
饮料制造业	14189	8336	70.2
纺织业	108672	108149	0.5
纺织服装、鞋、帽制造业	34587	25959	33.2
皮革、毛皮、羽毛(绒)及其制品业	1140	1284	-11.2
木材加工及木、竹、藤、棕、草制品业	472	312	51.3
家具制造业	907	929	-2.4
造纸及纸制品业	10292	12194	-15.6
印刷业和记录媒介的复制	1391	991	40.4
文教体育用品制造业	3776	3663	3.1
化学原料及化学制品制造业	75215	79109	-4.9
医药制造业	18536	17056	8.7

表 9-3 续表

	2006 年	2005 年	±%
化学纤维制造业	42183	37834	11.5
橡胶制品业	10733	9563	12.2
塑料制品业	80715	70088	15.2
非金属矿物制品业	640229	674407	-5.1
黑色金属冶炼及压延加工业	81900	68462	19.6
有色金属冶炼及压延加工业	6365	5854	8.7
金属制品业	25603	22160	15.5
通用设备制造业	28477	22525	26.4
专用设备制造业	28432	23540	20.8
交通运输设备制造业	2509	1893	32.5
电气机械及器材制造业	72253	56916	26.9
通信设备、计算机及其他电子设备制造业	150021	120416	24.6
仪器仪表及文化、办公用机械制造业	4562	4387	4.0
工艺品及其他制造业	2639	3028	-12.8
二、电力、热力燃气、水的生产和供应业	**154680**	**164338**	**-5.9**
#电力、热力的生产和供应业	147617	157090	-6.0
水的生产和供应业	7063	7248	-2.6

表 9-4

规模以上工业企业分行业产值能耗

单位：吨标准煤/万元

	2006 年	2005 年	±%
总　　计	**0.29**	**0.33**	-12.1
#轻工业	0.16	1.17	-5.9
重工业	0.38	0.45	-15.6
一、制造业	**0.27**	**0.30**	-10.0
#农副食品加工业	0.09	0.12	-25.0
食品制造业	0.42	0.40	5.0
饮料制造业	0.71	0.66	7.6
纺织业	0.24	0.29	-17.2
纺织服装、鞋、帽制造业	0.09	0.09	…
皮革、毛皮、羽毛(绒)及其制品业	0.07	0.09	-22.2
木材加工及木、竹、藤、棕、草制品业	0.05	0.04	25.0
家具制造业	0.09	0.18	-50.0
造纸及纸制品业	0.10	0.14	-28.6
印刷业和记录媒介的复制	0.06	0.06	…
文教体育用品制造业	0.06	0.07	-14.3
化学原料及化学制品制造业	0.20	0.29	-31.0
医药制造业	0.09	0.08	12.5

表 9-4 续表

	2006 年	2005 年	±%
化学纤维制造业	1.06	1.00	6.0
橡胶制品业	0.17	0.18	-5.6
塑料制品业	0.24	0.25	-4.0
非金属矿物制品业	2.55	2.95	-13.6
黑色金属冶炼及压延加工业	0.83	0.80	3.8
有色金属冶炼及压延加工业	0.09	0.11	-18.2
金属制品业	0.14	0.15	-6.7
通用设备制造业	0.09	0.10	-10.0
专用设备制造业	0.12	0.11	9.1
交通运输设备制造业	0.03	0.03	…
电气机械及器材制造业	0.08	0.07	14.3
通信设备、计算机及其他电子设备制造业	0.13	0.12	8.3
仪器仪表及文化、办公用机械制造业	0.11	0.12	-8.3
工艺品及其他制造业	0.18	0.21	-14.3
二、电力、热力燃气、水的生产和供应业	**3.26**	**4.06**	**-20.4**
#电力、热力的生产和供应业	5.23	6.48	-19.3
水的生产和供应业	0.37	0.46	-19.6

表 9-5

规模以上工业企业分行

	原　煤 （吨）	洗精煤 （吨）	其　他 洗　煤 （吨）	型　煤 （吨）
总　　计	1010317	—	48	—
一、制造业	557554	—	48	—
＃农副食品加工业	600	—	—	—
食品制造业	8268	—	—	—
饮料制造业	—	—	—	—
纺织业	32453	—	—	—
纺织服装、鞋、帽制造业	3106	—	—	—
皮革、毛皮、羽绒及其制品业	—	—	—	—
木材加工及竹、藤、棕、草制品业	87	—	—	—
家具制造业	—	—	—	—
造纸及纸制品业	2190	—	—	—
印刷业、记录媒介的复制	—	—	—	—
文教体育用品制造业	—	—	—	—
化学原料及化学制品制造业	19540	—	—	—
医药制造业	705	—	—	—
化学纤维制造业	6910	—	—	—

业能源消费量（2006 年）

焦　炭（吨）	液化天然气（吨）	汽　油（吨）	柴　油（吨）	燃料油（吨）	液化石油　气（吨）	其他石油制品（吨）	热　力（百万千焦）	电　力（万千瓦时）
39436	12	4883	16203	3153	6800	5004	918826	263169
39436	12	4859	16069	3153	6800	5004	819182	252599
—	—	54	45	—	—	—	—	386
—	—	13	204	—	—	—	3039	1011
—	—	—	120	300	—	—	1195	3353
—	—	900	1800	1004	—	—	430890	16152
4	—	91	199	534	—	—	29277	7526
—	—	16	10	—	5	—	—	277
—	—	24	60	—	—	—	—	89
—	—	12	46	—	—	—	—	204
—	—	289	453	300	—	—	—	1843
—	—	59	10	—	—	—	—	335
—	—	29	272	—	—	—	—	827
—	—	404	728	76	—	—	298871	12782
—	—	39	609	—	—	—	—	4265
—	—	76	86	—	—	—	11260	9081

表 9-5

	原　煤 (吨)	洗精煤 (吨)	其　他 洗　煤 (吨)	型　煤 (吨)
橡胶制品业	—	—	—	—
塑料制品业	12435	—	—	—
非金属矿物制品业	457763	—	—	—
黑色金属冶炼及压延加工业	8884	—	—	—
有色金属冶炼及压延加工业	—	—	—	—
金属制品业	3142	—	—	—
通用设备制造业	1471	—	—	—
专用设备制造业	—	—	—	—
交通运输设备制造业	—	—	—	—
电气机械及器材制造业	—	—	48	—
电子及通信设备制造业	—	—	—	—
仪器仪表及文化、办公用机械制造业	—	—	—	—
工艺品及其他制造业	—	—	—	—
二、电力、热力燃气、水的生产和供应业	**452763**	—	—	—
#电力、蒸汽、热水的生产和供应业	452763	—	—	—
自来水生产和供应业	—	—	—	—

续表

焦炭 (吨)	液化天然气 (吨)	汽油 (吨)	柴油 (吨)	燃料油 (吨)	液化石油气 (吨)	其他石油制品 (吨)	热力 (百万千焦)	电力 (万千瓦时)
—	—	34	193	—	—	—	—	2601
—	—	259	1698	41	—	—	44650	16766
—	—	146	6327	744	6625	5000	—	88363
38120	—	21	64	—	—	—	—	9785
—	—	50	154	—	—	—	—	1454
1250	7	118	448	3	65	—	—	5271
42		481	429	46	80	4	—	6659
—	—	269	477	—	—	—	—	6837
—	—	135	10	—	—	—	—	569
20	—	602	819	105	—	—	—	17429
—	5	730	723	—	25	—	—	36979
—	—	6	5	—	—	—	—	1130
—	—	2	80	—	—	—	—	625
—	—	**24**	**134**	—	—	—	**99644**	**10570**
—	—	13	113	—	—	—	99644	8833
—	—	11	21	—	—	—	—	1737

主要统计指标解释

工业企业能源消费量 是指工业企业在生产过程中作为燃料、原材料、动力、辅助材料使用的能源、工艺用能及非生产用能，具体指：

(1)用于生产本企业的产品、工业性作业和其他生产性活动所消费的能源。

(3)用于技术更新改造措施、新技术研究和新产品试制以及科学试验等方面消费的能源。

(3)用于经营维修及本单位机电设备、交通运输工具、建筑物等大修理消费的能源。

(4)用于劳动保护及其他非生产消费的能源。

不包括以下各项：

(1)由仓库发到车间，但报告期最后一天并未消费，这部分能源不应计入消费量，应办理假退手续，计入库存量，不能以拨代消。

(2)拨到外单位委托加工的能源。

(3)调出外单位或借出的能源。

工业生产消费 是指工业企业为进行工业生产活动所使用的能源。主要包括：

(1)产品生产过程中作为原材料使用，直接构成产品实体的能源消费。

(2)产品生产过程中作为辅助材料使用的能源。

(3)生产工艺过程所消费的工艺用能。

(4)生产过程中作为燃料、动力使用的能源。

(5)新技术研究、新产品试制、科学试验等方面使用的能源。

(6)为工业生产活动而进行的各项修理所使用的能源。

非工业生产消费 是指工业企业内不从事工业生产活动的非独立核算的单位所消费使用的能源产品，如本企业附属的科学研究单位、农场、车队、学校、医院、食堂、托儿所等单位所消费的能源；本企业附属的自营施工单位所使用的能源；本企业从事运输邮电活动所使用的能源。

库存量 是指工业企业在报告期初(年初)期末(年末)结存的能源数量，仅统计本单位使用的能源库存，不包括本企业产品库存，对于一次能源生产企业只填留作自用的(即本企业消费)的那一部分能源库存，对于能源加工转换企业因消费与生产同时存在，投入能源品种无疑是企业的消费，但产出的能源品种有可能一部分外销，甚至全部外销，对于这种用作对外销售的那部分能源不应填报在所有的能源报表中，因为对外销售的能源其性质属于企业生产的产品，它的库存变化属于产、销、存变化的范畴。

固定资产投资

表 10-1

全社会固定资产投资情况

单位：万元

	2006 年	2005 年
全社会固定资产投资完成额	**1420520**	**1258529**
#规模以上	900850	819599
一、按种类分		
1. 城镇投资	363912	332775
2. 农村投资	673600	660568
3. 房地产开发投资	383008	250730
4. 城乡个体投资	—	14456
二、按产业分		
1. 第一产业	2370	3760
2. 第二产业	784937	714369
#工　业	781607	707669
3. 第三产业	633213	540400
#水利、环境和公共设施管理业	108896	108771
交通运输、仓储和邮政业	4830	35678
三、按构成分		
1. 建筑工程	724360	674635
2. 安装工程	73704	55426

表 10-1 续表

	2006 年	2005 年
3. 设备工器具购置	343903	314076
4. 其他费用	278553	214392
四、按登记注册类型分		
1. 内　资	**1125170**	**924117**
国有经济	70568	159379
集体经济	167931	94139
股份合作	1800	—
集体联营	150	—
有限责任公司	235884	181326
股份有限公司	46840	37238
私营个体经济	592047	432466
其　他	9950	19569
2. 港、澳、台商投资企业	**149652**	**105656**
合资经营企业	16684	14556
独资企业	132968	91100
3. 外商投资企业	**145698**	**228756**
合资经营企业	12398	22583
合作经营	26700	—
独资企业	106600	200563

表 10-2

各镇、区、街道固定资产投资情况

（2006 年） 单位：万元

	固定资产投资完成额		#工业性投资完成额	
	2006 年	为 2005 年%	2006 年	占总投资比重%
度假区	118742	194.3	27260	23.0
开发区	365933	117.7	223962	61.2
长　桥	93410	116.7	30166	32.3
角　直	136206	85.6	103661	76.1
车　坊	—	—	—	—
郭　巷	39288	178.2	9300	23.7
木　渎	167151	104.9	123376	73.8
藏　书	19130	94.1	18330	95.8
胥　口	113260	104.4	93410	82.5
横　泾	14760	113.5	10900	73.8
浦　庄	34547	124.0	28922	83.7
渡　村	41750	95.1	34280	82.1
东　山	34105	104.6	19590	57.4
光　福	27380	103.5	13650	49.9
西　山	20840	173.3	12310	59.1

表 10-3

城镇固定资产投资完成情况

（2006 年） 单位：万元

	本年完成投资	建筑工程	安装工程	设备工器具购置
总　　计	363912	239133	9291	95826
一、按登记注册类型分				
#国　有	64909	50326	9091	170
集　体	68220	68220	—	—
私　营	43912	29269	200	10805
港、澳、台商投资企业	124488	48552	—	66493
外商投资企业	35651	16237	—	18358
二、按建设性质分				
#新　建	325550	200974	9291	95826
扩　建	35220	35220	—	—
改　建	3142	2939	—	—
三、按行业分				
制造业	254722	146811	—	94756
#纺织业	49656	11417	—	30734
电气机械及器材制造业	4621	1650	—	1582
通信设备、计算机及其他电子设备制造业	78632	30026	—	47873
电力、燃气及水的生产和供应业	35370	35270	—	100
建筑业	500	500	—	—
交通运输、仓储及邮政业	1830	1760	—	—
批发和零售业	3082	2130	—	670
住宿和餐饮业	3032	2129	200	—
租赁和商务服务业	1000	800	—	100
水利、环境和公共设施管理业	58068	43514	9091	170
居民服务和其他服务业	877	817	—	30
教　育	4863	4863	—	—
公共管理和社会组织	568	539	—	—

表 10-4

农村固定资产投资完成情况

（2006 年） 单位：万元

	合计	建筑工程	安装工程	设备工器具购置
总计	673600	261621	38602	246303
一、按登记注册类型分				
#集体	94916	67004	2140	4019
有限责任公司	29968	17700	330	470
股份有限公司	1200	950	5	160
私营个体	418398	144373	25126	172181
港、澳、台商投资企业	11380	2950	130	6230
外商投资企业	105838	25534	8751	57173
二、按建设性质分				
#新建	619279	234106	36922	232543
扩建	53321	26515	1680	13760
改建	1000	1000	—	—
三、按行业分				
#农林牧渔业	2370	400	—	510
制造业	453115	169762	21992	202154
#纺织业	26334	10907	1125	10160
电气机械及器材制造业	63424	22236	4121	25653
通信设备、计算机及其他电子设备制造业	47571	15793	2161	23245
电力、燃气及水的生产和供应业	38400	6800	5900	22000
建筑业	2830	850	50	1680
交通运输、仓储及邮政业	3000	854	116	1310
批发和零售业	56308	23450	6549	8740
住宿和餐饮业	16690	6270	1580	1600
房地产业	18155	13306	70	325
租赁和商务服务业	6614	2478	430	2020
水利、环境和公共设施管理业	50828	25498	760	2957
居民服务和其他服务业	6500	3223	250	1377
文化、体育和娱乐业	16180	7480	850	1100

表 10-5

房地产企业开发基本情况

	单位	2006 年	2005 年
房地产开发企业数	个	**94**	**82**
#有开发工作量的	个	61	45
计划总投资	万元	**1578109**	**801317**
本年完成投资	万元	**383008**	**250730**
#商品房建设投资额	万元	203051	168927
土地开发投资额	万元	100269	40831
(一)按构成分： 建筑工程	万元	223606	140336
安装工程	万元	25811	12851
设备工器具购置	万元	1774	642
其他费用	万元	131817	96901
#土地购置费	万元	112116	78796
(二)按工程用途分： 住　宅	万元	308512	229985
办公楼	万元	2627	302
商业营业用房	万元	68085	17178
其　他	万元	3784	3265
(三)按登记注册类型分			
1. 内资	万元	365015	246017
国　有	万元	5659	—
集　体	万元	4795	23492
股份合作	万元	—	—

表 10-5 续表

	单位	2006 年	2005 年
有限责任公司	万元	204184	133326
股份有限公司	万元	20640	35316
私营企业	万元	129737	53883
2. 港澳台商投资	万元	13784	3661
3. 外商投资	万元	4209	1052
土地开发面积	**平方米**	**2810994**	**1223713**
房屋建筑面积			
1.施工面积	平方米	3362209	2014186
#住　宅	平方米	2953907	1888279
#别墅、高档公寓	平方米	376547	368339
2.竣工面积	平方米	966121	560726
#住　宅	平方米	917501	517349
#别墅、高档公寓	平方米	184855	140035
房屋竣工价值	**万元**	**238882**	**103416**
房屋销售建筑面积	**平方米**	**1521669**	**613522**
#住　宅	平方米	1396448	596937
#别墅、高档公寓	平方米	116841	97594
商品房屋销售额	**万元**	**710589**	**260563**
#住　宅	万元	639529	254501
#别墅、高档公寓	万元	91188	61318
本年新增固定资产	**万元**	**289296**	**173438**

表 10-6 房地产企业按登记注册类型和资

	合计	按登记注册类型分:			
		国有企业	集体企业	有限责任公司	股份有限公司
企业个数(个)	**94**	**1**	**8**	**39**	**4**
计划总投资	**1578109**	**15000**	**34600**	**1080384**	**81476**
本年完成投资	**383008**	**5659**	**4795**	**204184**	**20640**
#商品房建设投资	203051	—	3125	123420	16636
土地开发投资	100269	—	670	44505	1220
按构成分:建筑工程	223606	4324	1499	129296	16233
安装工程	25811	599	2461	11597	500
设备工器具购置	1774	572	—	317	—
其他费用	131817	164	835	62974	3907
#土地购置费	112116	—	410	56948	1220
按构成用途分:住 宅	308512	—	4015	191452	20535
办公楼	2627	2316	—	96	—
商业营业用房	68085	3300	780	11776	105
其 他	3784	43	—	860	—
本年新增固定资产	**289296**	—	**11210**	**226467**	**38485**
本年资金来源合计	**731803**	**5427**	**14106**	**452068**	**40808**
1.上年末结余资金	141226	3427	8899	108442	6701
2.本年资金来源小计	590577	2000	5207	343626	34107
(1)国内贷款	151020	2000	—	93230	13000
(2)自筹资金	2818	—	—	—	—
(3)利用外资	124993	—	180	59860	5002
(4)其他资金来源	311746	—	5027	190536	16105
本年完成开发土地面积(平方米)	**2810994**	—	**32511**	**417859**	—

质等级分组开发情况（2006年）

单位：万元

			按企业资质等级分：					
私营企业	港澳台商投资	外商投资	一级	二级	三级	四级	暂定	其他
25	10	5	3	12	55	5	17	2
265037	61612	40000	360946	390972	629962	33800	102429	60000
129737	13784	4209	46875	82385	178338	4015	67446	3949
54342	1819	3709	31860	41004	110203	3000	14771	2213
53862	—	12	—	24959	34400	15	40895	—
58086	9971	4197	35491	38148	107286	1374	39103	2204
8753	1901	—	390	6607	11857	2461	2805	1691
844	41	—	—	928	846	—	—	—
62054	1871	12	10994	36702	58349	180	25538	54
51753	1785	—	10994	34430	43892	—	22800	—
80416	7885	4209	45235	68280	138422	4015	48795	3765
215	—	—	—	2316	311	—	—	—
46225	5899	—	1052	11746	36560	—	18543	184
2881	—	—	588	43	3045	—	108	—
13134	—	—	46090	90849	129362	11210	2588	9197
154256	29562	35576	121973	159730	278773	10630	111864	48833
11300	1557	900	6510	49325	66041	8043	9210	2097
142956	28005	34676	115463	110405	212732	2587	102654	46736
32790	10000	—	36600	36300	37830	—	35290	5000
—	2818	—	2818	—	—	—	—	—
42920	8745	8286	13245	20982	47002	180	18500	25084
67246	6442	26390	62800	53123	127900	2407	48864	16652
2292624	—	68000	—	177583	2387073	31475	214863	—

表 10-7

房地产企业经营情况

	单位	2006 年	2005 年
企业个数	**个**	**94**	**82**
实收资本	**万元**	**265220**	**176952**
年末资产负债情况			
流动资产合计	万元	1592389	989272
其中：存　货	万元	849113	517400
固定资产原价	万元	21556	41937
累计折旧	万元	4899	4009
其中：本年折旧	万元	1238	977
资产总计	万元	1733572	1073543
负债合计	万元	1414045	849014
所有者权益合计	万元	319527	224529
损益情况			
1. 经营收入总计	万元	357162	263146
(1)商品房屋销售收入	万元	352600	259942
(2)其他收入	万元	4562	3204
2. 经营成本	万元	266007	188804
3. 销售费用	万元	20143	9724
4. 经营税金及附加	万元	23149	17909
5. 其他业务利润	万元	856	1707
6. 管理费用	万元	11918	10449
7. 财务费用	万元	3714	1480
8. 投资收益	万元	2325	700
9. 营业外收入	万元	154	411
10. 营业外支出	万元	1008	2178
11. 利润总额	万元	34558	35420
工资、福利费情况			
本年应付工资总额	万元	6313	6515
本年应付福利费总额	万元	726	645
全部从业人员年平均人数	**人**	**2111**	**1747**

表 10－8

房地产企业资产与负债情况

（2006 年末）

单位：万元

	资产总计	流动资产合计	负债合计	固定资产原价
合　　计	**1733572**	**1592389**	**1414045**	**21556**
一、按登记注册类型分				
1. 内　资	1534584	1407340	1277128	19716
国有企业	17293	17289	14293	5
集体企业	78207	76645	69778	892
股份合作企业	1319	1319	1319	1
其他联营	53914	53845	50914	73
有限责任公司	977568	900803	821635	7609
股份有限公司	90531	67973	61157	1748
私营企业	315752	289466	258032	9388
＃私营独资	4944	4944	106	—
私营有限责任公司	277573	251464	230532	9158
私营股份有限公司	33235	33058	27394	230
2. 港澳台商投资	92967	84159	65524	1108
3. 外商投资	106021	100890	71393	732
二、按企业资质等级分				
1. 一　级	316726	290709	280698	2695
2. 二　级	368908	365663	285184	1587
3. 三　级	676978	587044	539571	14117
4. 四　级	37057	36396	32616	279
5. 暂　定	269604	248372	215516	2749
6. 其　他	64299	64205	60460	129

表 10-9 房地产企业损益及

	主营业务收入	商品房屋销售收入	其他收入	主营业务成本	主营业务税金及附加
合　　计	**357162**	**352600**	**4562**	**266007**	**23149**
一、按登记注册类型分					
1. 内　资	323432	318876	4556	241121	20938
国有企业	3	—	3	2	1
集体企业	10437	7020	3417	8700	485
有限责任公司	214819	214069	750	158046	13622
股份有限公司	58300	58276	24	44230	3880
私营企业	39873	39511	362	30143	2950
#私营独资	2036	2036	—	795	142
私营有限责任公司	36122	35760	362	28309	2711
私营股份有限公司	1715	1715	—	1039	97
2. 港澳台商投资	17677	17676	1	13188	945
3. 外商投资	16053	16048	5	11698	1266
二、按企业资质等级分					
1. 一　级	57774	57774	—	39575	3896
2. 二　级	95455	95072	383	72081	6013
3. 三　级	187211	186449	762	139498	12403
4. 四　级	3433	16	3417	3426	28
5. 暂　定	9396	9396	—	9133	522
6. 其　他	3893	3893	—	2294	287

分配情况（2006 年）

单位：万元

主营业务利润	其他业务利润	销售费用	管理费用	财务费用	营业利润	投资收益	利润总额	应交所得税
47863	**856**	**20143**	**11918**	**3714**	**33087**	**2325**	**34558**	**11712**
44069	921	17304	10928	3539	30523	2325	32049	11508
1168	234	84	419	1177	-194	—	-205	268
30175	419	12976	6848	1185	22561	1052	23135	7516
8953	-35	1237	858	561	7499	-2	7433	2578
3773	303	3007	2803	616	657	1275	1686	1146
984	—	115	10	-322	1296	—	1285	101
2268	303	2834	2440	944	-813	1275	229	963
521	—	58	353	-6	174	—	172	82
1160	-65	2384	906	-17	206	—	151	204
2634	—	455	84	192	2358	—	2358	—
8455	—	5848	1196	52	7207	256	7110	2405
12880	419	4481	1887	259	11153	8	11104	3505
26378	436	8932	7298	3238	16278	2033	17906	5567
-25	—	4	9	15	-49	—	-49	—
-676	1	417	898	72	-1645	26	-1634	—
851	—	461	630	78	143	2	121	235

表 10－10

房地产企业所有者权益情况

（2006 年）

单位：万元

	所有者权益合计	实收资本	法人资本	个人资本
合　　计	**319527**	**265220**	**68102**	**105939**
一、按登记注册类型分				
1. 内资	257456	200708	68100	89143
国有企业	3000	3000	—	—
集体企业	8429	10480	1300	—
股份合作企业	—	500	—	500
联营企业	3000	3000	—	—
有限责任公司	155933	110141	45365	43743
股份有限公司	29374	14919	5690	3777
私营企业	57720	58668	15745	41123
＃私营独资	4838	800	480	320
私营有限责任公司	47041	52068	14913	35355
私营股份有限公司	5841	5800	352	5448
2. 港澳台商投资	27443	30729	2	5992
3. 外商投资	34628	33783	—	10804
二、按企业资质等级分				
1. 一　级	36028	17246	12000	—
2. 二　级	83724	71195	11380	16319
3. 三　级	137407	120727	35442	51121
4. 四　级	4441	4493	500	520
5. 暂　定	54088	47059	4980	37279
6. 其　他	3839	4500	3800	700

表 10-11

全社会新增固定资产情况

（2006 年） 单位：万元

	本年新增固定资产	城镇	农村	房地产
总　计	**1158487**	**239021**	**630170**	**289296**
一、按登记注册类型分				
#国　有	9073	9073	—	—
集　体	144536	58000	75326	11210
有限责任公司	257555	—	31088	226467
股份有限公司	64735	25000	1250	38485
私营个体	414543	31721	369688	13134
港、澳、台商投资企业	116279	81599	34680	—
外商投资企业	140266	33628	106638	—
二、按建设性质分				
1.新　建	786540	212611	573929	—
2.扩　建	80241	25000	55241	—
3.改　建	2410	1410	1000	—
4.其　他	289296	—	—	289296
三、按行业分				
农林牧渔业	1960	—	1960	—
制造业	627120	202916	424204	—
#纺织业	37197	12272	24925	—
电气机械及器材制造业	60971	4074	56897	—
通信设备、计算机及其他电子设备制造业	113040	74989	38051	—
电力、燃气及水的生产和供应业	67310	25000	42310	—
建筑业	2830	—	2830	—
交通运输、仓储及邮政业	4410	1410	3000	—
批发和零售业	57110	1382	55728	—
房地产业	292962	—	3666	289296
租赁和商务服务业	5212	—	5212	—
水利、环境和公共设施管理业	38360	2800	35560	—
教　育	4863	4863	—	—
文化、体育和娱乐业	35800	—	35800	—
其他行业	20550	650	19900	—

表 10-12

全社会固定资产投资资金来源情况

（2006 年）

单位：万元

	总　计	城　镇 投　资	农　村 投　资	房地产 开发投资
资金来源合计	**1775043**	**364990**	**678250**	**731803**
1. 上年末结余资金	146626	—	5400	141226
2. 本年资金来源小计	1628417	364990	672850	590577
#国家预算内资金	1350	1350	—	—
国内贷款	168750	2800	14930	151020
利用外资	276235	160139	113278	2818
自筹资金	858390	196991	536406	124993
其他资金	323692	3710	8236	311746

表 10-13

全社会房屋建设情况

（2006 年）

单位：平方米

	施工房屋面积	住　宅	竣工房屋面积	住　宅	竣工房屋价值（万元）	住　宅
总　　计	**7726190**	**3183907**	**2429503**	**927501**	**382723**	**228070**
1. 城镇投资	1274370	—	30489	—	4863	—
2. 农村投资	3089611	230000	1432893	10000	138978	930
3. 房地产开发投资	3362209	2953907	966121	917501	238882	227140

主要统计指标解释

全社会固定资产投资 固定资产投资是社会固定资产再生产的主要手段。固定资产投资额是以货币表现的建造和购置固定资产活动的工作量，它是反映固定资产投资规模、速度、比例关系和使用方向的综合性指标。全社会固定资产投资包括基本建设、更新改造、房地产开发投资、其他固定资产投资、城镇集体单位投资和农村集体单位投资、城乡居民个人投资及城乡私营、个体投资，5万元～50万元零星固定资产投资。

房地产开发投资 包括各种经济类型的房地产开发公司、商品房建设公司及其他房地产开发单位统一开发的包括统代建、拆迁还建的住宅、厂房、仓库、饭店、宾馆、度假村、写字楼、办公楼等房屋建筑物和配套的服务设施、土地开发工程，如道路、给水、排水、供电、供热、通讯、平整场地等基础设施工程的投资。还包括非房地产企业实际从事房地产开发或经营活动，不包括单纯的土地交易活动。

固定资产投资的资金来源 根据固定资产投资的资金来源不同，分为上年末结余资金、本年资金来源。其中本年资金来源又分为国家预算内资金、国内贷款、债券、利用外资、自筹资金和其他资金来源6种。

固定资产投资按国民经济行业分 建设项目归哪个行业，按其建成投产后的主要产品或主要用途及社会经济活动性质来确定。基本建设按建设项目划分国民经济行业，更新改造、国有经济单位其他固定资产投资及城镇集体投资根据整个企业、事业单位所属的行业来划分。一般情况下，一个建设项目或一个企业、事业单位只能属于一种国民经济行业。为了更准确地反映国民经济各行业之间的比例关系，联合企业(总厂)所属分厂属于不同行业的，原则上按分厂划分行业。

固定资产投资按建设性质分 建设项目的性质一般分为新建、扩建、改建、单纯建造生活设施、迁建、恢复、单纯购置7种。基本建设按建设项目划分建设性质，更新改造、国有经济单位其他固定资产投资及城镇集体投资按整个企业、事业单位的建设情况确定建设性质。房地产投资不划分建设性质。目前基本建设和更新改造是根据我国现行的计划管理体制区分的，所以基本建设和更新改造都可以分别按新建、扩建等划分。

固定资产投资按构成分 固定资产投资活动按其工作内容和实现方式分为建筑工程、安装工程、设备工具器具购置、其他费用4个部分。

施工项目 指报告期内曾进行建筑或安装工程施工活动的建设项目。包括报告期内新开工项目、报告期以前开工跨入报告期继续施工的项目以及报告期施过工并在报告期内全部建成投产或停缓建的项目。

全部建成投产项目 工业项目是指设计文件规定形成生产能力的主体工程及其相应配套的辅助设施全部建成，经负荷试运转，证明具备生产设计规定合格产品的条件，并经过验收鉴定合格或达到竣工验收标准、与生产性工程配套的生产福利设施，可以满足近期正常生产的需要，正式移交生产的建设项目。非工业项目是指设计文件规定的主体工程和相应的配套工程全部建成，能够发挥设计规定的全部效益，经验收鉴定合格或达到竣工验收标准，正式移交使用的建设项目。

施工房屋建筑面积 房屋建筑面积是从房屋外墙线算起的各层平面面积的总和，包括房屋结构(如柱、墙)占用的面积和地下室面积。多层建筑按各自然层面积总和计算，包括房屋内的楼隔层、突出墙面的眺望间、门斗、有柱雨罩的面积。不包括突出墙面结构的构件、艺术装饰等所占的面积，如台阶等。凹阳台、挑阳台按其水平投影面积一半计算建筑面积。

竣工房屋建筑面积 指在报告期内房屋建筑按照设计要求已全部完工，达到住人和使用条件，经验收鉴定合格，正式移交使用单位的建筑面积。

房屋建筑面积竣工率 指一定时期内房屋竣工面积占同期房屋施工面积的比率。它是从房屋建筑施工速度的角度反映投资效果和建筑业经济效益的指标。

新增固定资产 指通过投资活动所形成的新的固定资产价值。包括已经建成投入生产或交付使用的工程价值和达到固定资产标准的设备、工具、器具的价值及有关应摊入的费用。它是以价值形式表示的固定资产投资成果的综合性指标，可以综合反映不同时期、不同部门、不同地区的固定资产投资成果。

财政 金融 社会保险

表 11-1

财政收入

单位：万元

	2006 年	2005 年
全口径财政收入	**650444**	**491840**
一、中央收入	**242418**	**214617**
1.一般消费税(100%)	242	364
2.增值税(75%)	205833	163705
3.企业所得税(60%)	49949	37383
4.个人所得税(60%)	16394	13165
二、地方财政收入	**378026**	**277223**
(一)一般预算收入	**275066**	**212720**
1.增值税（25%）	68611	54568
#出口货物退增值税	-18595	-16894
免抵调减增值税	-19875	-14220
2.营业税	83633	63679
3.企业所得税（40%）	33299	24922
4.个人所得税（40%）	10929	8777
5.资源税	23	62
6.土地增值税	10398	5815
7.城市维护建设税	10817	8630
8.房产税	9901	7443
9.印花税	3151	2466
10.城镇土地使用税	624	473
11.车船使用牌照税	71	86
12.农业税	—	—

表 11-1 续表

	2006 年	2005 年
13.耕地占用税	3356	3070
14.契　税	24442	23879
15.专项收入	7201	5804
⑴排污费收入	954	800
⑵教育费附加收入	5899	5004
⑶水资源费收入	348	—
16.行政性收费收入	1387	1209
17.其他收入	7223	1837
㈡基金收入	**102960**	**64503**
＃社会保险基金收入	82941	55289
附：中央及地方共享收入	**385257**	**302884**
1.消费税	242	364
2.增值税	27444	218273
＃免抵调增增值税	79500	56880
3.企业所得税	83248	62305
⑴国有企业所得税	1277	647
⑵集体企业所得税	2841	2930
⑶股份制企业所得税	25619	20926
⑷港澳台和外商投资企业所得税	25587	22299
⑸私营企业所得税	27589	15191
⑹其他企业所得税	335	312
4.个人所得税	27323	21942

表 11-2

财政支出

单位：万元

	2006 年	2005 年
财政支出总计	**346428**	**258186**
一、一般预算支出	**246559**	**195918**
1. 基本建设支出	4334	1975
2. 企业挖潜改造资金	4251	3519
3. 科技三项费用	1769	1715
4. 农业支出	12697	8934
5. 林业支出	1149	955
6. 水利和气象支出	4384	3424
7. 工业交通等部门的事业费	779	687
8. 文体广播事业费	4714	4239
9. 教育事业费	33668	26285
10. 科学支出	274	191
11. 医疗卫生支出	7646	6867
12. 税务统计财政审计等部门的事业费	15959	12793
13. 抚恤和社会福利救济费	4041	3730
14. 行政事业单位离退休经费	10699	8892
15. 社会保障补助支出	18960	18396
16. 行政管理费	39393	29367
17. 武装警察部队支出	1285	454
18. 公检法司支出	6946	6026
19. 城市维护费	52007	44312
20. 政策性补贴支出	512	102
21. 专项支出	8089	4920
22. 其他支出	13003	8135
二、基金支出	**99869**	**62268**
#社会保险基金支出	82941	55289

表 11-3

各镇、区、街道全口径财政收入

单位：万元

	2006年全口径财政收入	其中：增值税	企业所得税	个人所得税	地方固定收入	2005年全口径财政收入
度假区	28047	10703	3337	1168	12839	22651
开发区	185231	94836	28624	9630	52071	132954
长　桥	45755	19480	7972	1784	16519	31781
角　直	54724	36376	5291	2190	10765	41749
车　坊	1072	695	67	65	245	1398
藏　书	9670	6168	889	555	2058	7377
木　渎	86459	38811	15479	2963	29184	65561
胥　口	41489	24842	5173	2793	8681	32990
浦　庄	11417	7146	904	361	3006	8462
渡　村	9470	6313	806	240	2111	8085
东　山	12067	7103	929	736	3252	9678
光　福	10211	6826	744	358	2282	6996
西　山	6060	2133	794	205	2928	4981

表 11-4

各镇、区、街道地方一般预算收入

单位：万元

	2006年地方一般预算收入	其中：						2005年地方一般预算收入
		营业税	城建税	房产税	印花税	土地增值税	农业税	
度假区	17317	6078	535	648	111	1146	2962	14317
开发区	91081	30330	2775	3388	1167	2427	8156	64469
长　桥	25292	10368	1159	408	263	1083	2675	16348
角　直	22851	4576	623	1211	308	648	2914	17126
车　坊	471	33	17	8	7	—	168	672
藏　书	4178	724	264	138	58	3	481	3193
木　渎	46264	14885	1640	1714	486	3092	5676	34505
胥　口	18078	4078	456	822	259	330	1529	12776
浦　庄	5299	1108	315	177	71	3	821	3756
渡　村	4108	748	316	85	41	64	621	3570
东　山	5694	1543	429	137	50	31	546	4271
光　福	4429	910	191	113	54	20	495	3449
西　山	3861	1354	142	50	19	328	546	3011

表 11-5

各镇、区、街道财政一般预算支出

(2006 年)

单位：万元

	合计	其中：农林、水利和气象支出	文化教育卫生体育支出	抚恤和社会福利救济支出	社会保障补助支出	行政管理费	城市建设维护费	专项支出
度假区	14545	1376	3325	566	610	3339	1224	697
开发区	60389	4099	8380	950	10823	8618	20539	1478
长　桥	11274	618	1947	161	851	1122	4174	373
角　直	10171	666	2444	239	1721	1186	1502	378
车　坊	2439	425	352	138	—	1028	85	35
藏　书	2554	241	828	131	—	481	159	220
木　渎	20685	1097	5216	383	1038	2444	7875	915
胥　口	8526	438	2188	100	1218	1179	1975	301
浦　庄	3450	548	1023	87	50	710	221	299
渡　村	2978	809	903	116	2	510	148	227
东　山	4459	642	1642	241	—	315	70	431
光　福	3354	359	1226	169	300	140	168	299
西　山	4230	675	892	250	310	236	7	279

表 11-6

金融机构存、贷款余额情况

	单位	2006 年末	2005 年末
一、总存、贷款情况			
1.各项存款	万元	3999687	3254373
#企业存款	万元	2059479	1620466
居民储蓄存款	万元	1921289	1622347
2.各项贷款	万元	2824907	2336230
#短期贷款	万元	1505139	1124465
中长期贷款	万元	1302352	1196028
3.存、贷比（以存款为 100）	%	70.6	71.8
二、人民币存、贷款情况			
1.人民币各项存款合计	万元	3829168	3098332
#企业存款	万元	1934883	1508825
居民储蓄存款	万元	1875632	1578838
2.人民币各项贷款合计	万元	2685420	2229151
#短期贷款	万元	1385221	1028318
中长期贷款	万元	1282783	1186658
3.存、贷比（以存款为 100）	%	70.1	71.9
三、外币存、贷款情况			
1.外币各项存款合计	万美元	21837	19983
#企业存款	万美元	15956	14297
居民储蓄存款	万美元	5847	5572
2.外币各项贷款合计	万美元	17863	13713
#短期贷款	万美元	15357	12313
中长期贷款	万美元	2506	1200
3.存、贷比（以存款为 100）	%	81.8	68.6

表 11-7

失业、工伤、生育、医疗保险情况

(2006 年)

	单位	失业保险	工伤保险	生育保险	医疗保险
1. 参加保险单位数	个	4283	4688	4688	5001
2. 参加保险职工人数	人	115986	125264	125264	164363
3. 保险基金总收入	万元	4925	1918	1864	20319
#利息收入	万元	30	33	—	282
4. 保险基金总支出	万元	1742	464	1604	13769
5. 领取保险金人数	人	30586	705	1844	—

表 11-8

养老保险情况

(2006 年)

	单位	合计	其中:			
			全民	集体	外资	其他
1. 参加保险单位数	个	4785	138	291	1454	2902
2. 参加保险人数	人	224629	7045	5380	60046	152158
3. 保险基金收入总额	万元	7350	2978	2274	25381	39717
4. 退休养老金支出总额	万元	30964	9965	11446	241	9312

主要统计指标解释

国家财政总收入 是国家(各级政府)通过财政各个环节筹集的财政资金的总称，它是保证国家和各级政府行使其职能不可缺少的财力。主要包括：各项税收、企业收入、债务收入及其他收入等。

⑴各项税收是国家按法律规定对经济单位和个人无偿征收的实物和货币，是财政收入的主要来源。我国现行的税收主要有工商税收，包括产品税、增值税、营业税、所得税、城市维护建设税、房产税、车船使用税、资源税、印花税、建筑税、盐税、烧油特别税等；关税，包括关税和进口调节税；农牧业税和耕地占用税；国有企业所得税；国有企业调节税。

⑵企业收入是各部门所属国有企业及事业单位上交国家的利润和事业收入。

⑶债务收入包括国外借款、国内公债收入、国库券收入以及专业银行购买财政专项债券等。

⑷其他收入包括专款收入、基建贷款归还收入、国家能源交通重点建设基金收入等。

国家财政总支出 是国家政权为行使其职能，对筹集的财政资金进行有计划的分配使用的总称。国家财政总支出，体现政府的活动范围和方向，反映财政资金的分配关系。财政总支出主要包括基本建设支出、增拨企业流动资金、企业挖潜改造资金、新产品试制费、地质勘探费、工交商部门事业费。支援农村生产支出和各项农业事业费、文教科学卫生事业费、抚恤和社会救济费、国防费、行政管理费及债务支出。

⑴基本建设支出是指国家预算内的基本建设拨款，不包括国家预算外自筹的各种基本建设资金。为加强基本建设投资规模的控制，提高这部分财政资金的使用效益，从1985年起，对预算内基本建设拨款实行拨款改贷款的新管理办法，即由原来直接无偿地拨给建设单位，改为拨给建设银行视同信贷基金管理，建设银行根据国家预算安排的基建项目，给予有偿贷款，用投产后新增利润还本付息。从1988年起，为进一步提高投资效益，使投资活动的管理符合发展市场经济的要求，并保证重点建设有稳定的资金来源，国家建立了中央基本建设基金制，实行专款专用，每年在国家预算内列收列支。基本建设基金分为经营性的和非经营性的两部分。各专业投资公司对经营性建设项目执行基本建设基金贷款，各主管部门对非经营性建设项目执行基本建设基金拨款。

⑵企业挖潜改造资金是指国家预算安排用于企业挖潜、革新、改造方面的资金。企业用于挖潜、革新、改造方面的资金，主要来自企业的更新改造资金、大修理基金等自有资金及银行贷款，国家预算安排的挖潜、革新、改造资金主要用于支持重点行业的技术改造。

⑶文教、科学、卫生事业费是指国家预算用于科学、文化、教育、卫生、公费医疗、体育、通讯和广播、地震、海洋、文物、计划生育等方面的事业费。

中央财政和地方财政 是国家为了实现其职能，凭借政治权力，对一部分社会产品进行分配和再分配的经济活动。

中央财政和地方财政，是指财政体制上划分中央政府和地方政府以及地方各级政府之间财政管理权限的一项分配制度。它是经济管理体制的重要组成部分，它在财政管理体制中居于主导地位。它具体规定了各级政府筹集资金。支配使用资金的权力范围和责任，使各级政府在财政管理上有责有权。这对于正确处理中央和地方之间，以及地方各级之间的分配关系，充分发挥各级政府的积极性，更好地完成国家财政收支任务，促进社会主义建设的发展有着极其重要的意义。中央财政收入和地方财政收入，是指中央和地方各级负责组织征收的收人，不是按财政体制计算的收入分成数。其收入中还包括了国外借款。

在现行分税制财政管理体制下，财政总收入又分为中央级收入和地方级收入。

中央级收入 主要包括消费税、增值税的75%、企业所得税的60%和个人所得税的60%部分，以及其他属中央预算固定收入科目的收入，如关税。

地方级财政收入 主要是指财政收入中扣除中央级收入后的部分。

贷款 指银行或其他信用机构根据资金必须归还的原则，按一定利率，为企业、个人等提供资金的一种信用活动形式。我国银行贷款分为流动资金贷款、固定资产贷款、城乡个体工商户贷款以及农业贷款等科目。

存款 企业、机关、团体或居民根据可以收回的原则，把货币资金存入银行或其他信用机构保管，并取得一定利息的一种信用活动形式。根据存款对象的不同可划分为企业存款、财政存款、机关团体存款、基本建设存款、城乡储蓄存款等项目。它是银行信贷资金的主要来源。

城乡储蓄存款余额 城乡储蓄存款，包括城镇居民储蓄存款和农民个人储蓄存款两部分，不包括居民的手存现金和工矿企业、部队、机关团体等集团存款。储蓄存款余额，是指城乡居民存入银行及农村信用社储蓄的时点数(存入数扣除取出数的余额)，如月末、季末或年末数额。贷款银行或其他信用机构根据必须归还的原则，按一定利率，为企业、个人等提供资金的一种信用活动形式。我国银行贷款分流动资金贷款、固定资产贷款、城乡个体工商户贷款以及农户贷款等科目。

人民生活

表 12-1

城镇居民家庭基本情况

	单位	2006 年	2005 年
一、调查户数	**户**	**70**	**70**
二、家庭人口数	**人**	**203**	**203**
平均每户人口数	人	2.9	2.9
三、就业人口数	**人**	**104**	**105**
#国有集体职工人数	人	38	40
其他各种经济类型单位职工人数	人	41	41
城镇个体经营者人数	人	7	6
城镇个体被雇者人数	人	16	15
离退休再就业者人数	人	1	1
平均每户就业人口数	人	1.5	1.5
平均每一名就业者负担人口	人	1.9	1.9
四、平均每户居住面积	**平方米**	**92.5**	**87.9**
平均每人居住面积	平方米	32.2	30.3
五、房屋产权	**%**	**100.0**	**100.0**
租赁公房	%	1.4	1.4
原有私房	%	1.4	1.4
房改私房	%	32.9	32.9
商品房	%	64.3	64.3
六、住宅建筑式样	**%**	**100.0**	**100.0**
四居室	%	8.6	7.1

表 12-1 续表 1

	单位	2006 年	2005 年
三居室	%	36.3	35.7
二居室	%	51.4	52.9
一居室	%	3.7	4.3
平房及其他	%	—	—
七、饮水情况	%	100.0	100.0
自来水	%	81.4	84.3
矿泉水	%	4.3	2.9
纯净水	%	14.3	12.8
八、用水情况	%	100.0	100.0
独用自来水	%	92.9	95.7
公用自来水	%	7.1	4.3
九、卫生设备	%	100.0	100.0
无卫生设备	%	—	—
有厕所浴室	%	95.7	95.7
有厕所无浴室	%	4.3	4.3
十、取暖设备	%	100.0	100.0
无取暖设备	%	17.1	17.1
空调设备	%	81.4	81.4
其　他	%	1.5	1.5
十一、炊用燃料使用情况	%	100.0	100.0
管道煤气	%	71.4	71.4

表 12-1 续表 2

	单位	2006 年	2005 年
液化石油气	%	28.6	28.6
十二、每百户居民家庭通用设备使用情况			
1.固定电话	部	116	141
2.移动电话	部	191	156
3.使用互联网	条	53	41
十三、每百户居民家庭耐用消费品拥有量			
摩托车	辆	17	14
自行车	辆	99	107
洗衣机	台	104	106
电冰箱	台	104	104
冰　柜	台	2	3
彩色电视机	台	200	193
影碟机	台	69	59
家用电脑	台	80	70
成套家具	套	123	111
组合音响	套	49	51
摄像机	架	6	10
照相机	架	79	83

表 12-1 续表 3

	单位	2006 年	2005 年
微波炉	台	96	94
空调器	台	197	186
电炊具	台	127	104
助力车	辆	101	99
家用汽车	辆	17	10
钢　琴	架	4	2
饮水机	台	69	61
普通电话	部	116	141
传真机	部	—	1
取暖器	台	84	83
其他中高档乐器	件	4	4
电风扇	台	237	236
录音机	台	36	41
录放像机	台	24	33
淋浴热水器	台	106	101
抽排油烟机	台	101	99
吸尘器	台	33	36
健身器材	套	11	13
移动电话	部	191	156

表 12-2

城镇居民家庭全年收支情况

（平均每人） 单位：元

	2006 年	2005 年
一、家庭总收入	**22690.2**	**20245.5**
#可支配收入	20431.6	18220.2
㈠工薪收入	15857.8	14411.2
#工资及补贴收入	15449.5	14088.5
其他劳动收入	408.3	322.7
㈡经营净收入	1286.5	530.2
㈢财产性收入	370.8	802.1
#利息收入	19.0	18.6
股息与红利收入	15.3	44.6
其他投资收入	3.48	408.8
出租房屋收入	333.0	319.7
其他财产性收入	…	10.4
㈣转移性收入	5175.1	4502.0
#养老金或离退休金	4078.8	3418.3
社会救济收入	67.9	26.1
失业保险金	33.4	40.1
赡养收入	91.4	80.8
捐赠收入	569.1	661.8
亲友搭伙费	108.5	74.0
记账补贴	165.2	126.8
二、出售财物收入	**50.0**	**1716.1**
三、借贷收入	**5318.0**	**5645.1**
#提取储蓄存款	4571.7	3489.9
住房贷款	—	1657.2
汽车贷款	—	—

表 12-2 续表 1

	2006 年	2005 年
四、家庭总支出	**19238.3**	**17617.8**
㈠消费支出	13659.3	11834.1
#服务性消费支出	3910.1	3488.5
1.食　品	4336.0	4246.1
#粮　油	415.3	388.5
肉禽蛋水产品	1214.4	1238.6
蔬　菜	399.1	385.1
糖烟酒饮料	513.5	478.7
干鲜瓜果	316.9	275.4
糕点、奶及奶制品	272.1	258.9
其他食品	147.7	123.8
饮食服务	1012.8	1055.3
2.衣　着	1230.3	1193.0
3.家庭设备用品及服务	562.6	858.8
#耐用消费品	270.7	470.0
4.医疗保健	670.2	679.3
#药品费	236.6	296.0
滋补保健品	97.0	118.2
5.交通与通讯	2486.5	1422.8
⑴交　通	1843.6	898.8
⑵通　讯	642.9	524.0
6.教育文化娱乐服务	2508.0	2216.0
⑴文化娱乐用品	628.9	443.5
⑵教　育	1483.5	1195.4
⑶文化娱乐服务	395.6	577.1
7.居　住	1306.0	788.2

表 12-2 续表 2

	2006 年	2005 年
#住　房	681.2	211.8
水电燃料及其他	583.0	544.1
8.杂项商品和服务	559.7	429.9
(二)非消费性支出	5579.0	5783.7
# 购房与建房支出	1492.6	2313.0
转移性支出	2089.6	1682.7
#交纳的个人收入税	98.54	110.6
捐赠支出	1605.0	1121.8
购买彩票	6.7	3.7
赡养支出	127.0	193.6
社会保障支出	1994.9	1788.0
五、借贷支出	**8534.5**	**9881.5**
#存入储蓄款	6941.8	6396.4
储蓄性保险支出	210.1	156.3
购买有价证券	—	6.2
归还购买住房贷款	1327.9	2004.2
归还汽车贷款	29.9	—
六、非现金（实物与服务）收入总计	**253.8**	**213.7**
1.食　品	145.1	148.0
2.衣　着	22.9	12.0
3.家庭设备用品及服务	62.6	23.0
4.医疗保健	8.3	17.8
5.交通和通讯	1.0	—
6.教育文化娱乐和服务	10.9	8.5
7.杂项商品和服务	3.0	4.4

表 12-3

城镇居民家庭全年主要消费品消费量

（平均每人）

	单位	2006 年	2005 年
一、粮　食	**千克**	**66.7**	**67.1**
1.大　米	千克	54.2	55.4
2.面　粉	千克	0.5	0.4
3.粮食制品	千克	10.1	9.8
4.其他粮食	千克	1.9	1.5
二、油脂类	**千克**	**10.1**	**9.0**
1.食用植物油	千克	10.1	9.0
#菜籽油	千克	0.4	0.1
其他植物油	千克	9.1	8.6
2.食用动物油	千克	…	…
三、肉禽及制品	**千克**	**38.3**	**42.1**
1.肉　类	千克	25.6	27.8
#猪　肉	千克	20.9	23.6
牛　肉	千克	1.1	0.9
其他肉及肉制品	千克	3.6	3.1
2.禽　类	千克	12.7	14.3
#鸡	千克	7.7	9.0
鸭	千克	1.4	1.7
其他禽及制品	千克	3.6	3.0
四、鲜　蛋	**千克**	**9.0**	**9.7**
五、水产品	**元**	**458.2**	**433.3**
#鱼	千克	13.4	13.9
虾	千克	5.0	5.1

表 12-3 续表

	单位	2006 年	2005 年
六、鲜　菜	**千克**	**105.1**	**106.3**
七、糖　类			
#食　糖	千克	2.0	1.9
糖　果	千克	0.5	0.9
八、烟　草			
#卷　烟	盒	22.7	19.9
九、酒和饮料			
#酒	千克	4.9	5.7
汽水、可乐	千克	3.2	3.5
茶　叶	千克	0.2	0.2
十、水　果	**千克**	**63.4**	**61.7**
#苹　果	千克	5.8	5.9
桔　子	千克	3.7	3.0
梨	千克	2.8	3.5
香　蕉	千克	5.5	4.2
西　瓜	千克	30.1	29.2
十一、坚果和果仁	**千克**	**4.0**	**3.2**
十二、奶及奶制品	**千克**	**27.2**	**22.3**
#鲜乳品	千克	22.9	19.5
十三、服　装	**件**	**8.8**	**9.4**
#男士服装	件	4.5	4.5
女士服装	件	3.0	3.3
童　装	件	1.3	1.6

表 12-4

城镇居民家庭按相对收入

	总　计	最低 10%	更低 10%	低 10%
一、调查户数（户）	**70**	**7**	**7**	**7**
常住人口数（人）	203	22	22	17
二、家庭总收入	**22690.2**	**8827.0**	**12004.4**	**13604.9**
#人均可支配收入	20431.6	7744.7	10839.8	12544.6
㈠工薪收入	15857.8	5831.9	9737.3	6247.0
#工资及补贴收入	15449.5	4465.1	9352.0	6105.8
其他劳动收入	408.3	1366.8	385.2	141.2
㈡经营净收入	1286.5	—	800.0	1023.5
㈢财产性收入	370.8	45.5	70.7	1005.9
#利息收入	19.0	—	1.7	105.9
股息与红利收入	15.3	—	—	—
其他投资收入	3.5	—	—	—
出租房屋收入	333.0	45.5	69.1	900.0
其他财产性收入	—	—	—	—
㈣转移性收入	5175.1	2949.6	1396.4	5328.5
#养老金或离退休金	4078.8	1875.3	590.2	4159.2
社会救济收入	67.9	211.2	—	401.1
失业保险金	33.4	97.1	—	—
赡养收入	91.4	90.9	95.2	370.6
捐赠收入	569.1	36.4	545.2	117.7
亲友搭伙费	108.5	450.0	—	64.7
记账补贴	165.2	174.5	165.7	215.3
三、出售财物收入	**50.0**	—	—	—
四、借贷收入	**5318.0**	**1272.7**	**1047.6**	**294.1**
#提取储蓄存款	4571.7	1272.7	1047.6	294.1
住房贷款	—	—	—	—

十等分分组情况(2006 年)

单位：元

较低 10%	中低 10%	中高 10%	较高 10%	高 10%	更高 10%	最高 10%
7	**7**	**7**	**7**	**7**	**7**	**7**
21	20	21	20	21	18	21
17456.1	**18468.5**	**22111.1**	**26144.2**	**29529.8**	**34593.8**	**44162.1**
15557.6	17308.6	19586.7	22933.2	26416.7	31807.9	39765.5
12547.0	12840.0	15063.4	17613.6	21896.5	20583.5	34988.9
12547.0	12837.3	15063.4	16713.6	21896.5	19336.1	34941.3
—	2.6	—	900.0	—	1247.4	47.6
—	2829.5	—	3055.9	1543.6	—	3597.6
720.0	—	489.9	1104.2	—	343.4	85.7
—	—	—	99.2	—	—	—
—	—	—	—	—	171.1	—
—	—	—	—	—	38.9	—
720.0	—	489.9	1005.0	—	133.3	85.7
—	—	—	—	—	—	—
4189.1	2799.0	6557.8	4370.5	6089.7	13666.9	5489.9
2995.8	1737.0	4890.6	3414.4	5087.1	12291.9	4760.9
—	—	—	108.7	—	—	—
216.5	—	—	—	—	3.9	—
134.4	94.7	—	123.5	45.5	—	—
456.0	710.5	1264.4	345.0	670.0	1066.7	514.3
211.2	47.4	247.9	25.0	—	—	—
156.5	195.8	154.7	159.0	141.8	153.3	145.7
—	**15.8**	—	—	**386.4**	**68.9**	—
288.0	**947.4**	**5206.5**	**1445.0**	**11954.4**	**27055.9**	**5047.6**
288.0	947.4	5206.5	1445.0	11954.4	18722.4	5047.6
—	—	—	—	—	—	—

表 12-4

	总　计	最低 10%	更低 10%	低 10%
五、家庭总支出	**19238.3**	**7760.6**	**10060.9**	**10146.3**
(一)消费支出	13659.3	6190.5	8454.7	8635.0
#服务性消费支出	3910.1	2019.5	1903.2	1355.4
1.食　品	4336.0	2788.1	3538.7	3647.8
#粮　油	415.3	413.3	463.7	511.6
肉禽及其制品	683.8	588.0	931.8	660.4
蛋　类	72.4	46.8	68.4	84.4
水产品	458.2	339.0	457.8	346.8
菜　类	399.1	434.4	525.4	362.5
干鲜瓜果	316.9	215.0	203.1	372.0
2.衣　着	1230.3	514.9	959.5	688.4
3.家庭设备用品及服务	562.6	237.6	366.5	386.9
#耐用消费品	270.7	121.4	119.9	156.9
4.医疗保健	670.2	126.4	741.6	1405.5
#药品费	236.6	85.1	61.2	583.6
滋补保健品	97.0	19.4	75.3	129.9
5.交通与通讯	2486.5	374.9	822.4	595.0
(1)交　通	1843.6	68.5	214.8	219.1
(2)通　讯	642.9	306.4	607.6	375.9
6.教育文化娱乐服务	2508.0	1628.9	989.6	1063.4
(1)文化娱乐用品	628.9	69.6	557.0	787.5
(2)教　育	1483.5	1180.1	351.9	165.2
(3)文化娱乐服务	395.6	379.2	80.7	110.7
7.居　住	1306.0	456.2	885.1	591.7
#住　房	681.2	32.1	301.6	10.1

续表 1

较低 10%	中低 10%	中高 10%	较高 10%	高 10%	更高 10%	最高 10%
12294.6	**12429.0**	**21018.3**	**18178.9**	**31414.5**	**44298.6**	**25910.6**
9444.0	10381.3	13467.6	13083.4	26235.2	21267.1	18938.5
2472.4	2781.2	5731.4	3062.1	8423.2	6621.8	4419.3
3924.8	4279.5	4235.7	3805.5	5273.4	6683.8	5377.8
395.2	423.8	387.2	374.3	429.6	509.4	273.4
796.8	778.6	714.4	505.8	726.9	614.3	512.1
73.0	93.2	80.9	64.1	99.6	72.1	45.7
598.0	446.1	601.3	357.7	453.0	560.7	421.6
413.2	428.5	416.8	311.2	385.1	401.4	304.4
275.3	346.4	306.8	352.7	417.8	358.5	341.7
977.2	1147.2	979.0	953.0	1863.1	1681.2	2471.6
320.4	482.4	549.6	734.6	1050.8	1074.6	452.1
174.5	181.3	348.5	369.4	557.0	655.0	48.6
1040.7	277.1	899.9	645.4	1210.1	248.7	160.0
113.2	117.2	329.9	322.1	579.2	115.7	94.1
33.5	79.0	184.3	187.6	182.9	64.7	20.1
1440.5	891.6	1337.1	1147.6	8925.2	1768.2	6623.4
891.2	443.3	465.1	428.7	8162.7	711.5	5879.7
549.3	448.3	872.0	718.9	762.5	1056.7	743.7
775.3	2421.8	3906.4	2332.4	6258.8	2579.5	2746.9
154.6	895.4	398.3	850.8	1035.6	905.9	733.7
483.4	1121.3	3214.9	923.1	4607.5	1243.3	1124.1
137.3	405.1	293.2	558.5	615.7	430.3	889.1
542.7	582.5	1296.9	1260.3	858.5	6497.4	678.9
1.4	120.0	601.5	644.6	—	5581.1	91.7

表 12-4

	总 计	最低 10%	更低 10%	低 10%
水电燃料及其他	583.0	409.7	574.0	574.2
8.杂项商品和服务	559.7	63.5	151.3	256.3
(二)非消费性支出	5579.0	1570.1	1606.2	1511.3
# 购房与建房支出	1492.6	—	—	—
转移性支出	2089.6	662.3	625.5	666.3
#交纳的个人收入税	98.5	—	18.1	—
捐赠支出	1605.0	445.5	565.0	659.2
购买彩票	6.7	—	0.5	—
赡养支出	127.0	209.1	—	—
社会保障支出	1994.9	907.8	980.7	845.0
六、借贷支出	**8534.5**	**2252.3**	**3236.1**	**2957.9**
#存入储蓄款	6941.8	2155.3	2890.5	2181.5
储蓄性保险支出	210.1	90.9	191.2	—
购买有价证券	—	—	—	—
归还购买住房贷款	1327.9	6.1	154.3	776.5
七、非现金收入总计	**253.8**	**34.0**	**9.5**	**157.2**
1.食　品	145.1	16.7	—	117.0
2.衣　着	22.9	8.2	—	—
3.家庭设备用品及服务	62.6	9.1	9.5	11.8
4.医疗保健	8.3	—	—	28.4
5.交通和通讯	1.0	—	—	—
6.教育文化娱乐和服务	10.9	—	—	—
7.杂项商品和服务	3.0	—	—	—

续表 2

较低 10%	中低 10%	中高 10%	较高 10%	高 10%	更高 10%	最高 10%
531.9	449.4	630.4	556.5	775.7	829.7	518.0
422.4	299.2	263.0	2204.6	795.3	733.7	427.8
2850.6	2047.7	7550.7	5095.5	5179.3	23031.5	6972.1
—	—	—	—	—	16666.9	—
1153.8	1083.5	5321.0	2180.7	2403.4	3926.3	2946.2
45.3	—	140.0	137.3	195.3	194.1	244.0
1039.9	1069.2	4876.6	1280.1	1685.7	3208.2	1379.8
0.5	0.7	—	0.6	21.6	1.1	38.6
24.0	7.6	187.4	530.4	90.9	55.6	138.1
1696.8	964.1	2229.6	2914.8	2775.9	2438.4	4006.8
5396.6	**6814.3**	**5951.9**	**8382.9**	**10220.0**	**16982.0**	**23215.3**
5396.6	6617.8	4766.2	7581.3	9545.7	7997.2	19533.8
—	196.5	75.4	375.5	—	648.6	561.0
—	—	—	—	—	—	—
—	—	1110.3	426.1	674.3	8058.4	2834.8
82.8	**324.8**	**221.4**	**561.3**	**491.2**	**609.7**	**96.5**
56.4	226.3	189.1	305.8	341.2	150.3	57.0
7.2	41.5	7.5	50.0	74.5	11.1	23.8
19.2	41.3	14.9	77.0	42.3	436.1	8.6
—	5.3	9.9	3.5	30.5	—	7.1
—	10.4	—	—	—	—	—
—	—	—	95.0	2.7	12.2	—
—	—	—	30.0	—	—	—

表 12-5

城镇居民家庭按月人均可

	总 计	400～600 元	600～800 元
一、调查户数（户）	**70**	**4**	**2**
常住人口数（人）	203	13	6
二、家庭总收入	**22690.2**	**8250.4**	**9265.8**
#人均可支配收入	20431.6	6889.6	8325.8
㈠工薪收入	15857.8	6867.1	6505.3
#工资及补贴收入	15449.5	5677.9	4070.3
其他劳动收入	408.3	1189.2	2435.0
㈡经营净收入	1286.5	—	—
㈢财产性收入	370.8	76.9	—
#利息收入	19.0	—	—
股息与红利收入	15.3	—	—
其他投资收入	3.5	—	—
出租房屋收入	333.0	76.9	—
其他财产性收入	—	—	—
㈣转移性收入	5175.1	1306.4	2760.5
#养老金或离退休金	4078.8	852.6	1981.2
社会救济收入	67.9	109.5	537.2
失业保险金	33.4	164.3	—
赡养收入	91.4	—	—
捐赠收入	569.1	—	—
亲友搭伙费	108.5	—	—
记账补贴	165.2	180.0	190.0
三、出售财物收入	**50.0**	—	—
四、借贷收入	**5318.0**	**2153.9**	—
#提取储蓄存款	4571.7	2153.9	—
住房贷款	—	—	—

支配收入分组情况(2006 年)

单位：元

800～1000元	1000～1500元	1500～2000元	2000～2500元	2500～3000元	3000～4000元
11	**17**	**15**	**8**	**7**	**6**
34	47	43	24	20	16
12138.5	**17140.8**	**23722.5**	**29598.0**	**36945.7**	**45055.4**
10968.4	15687.0	21044.4	26664.9	33181.1	41159.1
8099.7	12149.4	15198.0	22415.8	21776.5	36941.7
7771.9	12148.3	14781.0	21517.8	21776.5	36879.2
327.8	1.1	417.0	898.1	—	62.5
1068.8	—	2661.2	1358.4	—	4721.8
102.6	661.1	740.5	96.0	189.0	112.5
57.3	—	46.0	—	—	—
—	—	—	—	154.0	—
—	—	—	—	35.0	—
45.3	661.1	694.5	96.0	—	112.5
—	—	—	—	—	—
2867.4	4330.3	5122.8	5727.8	14980.2	3279.4
1718.3	3094.2	3866.8	4476.7	13981.6	2600.0
—	148.8	50.3	—	—	—
—	98.4	—	—	3.5	—
259.4	144.0	57.2	40.0	—	—
382.8	523.6	773.7	941.6	715.0	431.2
343.8	115.6	127.4	—	—	—
163.1	191.6	157.1	141.6	144.0	157.5
—	**6.6**	—	**340.0**	**62.0**	—
843.8	**523.6**	**3101.9**	**25920.0**	**5100.1**	**6624.9**
843.8	523.6	3101.9	19920.0	5100.1	6624.9
—	—	—	—	—	—

表 12-5

	总　计	400～600 元	600～800 元
五、家庭总支出	19238.3	9334.6	4304.2
(一)消费支出	13659.3	7721.4	2945.7
#服务性消费支出	3910.1	2928.8	273.0
1.食　品	4336.0	3053.6	1702.0
#粮　油	415.3	358.9	368.1
肉禽及其制品	683.8	588.3	286.0
蛋　类	72.4	52.3	31.0
水产品	458.2	391.3	231.7
菜　类	399.1	410.1	308.8
干鲜瓜果	316.9	233.6	207.6
2.衣　着	1230.3	738.7	236.5
3.家庭设备用品及服务	562.6	318.4	98.3
#耐用消费品	270.7	204.7	—
4.医疗保健	670.2	70.5	224.1
#药品费	236.6	23.7	201.6
滋补保健品	97.0	22.5	7.5
5.交通与通讯	2486.5	510.5	177.8
(1)交　通	1843.6	89.2	50.3
(2)通　讯	642.9	421.3	127.5
6.教育文化娱乐服务	2508.0	2448.6	109.3
(1)文化娱乐用品	628.9	75.2	81.9
(2)教　育	1483.5	1997.1	—
(3)文化娱乐服务	395.6	376.3	27.4
7.居　住	1306.0	503.0	355.7
#住　房	681.2	54.3	—

续表 1

800～1000元	1000～1500元	1500～2000元	2000～2500元	2500～3000元	3000～4000元
9792.3	**12354.2**	**18705.8**	**46310.1**	**21463.6**	**27849.6**
8011.9	10037.9	12817.5	29056.9	14552.6	21263.8
1617.2	2531.9	4195.4	9304.7	4221.8	5016.1
3553.3	4025.8	4034.1	5661.7	5782.0	5754.9
497.5	410.4	405.5	442.1	460.7	256.0
895.1	738.4	644.0	715.3	598.5	496.8
65.8	83.2	76.9	92.3	70.1	46.2
440.0	468.6	489.9	458.4	517.8	443.5
513.7	382.8	393.0	391.5	360.2	318.8
249.0	310.0	334.0	423.8	323.7	359.4
770.4	1058.4	925.5	1871.3	1698.5	2650.1
312.8	436.1	611.3	1178.0	733.7	489.5
101.3	193.5	337.8	686.1	350.1	56.9
605.4	1024.5	733.3	1080.5	283.2	111.3
84.7	287.4	309.5	512.3	156.6	53.7
64.8	87.3	173.0	170.5	50.7	20.8
704.9	1131.7	1166.8	8292.5	1320.2	8347.3
189.9	636.9	415.9	7293.7	689.7	7482.7
515.0	494.8	750.9	998.8	630.5	864.6
1137.6	1393.9	3000.3	5556.0	2884.9	2825.8
720.7	470.5	597.8	944.6	1084.4	574.7
237.2	668.8	2006.8	4054.7	1216.2	1354.0
179.7	254.6	395.7	556.7	584.3	897.1
762.3	610.7	1189.8	4678.8	1146.5	637.3
203.3	50.4	579.6	3811.8	318.4	45.0

表 12-5

	总　计	400～600 元	600～800 元
水电燃料及其他	583.0	448.7	355.7
8.杂项商品和服务	559.7	78.1	42.0
㈡非消费性支出	5579.0	1613.2	1358.5
# 购房与建房支出	1492.6	—	—
转移性支出	2089.6	432.3	608.5
#交纳的个人收入税	98.5	—	—
捐赠支出	1605.0	69.2	600.2
购买彩票	6.7	—	—
赡养支出	127.0	353.9	—
社会保障支出	1994.9	1180.9	750.0
六、借贷支出	**8534.5**	**1933.4**	**4069.7**
#存入储蓄款	6941.8	1923.1	3736.3
储蓄性保险支出	210.1	—	333.3
购买有价证券	—	—	—
归还购买住房贷款	1327.9	10.3	—
七、非现金收入	**253.8**	**22.2**	**76.7**
1.食　品	145.1	14.5	30.0
2.衣　着	22.9	—	30.0
3.家庭设备用品及服务	62.6	7.7	16.7
4.医疗保健	8.3	—	—
5.交通和通讯	1.0	—	—
6.教育文化娱乐和服务	10.9	—	—
7.杂项商品和服务	3.0	—	—

续表 2

800～1000元	1000～1500元	1500～2000元	2000～2500元	2500～3000元	3000～4000元
542.9	547.9	552.3	794.2	743.5	509.6
165.2	356.8	1156.4	738.1	703.8	447.6
1780.4	2316.3	5888.3	17253.2	6911.0	6585.8
—	—	—	12000.0	—	—
785.5	1074.6	3496.3	2636.5	3441.5	3167.4
11.9	20.6	129.0	174.8	171.1	320.3
745.8	1014.2	2871.4	1789.6	2860.3	1366.3
0.3	0.5	0.3	19.0	1.0	50.6
—	14.1	333.3	80.0	95.0	125.0
995.0	1241.6	2392.1	2616.7	3449.6	3418.5
3129.9	**4799.7**	**7591.2**	**9393.8**	**20068.9**	**23863.5**
2490.7	4718.2	6665.8	8600.4	10197.6	21575.4
125.5	81.5	209.2	—	787.3	481.9
—	—	—	—	—	—
513.8	—	716.1	593.4	9084.1	1431.2
32.3	**212.4**	**363.4**	**790.3**	**101.3**	**126.6**
19.8	149.1	230.0	378.3	37.8	74.8
0.0	20.5	26.6	65.6	10.0	31.3
12.5	25.8	42.6	308.4	53.5	11.3
—	12.7	6.2	26.8	—	9.2
—	4.3	—	—	—	—
—	—	44.0	11.2	—	—
—	—	13.9	—	—	—

表 12-6

农村居民家庭基本情况

	单位	2006 年	2005 年
一、调查户数	户	**100**	**100**
二、家庭常住人口	人	**377**	**377**
#在校学生人数	人	64	62
#7-15 岁在校学生人数	人	37	42
1.6 岁及以下	人	12	12
2.7～15 岁	人	37	42
3.16～18 岁	人	13	9
4.19～22 岁	人	20	14
5.23～25 岁	人	8	17
6.26～30 岁	人	27	25
7.31～40 岁	人	86	83
8.41～50 岁	人	63	63
9.51～60 岁	人	63	69
10.60 岁以上	人	48	43
三、整半劳动力数	人	**260**	**256**
#男劳动力人数	人	137	135
整劳动力	人	173	168
受过专业培训的人数	人	100	99
1.不识字或识字很少	人	4	5
2.小学文化程度	人	73	68
3.初中文化程度	人	121	123

表 12-6 续表 1

	单位	2006 年	2005 年
4.高中文化程度	人	39	39
5.中专文化程度	人	9	10
6.大专及以上文化程度	人	14	11
平均每户整半劳动力	人	2.6	2.6
平均每个劳动力负担人口	人	1.5	1.5
四、农村住户就业劳动力人数	人	**243**	**234**
#男劳动力就业人数	人	134	129
(一)劳动力就业行业分布			
1.第一产业就业劳动力	人	1	2
#农　业	人	1	2
2.第二产业就业劳动力	人	101	88
(1)工　业	人	89	79
(2)建筑业	人	12	9
3.第三产业就业劳动力	人	141	144
(1)交通运输仓储及邮电通讯业	人	5	6
(2)批发和零售贸易	人	11	12
(3)住宿和餐饮业	人	3	1
(4)居民服务和其他服务业	人	25	23
(5)教　育	人	6	6
(6)卫生、社会保障和社会福利业	人	2	4
(7)文化、体育和娱乐业	人	1	1
(8)其他行业	人	88	91

表 12-6 续表 2

	单位	2006 年	2005 年
㈡劳动力就业地点			
1.乡　内	人	242	232
2.县内乡外	人	—	—
3.省内县外	人	1	1
4.国内省外	人	—	—
5.国　外	人	—	1
㈢劳动力年内从事各种行业时间	**月**	**2554**	**2430**
1.从事农业的时间	月	44	47
2.从事非农产业的时间	月	2510	2383
五、平均每户经营耕地面积	**亩**	**0.8**	**0.7**
平均每户经营水面面积	亩	0.3	0.15
六、年内新建房屋面积	**平方米**	**690**	**740**
#楼房面积	平方米	648	740
七、平均每户年末使用房屋面积	**平方米**	**275.5**	**272.8**
平均每人年末使用房屋面积	平方米	73.1	72.4
八、平均每人年末生产用固定资产原值	**元**	**577.1**	**798.8**
九、平均每百户生产用固定资产年末拥有量			
1.机动脱粒机	台	20	27
2.水　泵	台	2	2
3.汽　车	辆	—	—
4.产品畜	头	—	—
5.小型和手扶拖拉机	台	1	2
6.农用动力机械	台	2	2

表 12-6 续表 3

	单位	2006 年	2005 年
十、平均每百户主要耐用消费品拥有量			
1. 自行车	辆	172	180
2. 摩托车	辆	80	78
3. 录放像机	台	11	21
4. 电风扇	台	304	304
5. 洗衣机	台	94	95
6. 电冰箱	台	99	96
7. 抽油烟机	台	79	74
8. 黑白电视机	台	25	27
9. 彩色电视机	台	167	156
10. 收录机	台	27	15
11. 照相机	架	21	18
12. 吸尘器	台	22	17
13. 空调机	台	139	125
14. 热水器	台	95	94
15. 微波炉	台	73	62
16. 电话机	部	101	108
17. 移动电话	部	174	161
18. 家用计算机	台	35	26
19. 汽车(生活用)	辆	5	4
20. 影碟机	台	37	34
21. 组合音响	套	19	20

表 12-7

农村居民家庭全年总收支情况

（平均每人） 单位:元

	2006 年	2005 年	2006 年为 2005 年%
一、全年总收入	**10064.1**	**9149.1**	**110.0**
㈠工资性收入	**6907.7**	**6198.3**	**111.4**
1.在非企业组织中劳动得到收入	1147.3	955.3	120.1
⑴乡村干部收入	597.9	564.8	105.9
⑵乡村教师收入	238.2	234.7	101.5
⑶行政事业单位等职工收入	311.2	155.8	199.7
2.在本乡地域内劳动得到收入	5758.0	5153.9	111.7
#在企业中劳动得到收入	5598.1	5047.3	110.9
3.外出从业得到收入	2.4	89.1	2.7
㈡家庭经营收入	**1293.2**	**1560.8**	**82.9**
1.第一产业收入	349.4	506.7	69.0
#农业收入	94.0	231.7	40.6
林业收入	19.0	2.1	904.8
牧业收入	191.1	267.9	71.3
2.第二产业收入	192.1	298.3	64.4
#工业收入	143.2	97.9	146.3
建筑业收入	48.9	200.4	24.4
3.第三产业收入	751.7	755.8	99.5
#第三产业服务性收入	751.7	755.8	99.5
#交通、运输、邮电业收入	51.2	126.3	40.5
批零贸易业、饮食业收入	252.2	78.7	320.5
社会服务业收入	43.6	190.3	22.9
文教卫生业收入	4.4	11.9	37.0
其他行业收入	400.3	348.7	114.8
㈢财产性收入	**985.6**	**863.5**	**114.1**
# 1.利　息	20.5	21.8	94.0
2.股息和红利	55.6	34.6	160.7

表 12-7 续表 1

	2006 年	2005 年	2006 年为 2005 年%
3.租　金	900.5	701.2	128.4
4.土地征用补偿收入	1.9	10.5	18.1
5.转让承包土地经营权收入	3.7	64.7	5.7
㈣转移性收入	**877.6**	**526.5**	**166.7**
# 1.城市亲友赠送收入	0.5	1.4	35.7
2.农村亲友赠送收入	219.3	101.4	216.3
3.离退休金、养老金	609.7	344.6	176.9
二、全年总支出	**7793.6**	**7178.2**	**108.6**
㈠家庭经营费用支出	**130.4**	**195.9**	**66.6**
1. 第一产业生产费用支出	117.4	171.1	68.6
#⑴农业生产费用支出	43.7	30.9	141.4
①农业生产资料支出	32.7	24.1	135.7
②农业服务性支出	11.0	6.8	161.8
#农业生产雇工工资支出	—	2.3	—
⑵林业生产费用支出	1.4	1.6	87.5
①林业生产资料支出	1.4	1.6	87.5
②林业服务性支出			
#林业生产雇工工资支出			
⑶牧业生产费用支出	67.2	138.6	48.5
①牧业生产资料支出	67.2	138.3	48.6
②牧业服务性支出	—	0.3	—
2. 第二产业生产费用支出	—	0.2	—
#工业生产费用支出			
3. 第三产业生产费用支出	13.0	24.6	52.8
#交通运输邮电业生产费用支出	0.5	6.0	8.3
批零贸易餐饮业生产费用支出	5.0	—	—
㈡购置、建造生产性固定资产支出	**2.7**	**5.1**	**52.9**

表 12-7 续表 2

	2006 年	2005 年	2006 年为 2005 年%
㈢税费支出	**3.4**	**26.9**	**12.6**
㈣生活消费支出	**7153.2**	**6404.5**	**111.7**
#服务性支出	2512.9	2000.5	125.6
1.食品消费支出	2670.6	2475.9	107.9
⑴食品消费品支出	2171.7	2114.8	102.7
#谷　物	201.7	231.0	87.3
豆　类	7.9	5.5	143.6
食用油	54.6	59.1	92.4
蔬菜及制品	200.6	177.8	112.8
肉、禽、蛋、奶及制品	596.7	604.8	98.7
水产品及制品	243.6	235.9	103.3
烟、酒	458.3	419.0	109.4
茶叶、饮料	61.4	49.1	125.1
⑵食品消费服务性支出	498.9	361.1	138.2
#在外饮食	479.7	355.4	135.0
食品加工费	18.7	5.1	366.7
2.衣着消费支出	443.3	367.4	120.7
#衣着消费品支出	442.9	365.1	121.3
#服　装	342.8	270.9	126.5
鞋　类	80.2	72.8	110.2
3.居住消费支出	1557.1	967.6	160.9
⑴居住消费品支出	950.8	645.6	147.3
①建筑生活用房材料	113.8	209.9	54.2
②维修生活用房材料	26.1	9.6	271.9
③装修生活用房材料	328.3	340.1	96.5
④生活用房	380.7	—	—

表 12-7 续表 3

	2006 年	2005 年	2006 年为 2005 年%
⑤生活用燃料	101.9	86.0	118.5
⑵居住消费服务性支出	606.3	322.0	188.3
#建筑、维修生活用房雇工工资	300.1	64.9	462.4
生活用水	43.7	33.5	130.4
生活用电	249.8	192.2	130.0
4.家庭设备、用品消费支出	425.3	404.7	105.1
⑴家庭设备用品消费品支出	408.1	392.1	104.1
①日用品	106.0	93.4	113.5
②床上用品	24.1	23.8	101.3
③室内装饰品	7.2	8.1	88.9
④家具类	121.8	86.3	141.1
⑤机电设备	149.0	180.5	82.6
⑵家庭设备用品服务性消费支出	17.2	12.6	136.5
5.交通和通讯消费支出	509.9	512.9	99.4
⑴交通和通讯用品支出	167.5	219.2	76.4
#交通工具	66.7	113.9	58.6
交通工具用燃料	40.1	54.3	73.8
通讯工具	57.1	49.3	115.8
⑵交通和通讯服务消费支出	342.4	293.7	116.6
①交通消费服务支出	126.3	119.1	106.0
#交通客运费	40.7	76.0	53.6
生活物品货运费	51.4	7.6	676.3
交通工具修理费	33.8	23.8	142.0
②通讯消费服务支出	216.1	174.6	123.8
#通讯费	213.8	172.9	123.7
6.文化、教育、体育、娱乐消费支出	793.2	1056.3	75.1

表 12-7 续表 4

	2006 年	2005 年	2006 年为 2005 年%
(1)文化教育、娱乐用品消费支出	206.0	234.0	88.0
#文教、娱乐用机电消费品	165.6	168.5	98.3
书、报、杂志	17.1	21.7	78.8
纸张、文具	12.5	19.9	62.8
(2)教育服务消费支出	377.5	547.2	69.0
#托儿费	14.1	20.7	68.1
学杂费	305.5	412.9	74.0
入学赞助费	—	58.4	—
成人培训费	31.7	27.5	115.3
(3)文化、体育、娱乐服务消费支出	209.7	275.1	76.2
#旅　游	59.4	138.3	43.0
休闲娱乐费	68.7	67.8	101.3
其他报务性支出	78.9	44.8	176.1
7.医疗保健消费支出	409.3	392.1	104.4
(1)医疗保健用品	96.4	252.3	38.2
①医疗卫生用品	95.8	250.3	38.3
#药　品	95.8	247.6	38.7
②保健用品	0.6	2.0	30.0
(2)医疗保健服务消费支出	312.9	139.8	223.8
#医疗费	304.8	131.6	231.6
8.其他商品和服务消费支出	344.5	227.6	151.4
(1)其他商品支出	197.0	181.0	108.8
#首　饰	58.4	56.4	103.5
化妆品	8.6	8.0	107.5
(2)其他消费服务支出	147.5	46.6	316.5
#美容美发	5.9	13.0	45.4

表 12-7 续表 5

	2006 年	2005 年	2006 年为 2005 年%
(五)财产性支出	5.5	—	—
(六)转移性支出	498.4	545.8	91.3
#寄给带给家庭非常住人口	54.8	24.8	221.0
赠亲友支出	197.2	146.8	134.3
三、全年纯收入	9652.4	8760.2	110.2
#全年现金纯收入	9615.1	8630.7	111.4
(一)工资性收入	6907.7	6198.4	111.4
1.在非企业组织中劳动得到收入	1147.3	955.3	120.1
2.在本乡地域内劳动得到收入	5758.0	5153.9	111.7
#在企业中劳动得到收入	5598.1	5047.3	110.9
3.外出从业得到收入	2.4	89.2	2.7
(二)家庭经营纯收入	1121.0	1284.6	87.3
1.第一产业纯收入	195.3	281.3	69.4
2.第二产业纯收入	192.1	290.8	66.1
#工业收入	143.2	90.6	158.1
建筑业收入	48.9	200.2	24.4
3.第三产业纯收入	733.6	712.5	103.0
#交通运输、邮电业收入	50.0	112.4	44.5
批零贸易业、饮食业收入	245.3	76.8	319.4
社会服务业收入	42.1	182.2	23.1
(三)财产性纯收入	985.6	863.5	114.1
#租金(包括农业机械)	900.5	701.2	128.4
(四)转移性纯收入	638.1	413.7	154.2
#离退休金、养老金	609.7	344.6	176.9
四、全年可支配收入	9607.3	8327.3	115.4

表 12-8

农村居民家庭全年现金收支情况

（平均每人）　　单位：元

	2006 年	2005 年	2006 年为 2005 年%
一、期内现金收入	**10010.1**	**9022.1**	**111.0**
㈠工资性收入	**6907.7**	**6195.6**	**111.5**
1.在非企业组织中劳动得到收入	1147.3	952.6	120.4
⑴乡村干部收入	597.9	562.1	106.4
⑵乡村教师收入	238.2	234.7	101.5
⑶行政事业单位等职工收入	311.3	155.8	199.8
2.在本乡地域内劳动得到收入	5758.0	5153.9	111.7
＃在企业中劳动得到收入	5598.1	5047.3	110.9
＃乡镇企业劳动收入	5552.4	5002.9	111.0
3.外出从业得到收入	2.4	89.1	2.7
㈡家庭经营现金收入	**1251.8**	**1444.6**	**86.7**
1.第一产业现金收入	308.0	390.5	78.9
＃⑴农业现金收入	60.0	128.7	46.6
＃出售农产品收入	57.3	125.8	45.5
农业服务性收入	2.7	2.9	93.1
⑵林业现金收入	19.0	2.1	904.8
＃出售林业产品收入	17.7	0.4	4425.0
⑶牧业现金收入	184.2	254.8	72.3
＃出售牧业产品收入	184.2	254.8	72.3
2.第二产业现金收入	192.1	298.3	64.4
＃工业收入	143.2	97.9	146.3
建筑业收入	48.9	200.4	24.4
3.第三产业现金收入	751.7	755.8	99.5
＃第三产业服务性现金收入	751.7	755.8	99.5
＃交通运输、邮电业收入	51.2	126.3	40.5
批零贸易业、饮食业收入	252.2	78.7	320.5

表 12-8 续表 1

	2006 年	2005 年	2006 年为 2005 年%
社会服务业收入	43.6	190.3	22.9
文教卫生业收入	4.4	11.9	37.0
其他行业收入	400.3	348.7	114.8
㈢财产性收入	**983.3**	**862.9**	**114.0**
#利息	20.5	21.8	94.0
股息和红利	55.6	34.6	160.7
租金(包括农业机械)	900.5	701.2	128.4
土地征用补偿收入	1.9	10.5	18.1
转让承包土地经营权收入	3.7	64.7	5.7
㈣转移性收入	**867.3**	**519.0**	**167.1**
#亲友赠送收入	209.4	95.4	219.5
离退休金、养老金	609.7	344.6	176.9
二、非收入现金所得	**1810.0**	**1541.4**	**117.4**
㈠非借贷性现金所得	**506.0**	**355.7**	**142.3**
#保险赔款	—	1.0	—
出售财物	17.0	110.2	15.4
调查补贴	122.3	76.4	160.1
婚、丧、嫁、娶礼金	276.8	91.8	301.5
㈡借贷性现金所得	**1304.0**	**1185.7**	**110.0**
#借入款	703.7	394.4	178.4
收回借出款	—	213.0	—
取回存款	597.6	576.5	103.7
三、期内现金支出	**7726.1**	**7066.2**	**109.3**
㈠生产费用支出	**119.2**	**200.7**	**59.4**
1.家庭经营费用支出	116.5	195.6	59.6
⑴第一产业生产费用支出	103.6	170.8	60.6
#①农业生产费用支出	35.0	30.8	113.6

表 12-8 续表 2

	2006 年	2005 年	2006 年为 2005 年%
#购买农业生产资料	29.5	24.0	122.9
②林业生产费用支出	1.4	1.6	87.5
#购买林业生产资料	1.4	1.6	87.5
③牧业生产费用支出	67.2	138.4	48.6
#购买牧业生产资料	67.2	138.0	48.7
⑵第二产业生产费用支出	—	0.2	—
#工业生产费用支出	—	—	—
⑶第三产业生产费用支出	12.9	24.6	52.4
#①交通运输邮电业生产费用支出	0.5	6.0	8.3
#购买交通运输邮电业生产资料	—	6.0	—
②批零贸易餐饮业生产费用支出	5.0	—	—
2.购置、建造生产性固定资产支出	2.7	5.1	52.9
㈡税费支出	**3.4**	**26.8**	**12.7**
㈢生活消费支出	**7099.6**	**6293.5**	**112.8**
#服务性支出	2512.9	2000.5	125.6
1.食品消费支出	2616.9	2364.9	110.7
⑴购买食品支出	2118.0	2003.8	105.7
#谷　物	181.6	158.6	114.5
豆　类	5.8	3.8	152.6
食用油	52.9	58.1	91.0
蔬菜及制品	183.5	162.9	112.6
肉、禽、蛋、奶及制品	586.5	585.4	100.2
水产品及制品	243.0	235.9	103.0
烟、酒	458.3	419.0	109.4
茶叶、饮料	61.4	49.1	125.1
⑵食品消费服务性支出	498.9	361.1	138.2

表 12-8 续表 3

	2006 年	2005 年	2006 年为 2005 年%
#在外饮食	479.7	355.4	135.0
食品加工费	18.7	5.1	366.7
2.衣着消费支出	443.3	367.4	120.7
(1)购买衣着支出	442.9	365.1	121.3
#服　装	342.8	270.9	126.5
鞋　类	80.2	72.8	110.2
(2)衣着消费服务性支出	0.4	2.3	17.4
3.居住消费支出	1557.1	967.6	160.9
(1)购买居住消费品支出	950.8	645.6	147.3
①购买建筑生活用房材料	113.8	209.9	54.2
②购买维修生活用房材料	26.1	9.6	271.9
③装修生活用房材料	328.3	340.2	96.5
④购买生活用房	380.7	—	—
⑤购买生活用燃料	101.9	85.9	118.6
(2)居住消费服务性支出	606.4	322.0	188.3
#建筑、维修生活用房雇工工资	300.1	64.9	462.4
生活用水	43.7	33.5	130.4
生活用电	249.8	192.2	130.0
4.家庭设备、用品及服务消费支出	425.4	404.7	105.1
(1)购买家庭设备、用品支出	408.1	392.1	104.1
①日用品	106.0	93.4	113.5
②床上用品	24.1	23.8	101.3
③室内装饰品	7.2	8.1	88.9
④家具类	121.8	86.3	141.1
⑤机电设备	149.1	180.5	82.6
(2)家庭设备服务消费支出	17.2	12.6	136.5

表 12-8 续表 4

	2006 年	2005 年	2006 年为 2005 年%
5.交通和通讯消费支出	509.9	512.9	99.4
(1)购买交通和通讯用品支出	167.5	219.2	76.4
#交通工具	66.7	113.9	58.6
交通工具用燃料	40.1	54.3	73.8
通讯工具	57.1	49.3	115.8
(2)交通和通讯服务消费支出	342.4	293.7	116.6
①交通服务支出	126.3	119.1	106.0
#交通客运费	40.7	75.9	53.6
生活物品货运费	51.4	7.6	676.3
交通工具修理费	33.8	23.8	142.0
②通讯服务支出	—	174.6	—
#通讯费	213.8	172.9	123.7
6.文化、教育、体育、娱乐用品及服务	793.2	1056.3	75.1
(1)购买文化、教育、体育、娱乐用品	206.0	234.0	88.0
#文教、娱乐用机电消费品	165.6	168.5	98.3
#书、报、杂志	17.1	21.7	78.8
纸张、文具	12.5	19.9	62.8
(2)教育服务消费	377.5	547.2	69.0
#学杂费	305.5	412.9	74.0
成人培训费	31.7	27.5	115.3
(3)文化、体育、娱乐服务消费	209.7	275.1	76.2
#旅　游	59.4	138.3	43.0
休闲娱乐费	68.7	67.8	101.3
7.医疗保健消费支出	409.3	392.1	104.4
(1)购买医疗保健用品	96.4	252.3	38.2
#购买医疗卫生用品	95.8	252.3	38.0
#药　品	95.8	247.6	38.7

表 12-8 续表 5

	2006 年	2005 年	2006 年为 2005 年%
⑵医疗保健服务消费支出	312.9	139.8	223.8
#医疗费	304.8	131.6	231.6
8.其他商品和服务消费支出	344.5	227.6	151.4
⑴购买其他商品支出	197.0	181.0	108.8
#首　饰	58.4	56.4	103.5
⑵其他消费服务支出	147.5	46.6	316.5
㈣财产性支出	**5.5**	—	—
㈤转移性支出	**498.4**	**545.2**	**91.4**
#寄给带给家庭非常住人口现金	54.8	24.8	221.0
赠送亲友支出	196.0	144.7	135.5
交纳医疗保险	20.3	11.4	178.1
交纳社会保障基金	180.8	212.8	85.0
购买非储蓄性保险	38.4	65.9	58.3
捐　赠	3.5	4.7	74.5
四、非消费性支出	**1803.5**	**1225.9**	**147.1**
㈠非借贷性支出	**953.4**	**667.8**	**142.8**
#婚、丧、嫁、娶支出	946.0	612.8	154.4
㈡储蓄、借贷性支出	**850.1**	**558.1**	**152.3**
#借出款	29.2	75.8	38.5
归还借款	114.6	75.8	151.2
五、期末金融资产余额	**9835.0**	**7568.8**	**129.9**
# 1.手存现金	1424.9	1147.0	124.2
2.存款余额	7969.8	5846.2	136.3
3.债券价值款	5.3	230.8	2.3
4.股票价值金	92.8	185.7	50.0
六、期末债务余额	**270.6**	**271.6**	**99.6**
#个人借(欠)款	270.6	263.7	102.6

表 12-9 农村居民家庭农林牧渔业产品产量及出售情况

（平均每户）

	单位	2006 年	2005 年
一、农林牧渔业主要产品产量			
1.粮食产量	公斤	53.3	257.3
2.油料产量	公斤	1.2	5.5
3.蔬菜产量	公斤	124.4	123.9
4.水果产量	公斤	1.3	1.2
5.猪肉产量	公斤	12.4	7.0
6.家禽产量	公斤	56.5	91.7
7.禽蛋产量	公斤	7.8	10.6
8.蚕茧产量	公斤	—	—
9.淡水产品产量	公斤	26.1	3.0
二、农林牧渔业主要产品出售情况			
1.出售粮食	公斤	10.2	30.6
2.出售油料	公斤	0.9	3.3
3.出售蔬菜	公斤	38.6	46.5
4.出售水果	公斤	0.3	0.5
5.出售茶叶	公斤	—	—
6.出售猪肉	公斤	10.7	4.4
7.出售家禽	公斤	54.7	89.7
8.出售禽蛋	公斤	7.4	7.9
9.出售水产品	公斤	25.6	3.0

表 12-10　　农村居民家庭全年主要商品购买量

	单位	2006 年	2005 年
一、购买食品(平均每人)			
1.粮食(原粮)	公斤	85.1	79.9
2.植物油	公斤	6.1	6.9
3.蔬　菜	公斤	46.9	47.5
4.豆制品	公斤	19.3	25.9
5.猪　肉	公斤	20.5	18.7
6.牛、羊肉	公斤	1.3	1.2
7.家　禽	公斤	8.3	8.9
8.禽　蛋	公斤	4.8	4.4
9.鲜　奶	公斤	14.32	20.1
10.鱼	公斤	20.2	13.4
11.虾	公斤	2.4	2.5
12.食　糖	公斤	1.5	1.5
13.糕　点	公斤	46.4	41.0
14.糖　果	公斤	11.3	5.0
15.卷　烟	盒	30.5	30.3
16.酒	公斤	8.2	9.8
#啤　酒	公斤	5.3	6.7
白　酒	公斤	2.8	3.1
17.茶　叶	公斤	0.3	0.4
18.水　果	公斤	31.3	22.3
二、购买日用品（平均每百户）			
1.热水器	台	1	—
2.微波炉	台	4	5

表12-10续表

	单位	2006年	2005年
3.自行车及电动自行车	辆	20	28
4.空调机	个	9	8
5.电风扇	只	15	6
6.洗衣机	台	2	6
7.抽油烟机	台	4	3
8.手　机	台	19	19
9.电　话	台	9	5
10.电冰箱	台	6	11
11.摩托车	只	1	1
三、购买文化用品（平均每百户）			
1.黑白电视机	台	—	—
2.彩色电视机	台	13	10
3.收录机	台	—	1
4.影碟机	台	—	1
5.电　脑	台	8	7
四、购买建筑材料(平均每户)	元	439.3	791.3
五、购买生产资料(平均每百户)			
1.化　肥	公斤	1016.2	1997.5
2.饼　肥	公斤	45.0	34.0
3.农　药	公斤	1505.9	2621.7
4.农用薄膜	公斤	—	—
5.生产用燃料	公斤	—	—
6.生产用种子	公斤	127.4	158.5
7.生产用饲料	公斤	1290.3	911.5

表 12-11

农村居民家庭全年主要食物消费量

（平均每人）

	单位	2006 年	2005 年
1.粮　食	公斤	101.6	132.6
2.豆类及豆制品	公斤	7.2	9.3
3.植物油	公斤	6.4	6.8
4.动物油	公斤	0.2	0.2
5.蔬菜及菜制品	公斤	72.1	73.2
6.瓜　类	公斤	13.2	9.8
7.水果及水果制品	公斤	18.3	23.1
8.茶　叶	公斤	0.3	0.4
9.坚果及果仁制品	公斤	2.3	20.9
10.牛、羊肉	公斤	1.3	1.2
11.家　禽	公斤	9.0	9.8
12.蛋类及蛋制品	公斤	5.6	5.9
13.奶和奶制品	公斤	15.1	20.7
14.水产品	公斤	16.0	17.4
15.食　糖	公斤	1.5	1.5
16.酒	公斤	12.0	13.4
＃啤　酒	公斤	5.3	6.7

表 12-12 农村居民家庭人均纯

	3000元以下	3000～6000元	6000～9000元
一、调查户数（户）	**3**	**14**	**30**
二、家庭常住人口（人）	**10**	**56**	**120**
#在校学生人数	1	11	18
#7～15岁在校学生人数	1	5	11
三、整半劳动力数（人）	**6**	**35**	**79**
#男劳动力人数	4	18	42
整劳动力	4	25	50
受过专业培训的人数	—	11	27
四、农村住户就业劳动力人数（人）	**5**	**34**	**70**
1.第一产业就业劳动力	—	1	—
2.第二产业就业劳动力	2	10	29
#工　业	1	6	29
3.第三产业就业劳动力	3	23	41
五、总收入（元）	**2045.3**	**5001.4**	**7857.4**
㈠工资性收入	1217.5	3381.9	5539.2
1.在非企业组织中劳动得到收入	—	57.1	677.2
2.在本乡地域内劳动得到收入	1217.5	3324.8	4854.5
#在企业中劳动得到收入	845.0	3292.5	4825.0
3.外出从业得到收入	—	—	7.5
㈡家庭经营收入	309.4	389.7	1213.4
1.第一产业收入	5.4	199.5	549.8
2.第二产业收入	24.0	45.5	75.3
3.第三产业收入	280.0	144.7	588.3
㈢财产性收入	—	495.4	462.6
㈣转移性收入	518.4	734.4	642.2
六、总支出（元）	1692.2	5097.6	7338.1
㈠家庭经营费用支出	0.5	100.2	273.3
㈡购置、建造生产性固定资产支出	—	—	8.5
㈢税费支出	—	0.4	3.8

收入分组表(2006 年)

9000～12000 元	12000～15000 元	15000～18000 元	18000～21000 元	21000 元以上
26	**15**	**5**	**5**	**2**
95	**56**	**20**	**14**	**6**
18	10	3	3	—
11	6	2	1	—
69	**43**	**12**	**11**	**5**
35	23	6	6	3
48	28	7	9	2
31	21	4	3	3
65	**41**	**12**	**11**	**5**
—	—	—	—	—
30	17	6	6	1
28	15	4	5	1
35	24	6	5	4
10551.8	**14091.8**	**17370.5**	**19434.9**	**23285.8**
7557.2	7842.0	11315.8	16943.0	19554.4
1468.1	883.0	15.0	8052.1	7688.1
6089.1	6959.0	11300.8	8890.9	11866.3
6027.9	6293.5	10910.0	8869.5	11866.3
—	—	—	—	—
874.9	2652.8	2994.8	466.5	3155.8
203.7	34.7	1643.0	25.8	3.8
177.3	683.6	178.0	26.4	255.8
493.9	1934.5	1173.8	414.3	2896.2
1048.8	2476.8	1523.5	1365.3	66.4
1070.9	1120.2	1536.4	660.1	509.2
7237.5	**9013.4**	**11004.3**	**9744.5**	**34057.7**
26.3	96.1	134.3	13.3	—
—	—	—	—	—
4.0	7.7	—	—	—

表12-12

	3000元以下	3000～6000元	6000～9000元
㈣生活消费支出	1681.7	4756.0	6750.2
1.食品消费支出	1277.4	2494.5	1996.9
⑴食品消费品支出	1250.0	2022.7	1711.8
#谷　物	218.4	193.2	181.8
食用油	34.6	37.3	46.9
蔬菜及制品	66.9	181.0	173.5
肉、禽、蛋、奶及制品	345.4	515.1	567.6
水产品及制品	94.4	201.0	197.4
烟、酒	384.6	530.3	216.9
茶叶、饮料	4.2	43.2	54.8
⑵食品消费服务性支出	27.4	471.8	285.1
#在外饮食	26.4	465.5	276.2
食品加工费	1.0	5.9	8.9
2.衣着消费支出	11.2	245.5	311.4
#衣着消费品支出	11.2	244.9	311.4
#服　装	2.3	178.1	231.6
鞋　类	2.2	49.8	64.1
3.居住消费支出	140.2	242.1	2503.8
⑴居住消费品支出	109.8	119.2	1794.7
#建筑生活用房材料	—	9.3	173.7
装修、维修生活用房材料	0.7	38.3	317.1
生活用燃料	109.1	71.6	107.8
⑵居住消费服务性支出	30.4	122.9	709.1
#建筑、维修生活用房雇工工资	—	8.2	477.8
生活用水	10.0	7.0	27.8
生活用电	20.4	107.6	191.1
4.家庭设备、用品消费支出	17.6	138.5	300.5
⑴家庭设备用品消费品支出	17.6	129.7	288.5
#日用品	8.7	77.8	66.5

续表 1

9000～12000 元	12000～15000 元	15000～18000 元	18000～21000 元	21000 元以上
6493.9	8319.7	10544.9	8668.5	31420.7
2637.1	3353.3	4192.1	3856.1	6431.6
2258.8	2636.1	2944.4	3142.0	3743.0
201.7	241.5	211.2	209.6	227.8
73.8	63.1	40.3	62.0	47.3
204.9	268.3	213.9	262.2	262.9
619	659.3	659.8	785.0	773.8
265.8	348.4	239.1	314.2	335.6
446.7	543.3	1012.1	910.7	1223.9
59.4	46.7	91.6	132.2	364.1
378.3	717.2	1247.7	714.1	2688.6
377.6	712.1	1247.7	706.9	1794.2
0.8	1.5	—	7.1	894.4
513.0	735.6	498.7	598.5	1266.5
512.4	734.5	498.7	598.3	1266.5
393.3	582.4	426.2	485.6	1023.1
96.0	123.6	61.4	86.3	205.3
577.5	1141.9	1628.4	644.7	18537.1
229.0	334.9	876.6	243.9	12308.8
31.1	66.5	266.9	10.6	1563.0
98.1	162.2	509.3	60.7	10658.3
99.8	106.2	100.5	172.6	87.5
348.5	807.0	751.8	400.8	6228.3
5.7	209.9	441.8	—	5700.0
59.5	77.2	51.5	82.8	81.7
281.9	462.7	258.5	318.0	446.7
595.9	533.5	361.7	705.6	2125.8
571.7	509.9	346.7	681.2	2077.5
114.6	143.4	245.4	200.8	146.0

表 12-12

	3000元以下	3000～6000元	6000～9000元
家具类	—	2.9	55.5
机电设备	7.8	43.2	154.4
(2)家庭设备用品服务性消费支出	—	8.8	12.0
5.交通和通讯消费支出	115.7	366.2	340.2
(1)交通和通讯用品支出	—	131.0	132.2
#交通工具	—	55.4	65.2
通讯工具	—	63.4	27.5
(2)交通和通讯服务消费支出	115.7	235.2	208.0
#交通消费服务支出	100.6	90.0	58.1
通讯消费服务支出	15.1	145.3	149.9
#通讯费	15.1	143.5	148.1
6.文化体育教育娱乐消费支出	75.1	907.3	693.5
(1)文体教娱用品消费支出	—	236.3	202.9
#文教、娱乐用机电消费品	—	185.0	168.6
书、报、杂志	—	30.0	9.0
(2)教育服务消费支出	30.4	517.4	292.7
#学杂费	30.4	476.6	265.9
(3)文化体育娱乐服务消费支出	44.7	153.6	197.9
#旅　游	2.5	50.3	53.5
休闲娱乐费	2.2	52.8	62.7
7.医疗保健消费支出	28.7	174.6	335.4
(1)医疗保健用品	4.8	104.6	108.7
#医疗卫生用品	4.8	103.7	108.7
#药　品	4.8	103.7	108.7
(2)医疗保健服务消费支出	23.9	70.0	226.7
#医疗费	23.9	69.7	226.7
8.其他商品和服务消费支出	15.8	187.3	268.5
(1)其他商品支出	10.9	114.4	102.8
#首　饰	—	0.3	—

续表 2

9000～12000 元	12000～15000 元	15000～18000 元	18000～21000 元	21000 元以上
243.8	166.3	99.5	110.4	517.5
157.2	131.2	—	355.7	1319.7
24.2	23.6	15.0	24.4	48.3
654.0	663.2	578.9	746.2	1405.4
235.9	191.5	155.5	152.6	259.2
107.5	45.0	66.5	—	26.7
74.7	103.9	50.0	54.3	—
418.1	471.7	423.4	593.6	1146.2
149.4	183.0	171.1	246.9	548.3
268.7	288.8	252.3	346.7	597.8
265.8	287.0	244.7	346.7	597.8
838.4	836.7	710.6	1305.4	880.7
247.7	192.5	116.3	174.5	166.2
219.0	141.6	60.0	104.3	76.7
14.0	23.9	30.3	29.1	—
418.4	368.0	142.5	885.7	385.0
347.6	201.4	124.5	675.7	—
172.3	276.2	451.8	245.2	329.5
27.4	61.8	289.0	91.8	—
54.3	118.8	85.1	49.9	195.3
220.1	694.8	1787.7	504.7	228.1
70.3	50.5	283.7	151.3	16.0
68.3	50.5	283.7	151.3	16.0
68.3	50.5	283.7	151.3	16.0
149.8	644.3	1504.0	353.4	212.1
121.9	644.3	1504.0	324.9	212.1
457.9	360.7	786.8	307.3	545.5
270.0	182.5	729.1	239.9	269.0
105.4	29.3	506.4	0.7	33.3

表 12-12

	3000元以下	3000～6000元	6000～9000元
化妆品	—	0.6	9.9
⑵其他消费服务支出	4.9	72.9	165.7
㈤转移性支出	10.0	241.0	302.3
七、全年纯收入（元）	**2034.8**	**4742.4**	**7425.3**
＃全年现金纯收入	2029.4	4698.2	7361.3
八、期内现金收入（元）	**2039.9**	**4948.2**	**7780.7**
㈠工资性收入	1217.5	3381.9	5539.2
㈡家庭经营现金收入	304.0	347.7	1146.2
㈢财产性收入	—	484.2	462.6
㈣转移性收入	518.4	734.4	632.7
九、非收入现金所得（元）	**72.0**	**122.7**	**2193.2**
㈠借贷性现金所得	—	—	1888.3
㈡非借贷性现金所得	72.0	122.7	304.9
十、期内现金支出（元）	**1686**	**5020.8**	**7260.9**
㈠生产费用支出	0.5	67.9	271.4
1.家庭经营费用支出	0.5	67.9	262.9
2.购置生产性固定资产支出	—	—	8.5
㈡税费支出	—	0.4	3.8
㈢生活消费支出	1675.5	4690.1	6676.1
＃服务性支出	277.4	1653.1	2097.3
㈣财产性支出	—	21.4	7.3
㈤转移性支出	10.0	241.0	302.3
十一、非消费性支出（元）	**30.0**	**525.6**	**1227.4**
㈠储蓄、借贷性支出	—	178.6	733.3
㈡非借贷性支出	30.0	347.0	494.1
十二、期末金融资产余额（元）	**2352.5**	**6197.4**	**6408.3**
＃手存现金	352.5	608.1	1378.3
存款余额	2000.0	5571.4	4971.7
十三、期末债务余额（元）	—	—	**66.7**

续表 3

9000～12000 元	12000～15000 元	15000～18000 元	18000～21000 元	21000 元以上
11.4	9.2	—	29.9	—
187.9	178.2	57.7	67.4	276.5
713.3	589.9	325.1	1062.7	2637.0
10210.1	**13413.6**	**16911.3**	**19201.4**	**22302.0**
10184.9	13392.2	16919	19175.6	22298.3
10521.9	**14069.2**	**17193.8**	**19399.8**	**23281.9**
7557.2	7842.0	11315.8	16943.1	19554.3
855.7	2635.1	2896.3	440.7	3152.0
1046.3	2476.8	1523.5	1365.3	66.4
1062.6	1115.3	1458.2	650.7	509.2
719.5	**2387.1**	**3576.4**	**2525.7**	**17111.0**
353.8	1392.9	1554.5	1714.3	16383.3
365.7	994.2	2021.9	811.4	727.7
7200.1	**8996.5**	**10773.1**	**9697.9**	**34053.9**
25.4	96.1	28.2	13.3	—
25.4	96.1	28.2	13.3	—
—	—	—	—	—
4.0	7.7	—	—	—
6457.4	8302.8	10419.8	8621.9	31416.9
2098.0	3487.3	4593.9	3284.8	11314.5
—	—	—	—	—
713.3	589.9	325.1	1062.7	2637.0
2049.6	**3052.2**	**2072.8**	**4739.3**	**4909.2**
668.4	1321.4	850.0	3785.7	2500.0
1381.2	1730.8	1222.8	953.6	2409.2
13121.6	**13405.7**	**9236.6**	**15355.3**	**28539.3**
1790.1	1650.4	1476.6	2355.3	1539.3
10510.5	11755.3	7760.0	13000.0	13666.7
315.8	**607.1**	—	—	**5000.0**

表 12-13

农村居民家庭户型和纯收

	按户型分组		
	农业兼业户	非农兼业户	非农业户
一、调查户数（户）	**2**	**9**	**89**
二、家庭常住人口（人）	**8**	**37**	**332**
#在校学生人数	2	5	57
#7～15 岁在校学生人数	2	2	33
三、整半劳动力数（人）	**6**	**23**	**231**
#男劳动力人数	3	11	123
整劳动力	4	16	153
受过专业培训的人数	2	10	88
四、农村住户就业劳动力人数（人）	**6**	**22**	**215**
1.第一产业就业劳动力	—	—	1
2.第二产业就业劳动力	1	5	95
#工　业	—	5	84
3.第三产业就业劳动力	5	17	119
五、总收入（元）	**16507.0**	**6716.6**	**10282.1**
㈠工资性收入	4426.5	4359.7	7251.5
1.在非企业组织中劳动得到收入	—	347.8	1264.1
2.在本乡地域内劳动得到收入	4426.5	4011.9	5984.7
#在企业中劳动得到收入	4276.5	3979.4	5810.4
3.外出从业得到收入	—	—	2.7
㈡家庭经营收入	11694.6	1470.2	1022.9
1.第一产业收入	10803.8	876.1	38.8
2.第二产业收入	75.0	85.8	206.8
3.第三产业收入	815.8	508.3	777.3
㈢财产性收入	12.5	94.2	1108.4
㈣转移性收入	373.4	792.5	899.3
六、总支出（元）	**8745.6**	**5151.5**	**8059.0**
㈠家庭经营费用支出	3973.5	169.3	33.5
㈡购置、建造生产性固定资产支出	—	27.6	—
㈢税费支出	—	—	3.9

入五等分分组表（2006 年）

按五等分组				
低收入户	中低收入户	中等收入户	中高收入户	高收入户
20	**20**	**20**	**20**	**20**
79	**75**	**80**	**69**	**74**
14	10	15	13	12
7	6	9	8	7
48	**50**	**55**	**54**	**53**
26	27	27	28	29
33	31	41	36	32
14	18	21	25	22
44	**44**	**53**	**50**	**52**
1	—	—	—	—
13	19	23	22	24
8	19	22	20	—
30	25	30	28	28
4839.3	**7378.4**	**9663.4**	**12213.7**	**16793.3**
3248.6	5211.8	6860.3	8253.2	11329.5
63.3	245.0	1208.9	1784.7	2558.2
3185.3	4954.8	5651.4	6468.5	8771.3
3098.8	4928.9	5596.9	5923.2	8642.7
—	12.0	—	—	—
577.9	818.9	1394.3	1233.5	2484.2
161.1	120.3	910.1	31.2	473.4
69.1	84.9	121.7	249.3	454.8
347.7	613.7	362.5	953.0	1556.0
371.2	476.8	739.2	1392.4	2044.4
641.6	870.9	669.6	1334.6	935.2
4740.5	**8528.7**	**6018.1**	**9067.9**	**11011.1**
96.0	19.9	387.2	13.0	111.1
—	13.6	—	—	—
1.3	4.9	2.6	3.3	5.0

表 12-13

	按户型分组		
	农业兼业户	非农兼业户	非农业户
㈣生活消费支出	4602.3	4506.6	7509.7
1.食品消费支出	2390.2	1744.3	2780.6
⑴食品消费品支出	2066.5	1559.6	2242.4
#谷　物	215.0	192.2	202.4
食用油	10.9	44.1	56.8
蔬菜及制品	91.0	141.4	209.9
肉、禽、蛋、奶及制品	430.0	433.6	618.9
水产品及制品	119.2	189.3	252.6
烟、酒	673.0	215.0	480.2
茶叶、饮料	81.2	63.2	60.8
⑵食品消费服务性支出	323.7	184.7	538.2
#在外饮食	319.7	184.1	516.5
食品加工费	4.0	0.6	21.0
2.衣着消费支出	457.3	549.5	431.1
#衣着消费品支出	457.3	548.1	430.8
#服　装	401.8	429.0	331.7
鞋　类	39.8	103.2	78.6
3.居住消费支出	334.9	371.1	1718.7
⑴居住消费品支出	88.3	138.8	1062.0
#建筑生活用房材料	—	6.5	128.5
装修、维修生活用房材料	—	3.6	402.0
生活用燃料	88.3	128.7	99.2
⑵居住消费服务性支出	246.6	232.3	656.7
#建筑、维修生活用房雇工工资	—	8.1	339.8
生活用水	32.9	16.2	47.0
生活用电	213.8	208.0	255.3
4.家庭设备、用品消费支出	137.0	149.6	463.0
⑴家庭设备用品消费品支出	118.8	147.4	444.1
#日用品	114.6	78.3	108.8

续表 1

按五等分组				
低收入户	中低收入户	中等收入户	中高收入户	高收入户
4453.7	8109.7	5264.4	8271.8	10064.8
2321.5	1973.9	2145.5	3343.8	3689.4
1948.1	1700.5	1741.6	2768.9	2796.1
191.5	182.4	147.8	255.3	240.6
39.5	47.8	48.2	89.7	51.5
207.1	166.9	143.3	254.1	239.9
526.2	556.0	559.9	659.0	695.2
218.8	192.7	188.0	363.8	269.9
431.1	215.9	281.6	625.7	767.7
52.6	49.1	55.7	57.1	93.6
373.4	273.4	403.9	574.9	893.3
368.7	273.1	390.7	573.1	816.7
4.4	0.3	13.2	1.9	73.9
189.2	368.8	440.0	579.7	666.3
188.8	368.8	439.4	578.8	666.2
135.3	280.8	331.4	452.3	537.3
39.8	71.6	85.0	101.3	107.0
254.6	3813.3	384.1	1044.8	2406.9
133.3	2793.8	139.8	371.0	1372.8
6.6	278.0	29.5	39.7	222.1
42.4	491.4	16.7	229.0	1030.5
84.3	110.9	93.6	102.2	120.2
121.3	1019.5	244.3	673.8	1034.1
8.8	761.3	—	161.2	597.4
9.1	26.1	44.2	78.0	65.9
103.3	212.1	200.1	386.1	370.8
153.5	372.5	225.6	878.6	562.4
143.2	364.4	210.2	855.3	532.3
68.6	56.4	128.3	102.5	175.1

表 12-13

	按户型分组		
	农业兼业户	非农兼业户	非农业户
家具类	—	—	138.3
机电设备	—	53.5	163.4
⑵家庭设备用品服务性消费支出	18.2	2.2	18.9
5.交通和通讯消费支出	741.7	317.0	525.8
⑴交通和通讯用品支出	332.8	127.6	168.0
#交通工具	263.8	56.8	63.1
通讯工具	—	61.7	58.0
⑵交通和通讯服务消费支出	408.9	189.4	357.8
#交通消费服务支出	80.6	52.5	135.6
通讯消费服务支出	328.3	136.9	222.2
#通讯费	328.3	135.2	219.8
6.文化体育教育娱乐消费支出	151.7	750.2	813.5
⑴文体教娱用品消费支出	57.2	77.2	223.9
#文教、娱乐用机电消费品	—	68.4	180.5
书、报、杂志	44.2	2.4	18.1
⑵教育服务消费支出	90.0	611.1	358.5
#学杂费	90.0	598.4	278.0
⑶文化体育娱乐服务消费支出	4.5	61.9	231.1
#旅　游	4.4	10.1	66.2
休闲娱乐费	0.1	34.1	74.2
7.医疗保健消费支出	190.0	485.6	406.1
⑴医疗保健用品	155.5	166.0	87.2
#医疗卫生用品	155.5	164.7	86.7
#药　品	155.5	164.7	86.7
⑵医疗保健服务消费支出	34.5	319.6	318.9
#医疗费	34.5	319.0	309.7
8.其他商品和服务消费支出	199.5	139.3	370.9
⑴其他商品支出	133.4	111.4	208.1
#首　饰	—	—	66.3

续表 2

按五等分组				
低收入户	中低收入户	中等收入户	中高收入户	高收入户
5.8	84.8	18.8	392.5	142.3
63.8	208.7	45.5	254.2	193.9
10.3	8.1	15.4	23.3	30.1
311.7	377.6	483.4	751.5	658.7
120.1	137.6	170.0	249.7	168.8
65.8	50.8	85.2	77.0	54.2
45.6	43.3	23.2	145.8	37.3
191.6	240.0	313.4	501.8	489.9
80.5	67.5	91.0	184.1	219.1
111.1	172.5	222.3	317.7	270.8
109.8	170.3	220.2	315.4	267.3
711.6	692.6	928.1	723.6	901.5
171.6	221.7	251.1	173.6	208.3
131.1	182.7	222.9	137.7	149.3
23.4	8.2	13.4	16.4	24.0
414.5	297.8	412.2	374.9	383.6
385.5	280.1	366.9	214.3	264.2
125.5	173.1	264.8	175.1	309.6
44.1	7.5	74.8	59.5	111.6
40.2	65.3	72.9	62.8	103.4
165.7	340.3	341.0	546.6	685.2
80.7	92.9	133.8	43.0	126.0
80.2	92.9	131.5	43.0	126.0
80.2	92.9	131.5	43.0	126.0
85.0	247.4	207.2	503.6	559.2
84.7	247.4	174.3	503.3	553.9
345.9	170.7	316.8	403.2	494.4
97.6	123.2	139.8	305.5	338.8
0.2	—	0.1	144.9	161.8

表 12-13

	按户型分组		
	农业兼业户	非农兼业户	非农业户
化妆品	—	7.0	9.0
⑵其他消费服务支出	66.1	27.9	162.8
㈤转移性支出	169.8	448.0	511.9
七、全年纯收入（元）	**12044.0**	**6372.0**	**9960.2**
#全年现金纯收入	11842.7	6206.6	9941.3
八、期内现金收入（元）	**15798.8**	**6521.7**	**10259.5**
㈠工资性收入	4426.5	4359.7	7251.5
㈡家庭经营现金收入	11182	1299.4	1007.2
㈢财产性收入	12.5	87.6	1106.6
㈣转移性收入	177.8	775	894.2
九、非收入现金所得（元）	**135.0**	**614.9**	**1983.5**
㈠借贷性现金所得	—	335.1	1443.4
㈡非借贷性现金所得	135.0	279.8	540.1
十、期内现金支出（元）	**7973.8**	**4982.8**	**8025.9**
㈠生产费用支出	3662.2	152.4	30.1
1.家庭经营费用支出	3662.2	124.8	30.1
2.购置生产性固定资产支出	—	27.6	—
㈡税费支出	—	—	3.9
㈢生活消费支出	4141.8	4350.0	7477.4
#服务性支出	1192.4	1630.5	2643.1
㈣财产性支出	—	32.4	2.6
㈤转移性支出	169.8	448.0	511.9
十一、非消费性支出（元）	**400.0**	**378.2**	**1996.2**
㈠储蓄、借贷性支出	—	—	965.4
㈡非借贷性支出	400.0	378.2	1030.8
十二、期末金融资产余额（元）	**16187.5**	**11419.0**	**9505.4**
#手存现金	562.5	878.5	1506.6
存款余额	15625.0	10513.5	7501.8
十三、期末债务余额（元）	—	—	**307.2**

续表 3

按五等分组				
低收入户	中低收入户	中等收入户	中高收入户	高收入户
0.5	14.5	12.8	3.2	11.8
248.3	47.5	177.0	97.7	155.6
189.5	380.6	363.9	779.8	830.2
4628.4	**7151.6**	**9167.0**	**11401.0**	**16444.4**
4593.5	7084.7	9120.1	11383.3	16427.3
4797.8	**7299.6**	**9610.0**	**12187.8**	**16723.5**
3248.6	5211.8	6860.3	8253.2	11329.5
544.4	752.0	1347.8	1218.0	2441.1
363.2	476.8	739.2	1389.0	2044.4
641.6	859.0	662.7	1327.6	908.5
240.4	**3272.6**	**524.5**	**1798.1**	**3404.1**
—	2990.6	336.4	1260.9	2072.8
240.4	282.0	188.1	537.2	1331.3
4671.3	**8459.6**	**5961.5**	**9036.8**	**10928.8**
65.2	30.1	382.6	11.8	82.4
65.2	16.5	382.6	11.8	82.4
—	13.6	—	—	—
1.3	4.9	2.6	3.3	5.0
4392.2	8040.6	5212.4	8241.9	10011.2
1570.1	2307.0	2038.6	2926.1	3855.6
23.1	3.4	—	—	—
189.5	380.6	363.9	779.8	830.2
806.0	**870.8**	**1635.6**	**2580.5**	**3270.8**
491.1	376	968.8	594.2	1824.3
314.9	494.8	666.8	1986.3	1446.5
5745.9	**5811.7**	**12363.8**	**9878.7**	**15503.5**
556.0	1183.7	2120.0	1471.1	1802.5
5177.2	4574.7	9268.8	8364.1	12619.9
—	—	**350.0**	**637.7**	**405.4**

主要统计指标解释

常住人口 指全年经常在家或在家居住 6 个月以上，而且经济生活和本户连成一体的人口。在外劳动的合同工、临时工和其他副业工，他们在外劳动虽然超过 6 个月，但其收入主要带回家中，仍要计算在内。

城镇居民家庭就业人口 指城镇居民从事社会劳动并取得劳动报酬或经营收入的人口。就业人口包括通过国家统筹规划和指导由劳动部门介绍就业，自愿组织起来就业和自谋职业等方式，在国有、集体所有制、中外合资、中外合作、外商在华独资的企事业单位和私营企业单位工作或从事个体劳动的有固定性职业或临时性职业的人口。被聘用和留用的离退休人员也计入就业人口。本指标可以反映城镇居民的就业情况，是计算就业面、负担系数的重要资料。

农村居民家庭整半劳动力 指农村常住居民家庭成员中有劳动能力并经常参加实际劳动的人员。既包括在上述规定劳动年龄内和在劳动年龄以外有劳动能力并经常参加实际劳动的男女整半劳动力，也包括农民家庭常住人员中属于职工的劳动力。但不包括在劳动年龄内已丧失劳动能力的人员。

城镇居民家庭全部收入 指被调查城镇居民家庭全部的实际现金收入，包括经常或固定得到的收入和一次性收入。不包括周转性收入，如提取银行存款、向亲友借入款、收回借出款以及其他各种暂收款。

农村居民家庭全年总收入 指农村常住居民家庭年内从各种来源得到的全部实际收入(包括现金收入和实物收入)。由基本收入、转移性收入和财产性收入三部分组成。基本收入包括劳动者的报酬收入和家庭经营收入。

城镇居民家庭可支配收入 指被调查城镇居民家庭在支付个人所得税之后，所余下的实际收入。计算公式为：可支配收入=实际收入－个人所得税－家庭副业生产支出－记账补贴。

农村居民家庭纯收入 指农村常住居民家庭总收入中，扣除从事生产和非生产经营费用支出、缴纳税款和上交承包集体任务金额以后剩余的，可直接用于进行生产性、非生产性建设投资、生活消费和积蓄的那一部分收入。既包括从事生产性和非生产性的经营收入，又包括取自在外人口寄回带回和国家财政救济、各种补贴等非经营性收入；既包括货币收入，又包括自产自用的实物收入。但不包括向银行、信用社和向亲友借款等属于借贷性的收入。其计算公式为：纯收入=全年总收入－家庭经营费用支出－交纳税金－上交集体承包任务－集体提留和摊派－生产性固定资产折旧－调查补贴。

全年总支出 指农村常住居民家庭用于生产、生活和再分配等方面的全部实际支出。包括家庭经营费用支出、购置生产用固定资产支出、缴纳税款、上交集体承包任务、集体提留和各种摊派、生活消费支出和其他非借贷性支出。但借贷性支出不包括在内。

城镇(农村)居民家庭生活消费支出 指城镇(农村)常住居民家庭年内用于日常生活的全部开支。包括用于吃、穿、住、烧、用等生活消费品开支和文化、生活服务费用开支两大部分。不包括罚没、丢失款和缴纳的各种税款(如个人所得税、牌照税、房产税等)，也不包括生产经营过程中发生的各项费用。

城镇(农村)居民家庭商品性支出 指城镇(农村)常住居民家庭用其货币收入，在市场上购买食品、衣着、家庭用家具器皿、日用杂品、燃料、耐用消费品以及文教卫生用品等生活消费品总量。包括向国有商店、集体商店和集市贸易市场以及其他流通渠道购买的全部生活消费品。不论自用的或赠送亲友的都包括在内。

人才资源 科技活动

表 13-1

专业技术人员基本情况

（2006 年末）　单位：人

	合计	国有集体	三资	私营
总　　计	**34612**	**8084**	**15175**	**11353**
#女	13505	4551	4970	3984
按专业技术职务分				
#高　级	1701	853	430	418
#正高级	15	15	—	—
中　级	6876	3341	2109	1426
初　级	10692	3488	3832	3372
按学历分				
研究生	297	26	156	115
大学本科	11497	3510	4831	3156
大学专科	11941	2848	5376	3717
中　专	7390	1194	3545	2651
高中及以下	3487	506	1267	1714
按产业分				
第一产业	594	194	193	207
第二产业	20183	28	11948	8207
#工　业	19457	—	11948	7509
第三产业	13835	7862	3034	2939

表 13－2　国有集体企事业单位专业技术人员基本情况

(2006 年末)　　单位：人

	合计	女	少数民族	中共党员	按专业技术职务分			
					高级	正高级	中级	初级
总　计	**8084**	**4551**	**11**	**2146**	**853**	**15**	**3341**	**3488**
＃女	4551	4551	6	774	262	3	1769	2242
在管理岗位工作的	234	45	—	199	124	3	92	10
具有职业资格证书的	6921	3871	11	1570	759	14	2838	2901
一、按专业技术职务分								
高级职务	853	262	4	503	853	—	—	—
＃正高级职务	15	3	—	10	—	15	—	—
中级职务	3341	1769	5	1037	—	—	3341	—
初级职务	3488	2242	2	557	—	—	—	3488
未聘任专业技术职务	402	278	—	49	—	—	—	—
二、按专业类别分								
1. 工程技术人员	157	40	—	57	7	—	59	85
2. 农业技术人员	230	43	—	135	18	1	94	109
3. 卫生技术人员	1843	1151	—	338	74	10	604	1042
4. 教学人员	5400	3054	11	1419	747	4	2447	1965
5. 经济人员	100	39	—	48	—	—	30	60
6. 会计人员	237	174	—	75	1	—	45	181
7. 统计人员	12	9	—	4	—	—	3	9
8. 图书档案、文博人员	31	20	—	19	—	—	9	20
9. 律师公证人员	3	2	—	2	—	—	1	2
10. 工艺美术人员	6	1	—	1	1	—	3	2
11. 体育人员	4	2	—	1	—	—	4	—
12. 艺术人员	41	12	—	30	3	—	29	9
13. 政工人员	20	4	—	17	2	—	13	4

表 13-3 国有集体企事业单位专业技术人员学历结构情况

（2006 年末） 单位：人

	合计	按学历分				
		研究生	大学本科	大学专科	中专	高中及以下
总计	**8084**	**26**	**3510**	**2848**	**1194**	**506**
#女	4551	11	1933	1711	704	192
在管理岗位工作的	234	—	122	75	27	10
具有职业资格证书的	6921	19	3120	2399	1047	336
一、按专业技术职务分						
高级职务	853	4	667	172	8	2
#正高级职务	15	—	10	5	—	—
中级职务	3341	8	1421	1238	544	130
初级职务	3488	6	1232	1275	620	355
未聘任专业技术职务	402	8	190	163	22	19
二、按专业类别分						
1. 工程技术人员	157	—	66	56	12	23
2. 农业技术人员	230	3	29	70	39	89
3. 卫生技术人员	1843	7	373	583	622	258
4. 教学人员	5400	15	2979	1901	425	80
5. 经济人员	100	1	28	54	8	9
6. 会计人员	237	—	18	133	58	28
7. 统计人员	12	—	—	2	1	9
8. 图书档案、文博人员	31	—	8	17	3	3
9. 律师公证人员	3	—	3	—	—	—
10. 工艺美术人员	6	—	1	1	2	2
11. 体育人员	4	—	1	3	—	—
12. 艺术人员	41	—	1	19	21	—
13. 政工人员	20	—	3	9	3	5

表 13-4 国有集体企事业单位专业技术

	合　计	农　林 牧渔业	建筑业	交通运 输仓储 邮政业
总　　计	**8084**	**194**	**28**	**41**
#在管理岗位工作的	234	—	—	—
具有职业资格证书的	6921	42	21	1
一、按专业技术职务分				
高级职务	853	15	3	1
#正高级职务	15	1	—	—
中级职务	3341	71	11	19
初级职务	3488	99	14	19
未聘任专业技术职务	402	9	—	2
二、按专业类别分				
1.工程技术人员	157	7	24	11
2.农业技术人员	230	168	—	—
3.卫生技术人员	1843	—	—	—
4.教学人员	5400	1	—	—
5.经济人员	100	4	2	10
6.会计人员	237	11	1	14
7.统计人员	12	3	—	—
8.图书档案、文博人员	31	—	1	1
9.律师公证人员	3	—	—	—
10.工艺美术人员	6	—	—	—
11.体育人员	4	—	—	—
12.艺术人员	41	—	—	—
13.政工人员	20	—	—	5

人员行业分布情况(2006 年末)

单位：人

水利环境和公共设施管理业	居民服务和其他服务业	教育	卫生、社会保障和福利业	文化体育和娱乐业	公共管理和社会组织	其他行业
92	**102**	**5483**	**1955**	**62**	**72**	**55**
—	9	211	13	—	1	—
—	18	5058	1727	4	46	4
2	1	748	74	3	1	5
—	—	4	10	—	—	—
20	34	2465	632	39	33	17
67	64	2020	1123	20	30	32
3	3	250	126	—	8	1
52	14	2	13	—	19	15
21	28	—	—	—	1	12
—	—	17	1826	—	—	—
—	2	5396	—	—	—	1
4	37	1	10	—	25	7
14	18	52	83	10	19	15
—	1	—	6	—	2	—
—	1	13	5	6	2	2
—	—	—	1	—	2	—
—	1	—	3	1	1	—
—	—	—	—	4	—	—
—	—	—	—	41	—	—
1	—	2	8	—	1	3

表 13-5

国有集体企事业单位分行业专业

	合 计	农 林 牧渔业	建筑业	交通运输仓储邮政业	水利环境和公共设施管理业
合 计	**8084**	**194**	**28**	**41**	**92**
#女	4551	44	8	18	23
少数民族	11	—	—	—	—
中共党员	2146	107	11	20	36
硕 士	42	1	—	1	—
一、按学历分					
研究生	26	1	—	—	—
大学本科	3510	27	14	15	18
大学专科	2848	58	7	24	33
中 专	1194	39	4	1	7
高中及以下	506	69	3	1	34
二、按年龄分					
35 岁及以下	4538	42	15	18	37
36 岁至 40 岁	1257	29	5	10	15
41 岁至 45 岁	859	31	5	6	11
46 岁至 50 岁	548	41	2	3	8
51 岁至 54 岁	507	22	—	2	12
55 岁及以上	375	29	1	2	9

技术人员结构分类情况(2006年末)

单位：人

居民服务和其他服务业	教育	#各类学校	卫生、社会保障和福利业	#各类医院、卫生所	文化体育和娱乐业	公共管理和社会组织	其他行业
102	**5483**	**5284**	**1955**	**1866**	**62**	**72**	**55**
37	3125	3016	1222	1174	22	34	18
—	11	11	—	—	—	—	—
58	1438	1331	372	339	43	32	29
—	34	29	5	5	—	—	1
1	15	13	7	6	—	—	2
25	2990	2824	387	363	3	20	11
48	1945	1927	636	598	30	34	33
8	443	441	651	632	28	10	3
20	90	79	274	267	1	8	6
45	3310	3203	1024	985	—	25	22
9	837	793	317	300	9	17	9
18	529	514	224	204	15	13	7
11	313	301	143	138	13	8	6
8	271	258	166	161	14	6	6
11	223	215	81	78	11	3	5

表 13-6 国有集体企事业单位专业技术人员年龄结构情况

（2006 年末）

单位：人

	合计	按年龄分					
		35 岁及以下	36 岁至 40 岁	41 岁至 45 岁	46 岁至 50 岁	51 岁至 54 岁	55 岁及以上
总　　计	**8084**	**4538**	**1257**	**859**	**548**	**507**	**375**
＃女	4551	3092	713	387	194	151	14
在管理岗位工作的	234	18	42	57	47	37	33
具有职业资格证书的	6921	3975	1089	728	437	412	280
一、按专业技术职务分							
高级职务	853	55	278	246	78	95	101
＃正高级职务	15	—	—	3	4	5	3
中级职务	3341	1392	694	416	344	295	200
初级职务	3488	2711	282	189	123	113	70
未聘任专业技术职务	402	380	3	8	3	4	4
二、按专业类别分							
1. 工程技术人员	157	72	30	31	8	8	8
2. 农业技术人员	230	43	29	36	50	33	39
3. 卫生技术人员	1843	973	291	207	136	158	78
4. 教学人员	5400	3281	819	508	303	267	222
5. 经济人员	100	45	23	16	6	9	1
6. 会计人员	237	107	51	38	25	9	7
7. 统计人员	12	1	1	3	2	3	2
8. 图书档案、文博人员	31	12	5	8	2	2	2
9. 律师公证人员	3	2	1	—	—	—	—
10. 工艺美术人员	6	1	2	1		1	1
11. 体育人员	4	—	1	1	1	—	1
12. 艺术人员	41	—	3	8	10	12	8
13. 政工人员	20	1	1	2	5	5	6

表 13-7　非公经济专业技术人员产业分类情况

（2006 年末）　单位：人

	合计	#女	按产业分			
			第一产业	第二产业	#工业	第三产业
合　计	**26528**	**8954**	**400**	**19072**	**18374**	**7056**
一、外国和港澳台资企业	**15175**	**4970**	**193**	**11396**	**11396**	**3586**
1.按职称级别分						
(1)高级职称	430	112	2	330	330	98
(2)中级职称	2109	897	24	1679	1679	406
(3)初级职称	3832	1252	62	2783	2783	987
(4)未评聘职称	8804	2709	105	6604	6604	2095
2.按专业类别分						
(1)研发人员	706	162	—	706	706	—
(2)工程技术人员	9535	2971	58	8038	8038	1439
(3)其他人员	4934	1837	135	2652	2652	2147
二、私营企业	**11353**	**3984**	**207**	**7676**	**6978**	**3470**
1.按职称级别分						
(1)高级职称	418	79	1	243	222	174
(2)中级职称	1426	505	18	932	790	476
(3)初级职称	3372	758	65	2678	2283	629
(4)未评聘职称	6137	2722	123	3823	3683	2191
2.按专业类别分						
(1)研发人员	510	168	—	510	510	—
(2)工程技术人员	6971	2115	140	5395	4933	1436
(3)其他人员	3872	1781	67	1771	1535	2034

表 13-8 非公经济专业技术人员学历分类情况

(2006 年末) 单位：人

	合计	按学历分				
		研究生	大学本科	大学专科	中专	高中及以下
合　计	**26528**	**271**	**7987**	**9093**	**6196**	**2981**
一、外国和港澳台资企业	**15175**	**156**	**4831**	**5376**	**3545**	**1267**
1.按职称级别分						
(1)高级职称	430	72	234	108	16	
(2)中级职称	2109	62	985	651	106	305
(3)初级职称	3832	13	1062	1372	813	572
(4)未评聘职称	8804	9	2550	3245	2610	390
2.按专业类别分						
(1)研发人员	706	21	532	153	—	—
(2)工程技术人员	9535	88	3174	3473	2139	661
(3)其他人员	4934	47	1125	1750	1406	606
二、私营企业	**11353**	**115**	**3156**	**3717**	**2651**	**1714**
1.按职称级别分						
(1)高级职称	418	63	215	108	32	—
(2)中级职称	1426	39	683	530	167	7
(3)初级职称	3372	10	1262	1135	768	197
(4)未评聘职称	6137	3	996	1944	1684	1510
2.按专业类别分						
(1)研发人员	510	23	362	125	—	—
(2)工程技术人员	6971	65	2093	2573	1435	805
(3)其他人员	3872	27	701	1019	1216	909

表 13-9　专利、科技计划及科技成果

	单位	累　计	2006 年	2005 年
一、专利				
1.专利申请	件	3373	673	506
#发　明	件	271	119	49
新　型	件	981	151	142
外　观	件	2121	403	315
2.授权	件	1740	223	238
#发　明	件	69	19	18
新　型	件	687	116	96
外　观	件	984	88	124
二、科技计划项目				
1.星火计划	项	25	2	1
#国　家	项	7	1	—
江苏省	项	18	1	1
2.火炬计划	项	87	9	12
#国　家	项	29	3	5
江苏省	项	58	6	7
三、科技成果	项	193	25	31
#国家级	项	—	—	—
江苏省级	项	21	—	1
苏州市级	项	75	3	3
四、省高新技术产品	个	123	18	10
五、高新技术企业	家	47	4	5
#国家级重点高新企业	家	7	—	—
六、民营科技型企业	家	50	16	12

表 13-10 各区、镇、街道、部门高新技术产品与科技计划项目

(2006 年)

	高新技术产品(个)			科技计划项目(项)			
	国家级	省级	市级	星火火炬	农业		
					省级	市级	区级
度假区	—	1	—	—	—	3	6
开发区	—	5	—	4	—	1	3
长桥	1	3	—	3	—	—	—
角直	—	3	—	2	—	—	2
车坊	—	—	—	—	—	—	—
郭巷	—	—	—	—	—	—	—
藏书	—	—	—	—	—	—	—
木渎	—	3	—	2	—	—	—
胥口	—	1	—	—	—	3	2
横泾	—	—	—	—	—	—	1
浦庄	—	—	—	—	—	1	2
渡村	—	1	—	—	—	—	2
东山	—	—	—	—	1	2	5
光福	—	—	—	—	—	—	1
西山	—	1	—	—	—	3	5
经贸局	—	—	—	—	—	—	—
非经贸局	—	1	—	—	—	2	9

表 13-11

各区、镇、街道、部门科技成果

(2006 年)

	科技成果(项)						省以上高新技术企业(家)	国家级重点新产品(个)
	省　级		市　级		区　级			
	当年	累计	当年	累计	当年	累计		
度假区	—	—	—	1	—	12	—	—
开发区	—	3	1	17	5	45	—	—
长　桥	—	3	—	9	—	29	1	1
角　直	—	1	—	3	2	27	1	—
车　坊	—	—	—	—	—	1	—	—
郭　巷	—	1	—	4	1	10	—	—
藏　书	—	—	—	—	—	5	—	—
木　渎	—	4	—	7	6	61	—	—
胥　口	—	—	—	1	1	19	1	—
横　泾	—	—	—	2	—	9	—	—
浦　庄	—	—	—	2	—	4	—	—
渡　村	—	—	—	—	1	11	—	—
东　山	—	—	1	6	2	15	—	—
光　福	—	—	—	1	—	6	—	—
西　山	—	—	—	—	—	6	—	—
经贸局	—	7	—	15	—	45	—	—
非经贸局	—	3	1	14	5	85	1	—

注：专利成果累计数指 1996 年～2006 年累计数。

表 13-12 大中型工业企业科技活动企业、机构情况

（2006 年）

	企业数(个)	#有科技活动	#有R&D活动	#有新产品开发	企业办科技机构(个)
总　计	**107**	**72**	**52**	**69**	**21**
一、按企业规模分组					
大型企业	5	4	4	4	1
中型企业	102	68	48	65	20
二、按登记注册类型分组					
内资企业	**28**	**17**	**11**	**15**	**7**
国有企业	2	2	1	1	—
集体企业	1	—	—	—	—
有限责任公司	3	2	—	2	1
#其他有限责任公司	3	2	—	2	1
股份有限公司	1	1	1	1	4
私营企业	21	12	9	11	2
#私营独资企业	1	1	1	1	1
私营有限责任公司	17	9	6	8	1
私营股份有限公司	3	2	2	2	—
港、澳、台商投资企业	**28**	**17**	**12**	**16**	**5**
合资经营企业(港或澳、台资)	5	4	3	4	3
港、澳、台商独资经营企业	23	13	9	12	2
外商投资企业	**51**	**38**	**29**	**38**	**9**
中外合资经营企业	7	4	4	4	3
外资企业	44	34	25	34	6

表 13-12 续表

	企业数(个)	#有科技活动	#有R&D活动	#有新产品开发	企业办科技机构(个)
三、按工业行业大类分组					
食品制造业	1	1	1	1	—
纺织业	13	10	5	10	1
纺织服装、鞋、帽制造业	10	6	3	5	4
造纸及纸制品业	2	—	—	—	—
文教体育用品制造业	2	—	—	—	—
化学原料及化学制品制造业	4	3	3	3	1
医药制造业	2	2	2	2	1
化学纤维制造业	1	—	—	—	—
橡胶制品业	2	1	1	1	—
塑料制品业	5	3	2	3	2
非金属矿物制品业	7	5	4	4	3
黑色金属冶炼及压延加工业	1	1	1	1	—
金属制品业	2	1	1	1	—
通用设备制造业	5	4	4	3	2
专用设备制造业	6	3	2	3	1
交通运输设备制造业	1	1	—	1	—
电气机械及器材制造业	16	12	9	12	4
通信设备、计算机及其他电子设备制造业	24	17	13	17	2
仪器仪表及文化、办公用机械制造业	1	—	—	—	—
工艺品及其他制造业	1	1	1	1	—
电力、热力的生产和供应业	1	1	—	1	—

表 13-13 大中型工业企业科技

	科技活动人员合计	参加科技项目人员	科技管理和服务人员	#全时人员
总　计	**2995**	**2463**	**532**	**892**
一、按企业规模分组				
大型企业	678	619	59	167
中型企业	2317	1844	473	725
二、按登记注册类型分组				
内资企业	**773**	**626**	**147**	**213**
国有企业	65	55	10	9
有限责任公司	91	74	17	26
#其他有限责任公司	91	74	17	26
股份有限公司	277	242	35	106
私营企业	340	255	85	72
#私营独资企业	22	19	3	3
私营有限责任公司	293	221	72	62
私营股份有限公司	25	15	10	7
港、澳、台商投资企业	**867**	**766**	**101**	**228**
合资经营企业(港或澳、台资)	128	100	28	46
港、澳、台商独资经营企业	739	666	73	182
外商投资企业	**1355**	**1071**	**284**	**451**
中外合资经营企业	162	132	30	45
外资企业	1193	939	254	406

活动人员情况（2006 年）

单位：人

# R&D人员	# 机构人员	#科学家和工程师		R&D人员折合全时当量（人年）			
			高中级职称人员		#科学家和工程师	#全时人员	#试验发展
1273	**549**	**2185**	**643**	**1032**	**1026**	**896**	**1032**
228	67	299	64	191	191	162	191
1045	482	1886	579	841	835	734	841
361	**188**	**626**	**208**	**267**	**267**	**215**	**267**
47	—	55	23	21	21	9	21
—	27	74	20	—	—	—	—
—	27	74	20	—	—	—	—
149	98	253	106	139	139	129	139
165	63	244	59	108	108	77	108
19	18	19	—	6	6	2	6
131	45	210	59	87	87	60	87
15	—	15	—	15	15	15	15
285	**135**	**466**	**109**	**223**	**223**	**182**	**223**
17	38	100	42	16	16	16	16
268	97	366	67	207	207	166	207
627	**226**	**1093**	**326**	**541**	**535**	**499**	**541**
91	62	142	41	85	85	79	85
536	164	951	285	457	450	420	457

表 13-13

	科技活动人员合计	参加科技项目人员	科技管理和服务人员	#全时人员
三、按工业行业大类分组				
制造业	2939	2416	523	872
食品制造业	15	12	3	3
纺织业	202	148	54	71
纺织服装、鞋、帽制造业	352	296	56	124
化学原料及化学制品制造业	240	190	50	91
医药制造业	189	112	77	91
橡胶制品业	59	47	12	15
塑料制品业	99	88	11	41
非金属矿物制品业	170	135	35	45
黑色金属冶炼及压延加工业	19	15	4	5
金属制品业	15	10	5	5
通用设备制造业	139	113	26	29
专用设备制造业	70	58	12	25
交通运输设备制造业	10	7	3	4
电气机械及器材制造业	399	352	47	86
通信设备、计算机及其他电子设备制造业	911	786	125	229
工艺品及其他制造业	50	47	3	8
电力、燃气及水的生产和供应业	56	47	9	20
电力、热力的生产和供应业	56	47	9	20

续表

#R&D人员	#机构人员	#科学家和工程师	高中级职称人员	R&D人员折合全时当量（人年）	#科学家和工程师	#全时人员	#试验发展
1273	**549**	**2138**	**625**	**1032**	**1026**	**896**	**1032**
12	—	12	—	11	11	10	11
29	27	148	58	25	25	24	25
167	98	307	110	157	157	147	157
130	10	200	102	98	98	78	98
65	59	173	68	65	65	65	65
47	—	47	10	18	18	7	18
38	41	88	20	15	15	7	15
83	82	135	48	62	62	50	62
5	—	15	2	3	3	1	3
10	—	10	—	10	10	10	10
49	51	102	36	41	41	35	41
27	30	58	5	27	27	27	27
—	—	7	5	—	—	—	—
267	71	352	65	211	211	186	211
304	80	437	88	249	242	209	249
40	—	47	8	40	40	40	40
—	—	**47**	**18**	—	—	—	—
—	—	47	18	—	—	—	—

表 13-14

大中型工业企业科技

	科技项目数（项）	新产品项目	R&D项目
总　计	**173**	**142**	**100**
一、按企业规模分组			
大型企业	8	8	4
中型企业	165	134	96
二、按登记注册类型分组			
内资企业	**64**	**48**	**37**
国有企业	8	7	6
有限责任公司	5	3	—
#其他有限责任公司	5	3	—
股份有限公司	21	16	13
私营企业	30	22	18
#私营独资企业	5	4	4
私营有限责任公司	23	16	12
私营股份有限公司	2	2	2
港、澳、台商投资企业	**31**	**26**	**18**
#合资经营企业(港或澳、台资)	7	6	3
港、澳、台商独资经营企业	24	20	15
外商投资企业	**78**	**68**	**45**
#中外合资经营企业	10	10	6
外资企业	68	58	39

活动项目情况（2006年）

参加项目人员合计（人）	科学家和工程师	高中级职称	参加项目人员实际工作时间（人年）	项目经费内部支出（万元）	#R&D项目支出	#新产品项目支出
2109	**2075**	**592**	**1892**	**96296**	**46834**	**77223**
301	299	64	266	21125	15285	21125
1808	1776	528	1625	75171	31550	56098
601	**598**	**193**	**511**	**21404**	**10404**	**14688**
55	55	23	24	573	167	262
74	74	20	75	532	—	338
74	74	20	75	532	—	338
228	228	91	224	16019	8363	11568
244	241	59	188	4280	1875	2520
19	19	—	8	90	76	76
210	207	59	163	3996	1605	2250
15	15	—	16	194	194	194
466	**466**	**109**	**395**	**26940**	**14946**	**19495**
100	100	42	70	8155	1020	2495
366	366	67	324	18785	13926	17001
1042	**1011**	**290**	**986**	**47952**	**21484**	**43040**
132	132	41	124	6398	3851	6398
910	879	249	862	41554	17633	36641

表 13-14

	科 技 项目数 （项）	新产品 项 目	R＆D 项 目
三、按工业行业大类分组			
食品制造业	1	1	1
纺织业	12	11	5
纺织服装、鞋、帽制造业	26	20	15
化学原料及化学制品制造业	10	10	7
医药制造业	8	7	5
橡胶制品业	5	5	5
塑料制品业	5	4	2
非金属矿物制品业	18	17	12
黑色金属冶炼及压延加工业	2	1	1
金属制品业	1	1	1
通用设备制造业	9	7	6
专用设备制造业	4	4	2
交通运输设备制造业	2	2	—
电气机械及器材制造业	39	31	24
通信设备、计算机及其他电子设备制造业	26	18	13
工艺品及其他制造业	2	2	1
电力、热力的生产和供应业	3	1	—
四、按项目活动类型分组			
试验发展	100	97	100
研究与试验发展成果应用	73	45	—

续表 1

参加项目人员合计（人）	科学家和工程师	高中级职称	参加项目人员实际工作时间（人年）	项目经费内部支出（万元）	#R&D项目支出	#新产品项目支出
12	12	—	11	195	195	195
148	148	58	145	2684	737	2483
282	282	95	281	17324	8615	12738
190	190	102	161	7803	2104	7803
101	101	32	119	8753	3394	7176
47	47	10	18	908	908	908
88	88	20	77	8054	1564	2394
135	135	48	86	6163	3289	5851
15	15	2	7	495	145	145
10	10	—	10	96	96	96
102	102	36	86	2926	1286	2176
58	58	5	67	1363	401	1363
7	7	5	7	345	—	345
352	352	65	319	13494	6767	10905
468	434	88	405	24861	16977	22007
47	47	8	52	550	356	550
47	47	18	42	282	—	88
1234	1225	320	1075	46834	46834	45595
875	850	272	817	49462	—	31628

表 13-14

	科技项目数（项）	新产品项目	R&D项目
五、按项目来源分组			
国家科技项目	5	4	4
地方科技项目	4	3	4
其他企业委托科技项目	5	5	5
本企业自选科技项目	145	120	78
来自国外的科技项目	14	10	9
六、按项目合作形式分组			
与境外机构合作	11	8	7
与国内独立研究院所合作	3	3	2
与境内注册的外商独资企业合作	3	3	2
与境内注册的其他企业合作	3	3	2
以本企业所办科技机构为主完成	53	45	32
由本企业有关部门组成联合攻关小组协作完成	96	79	54
其　他	4	1	1
七、按项目技术经济目标分组			
开发全新产品	79	79	61
增加已有产品的功能	15	15	13
提高产品性能	48	48	23
提高劳动生产率	21	—	1
节约原材料	3	—	—
减少环境污染	4	—	—
其　他	3	—	2

续表 2

参加项目人员合计（人）	科学家和工程师	高中级职称	参加项目人员实际工作时间（人年）	项目经费内部支出（万元）	#R&D项目支出	#新产品项目支出
82	82	38	98	8652	2992	2992
64	64	25	43	986	986	348
35	35	21	17	143	143	143
1760	1726	440	1618	77787	39836	66314
168	168	68	116	8728	2877	7426
96	75	18	52	2042	1131	1206
43	43	22	47	2341	1435	2340
72	72	43	64	6259	1710	6259
30	30	10	25	2148	1163	2148
627	627	179	622	30834	16971	24321
1193	1180	312	1046	50887	24024	40340
48	48	8	36	1785	400	609
1112	1091	309	994	46339	35082	46339
166	166	32	117	4880	4283	4880
557	555	173	541	26004	6230	26004
163	160	34	145	9391	201	—
50	42	21	52	5812	—	—
36	36	8	24	1255	—	—
25	25	15	19	2615	1038	—

表 13-15　大中型工业企业科技活动经费筹集情况

(2006 年末)　　单位：万元

	科技活动经费筹集总额	企业资金	金融机构贷款	政府资金
总　计	**106379**	**95378**	**795**	**605**
一、按企业规模分组				
大型企业	29413	29413	—	—
中型企业	76966	65965	795	605
二、按登记注册类型分组				
内资企业	**22658**	**12797**	**400**	**560**
国有企业	590	590	—	—
有限责任公司	542	542	—	—
#其他有限责任公司	542	542	—	—
股份有限公司	17150	7749	—	500
私营企业	4376	3916	400	60
#私营独资企业	96	96	—	—
私营有限责任公司	4080	3620	400	60
私营股份有限公司	200	200	—	—
港、澳、台商投资企业	**35128**	**33993**	**395**	**40**
#合资经营企业(港或澳、台资)	8210	7075	395	40
港、澳、台商独资经营企业	26918	26918	—	—
外商投资企业	**48593**	**48588**	**—**	**5**
#中外合资经营企业	6492	6487	—	5
外资企业	42101	42101	—	—

表 13-15 续表

	科技活动经费筹集总额	企业资金	金融机构贷款	政府资金
三、按工业行业大类分组				
制造业	**106093**	**95092**	**795**	**605**
食品制造业	200	200	—	—
纺织业	2776	2776	—	—
纺织服装、鞋、帽制造业	18479	9078	—	500
化学原料及化学制品制造业	7808	7743	—	65
医药制造业	8760	8760	—	—
橡胶制品业	910	910	—	—
塑料制品业	8200	7505	195	—
非金属矿物制品业	6230	6230	—	—
黑色金属冶炼及压延加工业	495	495	—	—
金属制品业	100	100	—	—
通用设备制造业	3002	2162	600	40
专用设备制造业	1380	1380	—	—
交通运输设备制造业	345	345	—	—
电气机械及器材制造业	13712	13712	—	—
通信设备、计算机及其他电子设备制造业	33141	33141	—	—
工艺品及其他制造业	555	555	—	—
电力、燃气及水的生产和供应业	**286**	**286**	**—**	**—**
电力、热力的生产和供应业	286	286	—	—

表 13-16 大中型工业企业科技活

	科技活动经费支出总额	科技活动经费内部支出	#新产品开发经费	1.经常费支出
总　　计	**100074**	**98721**	**94674**	**96904**
一、按企业规模分组				
大型企业	21406	21326	21125	21326
中型企业	78668	77395	73549	75578
二、按登记注册类型分组				
内资企业	**23299**	**22291**	**20347**	**21641**
国有企业	772	769	262	587
有限责任公司	542	542	536	542
#其他有限责任公司	542	542	536	542
股份有限公司	17397	16453	16019	16200
私营企业	4588	4527	3530	4312
#私营独资企业	96	96	90	96
私营有限责任公司	4292	4231	3246	4016
私营股份有限公司	200	200	194	200
港、澳、台商投资企业	**27476**	**27392**	**26410**	**26992**
#合资经营企业(港或澳、台资)	8585	8561	8155	8161
港、澳、台商独资经营企业	18891	18831	18256	18831
外商投资企业	**49299**	**49038**	**47917**	**48271**
#中外合资经营企业	6572	6492	6398	6412
外资企业	42727	42546	41518	41859

动经费支出情况（2006 年）

单位：万元

原材料费	购买和自制设备费	2. 科研基建支出	科技活动经费外部支出	内部支出中R&D经费	经常费支出	试验发展	内部支出中固定资产购建	R&D固定资产购建
42616	**18487**	**1817**	**1353**	**46919**	**46834**	**46834**	**20304**	**7989**
5486	3079	—	80	15284	15284	15284	3079	1975
37130	15408	1817	1273	31615	31550	31550	17225	6014
12470	**3407**	**650**	**1008**	**10445**	**10404**	**10404**	**4057**	**1830**
90	18	182	3	178	167	167	199	12
122	104	—	—	—	—	—	104	—
122	104	—	—	—	—	—	104	—
10565	2391	253	944	8376	8362	8362	2644	1247
1693	894	215	61	1891	1875	1875	1110	571
17	8	—	—	76	76	76	8	6
1636	836	215	61	1621	1605	1605	1052	517
40	50	—	—	194	194	194	50	48
7722	**5438**	**400**	**84**	**14946**	**14946**	**14946**	**5838**	**2306**
2974	2838	400	24	1020	1020	1020	3238	253
4748	2600	—	60	13926	13926	13926	2600	2053
22424	**9642**	**767**	**261**	**21528**	**21484**	**21484**	**10409**	**3853**
2927	1782	80	80	3855	3851	3851	1862	967
19497	7860	687	181	17673	17633	17633	8547	2886

表 13-16

	科技活动经费支出总额	科技活动经费内部支出	#新产品开发经费	1. 经常费支出
三、按工业行业大类分组				
制造业	**99788**	**98435**	**94388**	**96618**
食品制造业	200	200	195	200
纺织业	2773	2723	2684	2723
纺织服装、鞋、帽制造业	18726	17782	17189	17529
化学原料及化学制品制造业	8103	8103	7803	7808
医药制造业	8960	8960	8753	8760
橡胶制品业	910	910	908	910
塑料制品业	8526	8465	8054	8065
非金属矿物制品业	6230	6180	5851	6180
黑色金属冶炼及压延加工业	495	495	495	495
金属制品业	100	100	96	100
通用设备制造业	3002	2932	2176	2932
专用设备制造业	1380	1380	1363	1380
交通运输设备制造业	345	345	345	345
电气机械及器材制造业	14361	14193	13100	13539
通信设备、计算机及其他电子设备制造业	25122	25112	24826	25097
工艺品及其他制造业	555	555	550	555
电力、燃气及水的生产和供应业	**286**	**286**	**286**	**286**
电力、热力的生产和供应业	286	286	286	286

续表

原材料费	购买和自制设备费	2. 科研基建支出	科技活动经费外部支出	内部支出中R&D经费	经常费支出	试验发展	内部支出中固定资产购建	R&D固定资产购建
42616	**18411**	**1817**	**1353**	**46919**	**46834**	**46834**	**20228**	**7989**
59	6	—	—	195	195	195	6	5
1398	339	—	50	737	737	737	339	139
11243	2471	253	944	8628	8615	8615	2724	1247
4619	1817	295	—	2124	2104	2104	2112	433
3342	2207	200	—	3401	3394	3394	2407	818
300	100	—	—	908	908	908	100	100
3459	2429	400	61	1564	1564	1564	2829	172
2701	1571	—	50	3289	3289	3289	1571	931
40	17	—	—	145	145	145	17	5
5	50	—	—	96	96	96	50	48
904	867	—	70	1286	1286	1286	867	370
240	444	—	—	401	401	401	444	88
270	—	—	—	—	—	—	—	—
5938	3166	654	168	6811	6767	6767	3820	1481
7748	2927	15	10	16978	16977	16977	2942	2152
350	—	—	—	356	356	356	—	—
—	**76**	—	—	—	—	—	**76**	—
—	76	—	—	—	—	—	76	—

表 13-17 大中型工业企业新产品产出情况

（2006 年）

	新产品产值（万元）	新产品销售收入（万元）	出口
总　计	**235166**	**222564**	**138749**
一、按登记注册类型分组			
内资企业	**62170**	**56720**	**41116**
国有企业	8150	2957	—
有限责任公司	5426	5426	3403
股份有限公司	33028	33028	33028
私营企业	15566	15309	4685
港、澳、台商投资企业	**15780**	**14582**	**7000**
合资经营企业(港或澳、台资)	12280	11332	4100
港、澳、台商独资经营企业	3500	3250	2900
外商投资企业	**157216**	**151262**	**90633**
中外合资经营企业	18468	18437	6707
外资企业	138748	132825	83926
二、按工业行业大类分组			
纺织业	5526	5526	3503
纺织服装、鞋、帽制造业	33028	33028	33028
化学原料及化学制品制造业	29113	28824	27471
医药制造业	78851	72979	31232
塑料制品业	5950	5900	1700
非金属矿物制品业	10221	9123	3100
通用设备制造业	12938	12938	4296
电气机械及器材制造业	45074	39781	24250
通信设备、计算机及其他电子设备制造业	13133	13133	8837
工艺品及其他制造业	1332	1332	1332

表 13-18

大中型工业企业专利申请及拥有情况

（2006 年）

	当年专利申请数（件）	发明专利	拥有发明专利总数（件）
总　计	**53**	**46**	**797**
一、按登记注册类型分组			
内资企业	**15**	**11**	**65**
国有企业	4	—	6
股份有限公司	6	6	24
私营企业	5	5	35
港、澳、台商投资企业	**1**	**1**	**43**
合资经营企业(港或澳、台资)	1	1	9
港、澳、台商独资经营企业	—	—	34
外商投资企业	**37**	**34**	**689**
中外合资经营企业	4	4	222
外资企业	33	30	467
二、按工业行业大类分组			
纺织服装、鞋、帽制造业	6	6	24
化学原料及化学制品制造业	5	5	11
医药制造业	2	2	67
塑料制品业	3	3	26
非金属矿物制品业	3	3	205
通用设备制造业	—	—	16
电气机械及器材制造业	34	27	448

表 13-19 大中型工业企业技术改造及引进、吸收情况

（2006 年） 单位：万元

	技术改造经费支出	引进国外技术经费支出	引进技术消化吸收经费支出	购买国内技术经费支出
总计	81640	17880	2306	4010
一、按登记注册类型分组				
内资企业	27974	6323	2306	510
国有企业	4650	—	—	—
有限责任公司	6230	—	—	—
股份有限公司	10125	6323	2306	—
私营企业	6969	—	—	510
港、澳、台商投资企业	20500	1854	—	—
合资经营企业(港或澳、台资)	17000	—	—	—
港、澳、台商独资经营企业	3500	1854	—	—
外商投资企业	33166	9703	—	3500
中外合资经营企业	1200	—	—	—
外资企业	31966	9703	—	3500
二、按工业行业大类分组				
纺织业	272	—	—	—
纺织服装、鞋、帽制造业	11625	6323	2306	—
化学原料及化学制品制造业	22106	768	—	—
医药制造业	6000	200	—	3500
橡胶制品业	—	1630	—	—
非金属矿物制品业	2200	—	—	—
黑色金属冶炼及压延加工业	500	—	—	—
通用设备制造业	17320	—	—	510
电气机械及器材制造业	9816	5364	—	—
通信设备、计算机及其他电子设备制造业	5571	3595	—	—
电力、热力的生产和供应业	6230	—	—	—

主要统计指标解释

独立研究与开发机构　指有明确的任务和研究方向，有一定学术水平的业务骨干和一定数量的研究人员，具有研究、开发、开展学术工作的基本条件，主要进行科学研究与技术开发活动，并且在行政上有独立的组织形式，财务上独立核算盈亏，有权与其他单位签订合同，在银行有单独户头的单位。

独立研究与开发机构职工　指在科学研究与技术开发机构工作，并由其支付工资的各种人员。包括长期职工和临时职工，不包括编制以外的离休、退休人员和停薪留职人员，但包括招聘人员。

国有单位科学技术人员　指已取得科学技术职称，或大学、中专毕业，以及国民经济各部门从工作实践中提拔，从事自然科学技术和社会科学技术的研究、教学、生产的专业人员和在企业、事业中从事科学技术业务管理工作的专业人员。本年鉴该项数据及以下分组均不包括在机关工作的专业人员。

专业技术人员　指从事专业技术工作和专业技术管理工作的人员，即企事业单位中已经聘任专业技术职务从事专业技术工作和专业技术管理工作的人员，以及未聘任专业技术职务，现在专业技术岗位上工作的人员。包括工程技术人员，农业技术人员，科学研究人员，卫生技术人员，教学人员，经济人员，会计人员，统计人员，翻译人员，图书资料、档案、文博人员，新闻出版人员，律师、公证人员，广播电视播音人员，工艺美术人员，体育人员，艺术人员及企业政治思想工作人员，共17个专业技术职务类别。

工程技术人员　指在国民经济各行业从事工程技术工作的自然科学技术专业人员，包括：高级工程师、工程师、助理工程师、技术员和未评定职称的技术人员。

农业技术人员　指在国民经济各行业从事农业技术工作的自然科学技术专业人员，包括：高级农艺师、农艺师、助办艺师、技术员和未评定职称的技术人员。

卫生技术人员　指在国民经济各行业从事卫生医务工作的自然科学技术专业人员，包括：正副主任医师、主治医师、医师、医(护)士和未评定职称的技术人员。

科学研究人员　指在国民经济各行业从事科学技术活动的自然科学技术专业人员，包括：正副研究员、助理研究员、研究实习员、技术员和未评定职称的技术人员。

教学人员　指在国民经济各行业从事自然科学技术方面教学活动的专业人员，包括：正副教授、讲师、助教、教师和在中学从事自然科学技术方面教学活动的人员。

科技活动　指在自然科学、农业科学、医药科学、工程与技术科学、人文与社会科学领域（简称科学技术领域）中，与科技知识的产生、发展、传播和应用密切相关的有组织的活动。可分为研究与试验发展（R&D）、研究与试验发展成果应用及相关的科技服务三类活动。

科技活动人员　指直接从事科技活动，以及专门从事科技活动管理和为科技活动提供直接服务的人员。累计从事科技活动的实际工作时间占全年制度工作时间 10%及以上的人员。（1）直接从事科技活动的人员包括：在独立核算的科学研究与技术开发机构、高等学校、各类企业及其他事业单位内设的研究室、实验室、技术开发中心及中试车间（基地）等机构中从事科技活动的研究人员、工程技术人员、技术工人及其他人员；虽不在上述机构工作，但编入科技活动项目（课题）组的人员；科技信息与文献机构中的专业技术人员；从事论文设计的研究生等。（2）专门从事科技活动管理和为科技活动提供直接服务的人员包括：独立核算的科学研究与技术开发机构、科技信息与文献机构、高等学校、各类企业及其他事业单位主管科技工作的负责人，专门从事科技活动的计划、行政、人事、财务、物资供应、设备维护、图书资料管理等工作的各类人员，但不包括保卫、医疗保健人员、司机、食堂人员、茶炉工、水暖工、清洁工等为科技活动提供间接服务的人员。

研究与试验发展（R&D） 指在科学技术领域，为增加知识总量，以及运用这些知识去创造新的应用而进行的系统的创造性的活动，包括基础研究、应用研究、试验发展三类活动。

科技活动经费筹集 指从各种渠道筹集到的计划用于科技活动的经费，包括政府资金、企业资金、事业单位资金、金融机构贷款、国外资金和其他资金等。

研究与发展经费支出 指报告期内用于研究与实验发展课题活动(基础研究、应用研究、实验发展)的全部实际支出。包括用于研究与发展课题活动的直接支出，还包括间接用于研究与发展活动的一切支出。

科技活动经费内部支出 指报告期内用于科技活动的实际支出包括劳务费、科研业务费、科研管理费，非基建投资购建的固定资产、科研基建支出以及其他用于科技活动的支出。不包括生产性活动支出、归还贷款支出及转拨外单位支出。

新产品 指采用新技术原理、新设计构思研制、生产的全新产品，或在结构、材质、工艺等某一方面比原有产品有明显改进，从而显著提高了产品性能或扩大了使用功能的产品。既包括政府有关部门认定并在有效期内的新产品，也包括企业自行研制开发，未经政府有关部门认定，从投产之日起一年之内的新产品。

研究与试验发展人员 指参与研究与试验发展项目研究、管理和辅助工作的人员，包括项目（课题）组人员， 企业科技行政管理人员和直接为项目（课题）活动提供服务的辅助人员。

专　利 是专利权的简称，是对发明人的发明创造经审查合格后，由专利局依据专利法授予发明人和设计人对该项发明创造享有的专有权。包括发明、实用新型和外观设计。

发　明 专利法及其实施细则所称的发明是指对有关产品、方法或其改进所提出的新的技术方案。

实用新型 专利法及其实施细则所称的实用新型是指对产品的形状、构造或者其结合所提出的适用实用的新的技术方案。

外观设计 专利法及其实施细则所称的外观设计是指对产品形状、图案、色彩或者其结合所作出的富有美感并适于工业上应用的新设计。

教育 文化 体育 卫生

表 14-1

教育事业基本情况

	学校数(所)		教职工数（人）		#专任教师数	
	2006 年	2005 年	2006 年	2005 年	2006 年	2005 年
合　　计	**73**	**79**	**5402**	**5406**	**4582**	**4567**
1.普通中学	26	26	2789	2806	2394	2377
(1)初　中	14	13			1371	1398
(2)高　中	12	13			1023	979
2.中等职业学校	9	9	490	491	356	355
3.小　学	36	42	2090	2079	1806	1810
4.特殊教育学校	2	2	33	30	26	25

表 14-1 续表

	招生数（人）		在校学生数（人）		毕业生数（人）	
	2006 年	2005 年	2006 年	2005 年	2006 年	2005 年
合　　计	**17165**	**17405**	**68347**	**71954**	**20988**	**22264**
1.普通中学	9588	10507	30902	33784	12347	13979
(1)初　中	5921	6223	18800	20624	7729	8861
(2)高　中	3667	4284	12102	13160	4618	5118
2.中等职业学校	2905	2592	7824	7731	2608	1963
3.小　学	4644	4284	29279	30228	5972	6292
4.特殊教育学校	28	22	342	211	61	30

表 14-2

入学率和升学率

单位：%

	2006 年	2005 年
学龄儿童入学率	100.0	100.0
小学毕业生升学率	100.0	100.0
初中毕业生升学率	98.1	97.2
高中毕业生升学率	75.1	76.8

表 14-3

幼儿园基本情况

（2006 年）

	单位	合 计		办学性质分		城乡分	
			女	1.教育部门办	2.民 办	城 市	县镇及农 村
1.园 数	所	42		27	15	16	26
2.班 数	个	415		333	82	128	287
3.入园幼儿数	人	5119	2311	4378	741	1321	3798
在园幼儿数	人	12762	5784	10950	1812	3488	9274
离园幼儿数	人	4104	1904	3548	556	1058	3046
4.教职工人数	人	923	892	686	237	407	516
#园 长	人	59	56	39	20	25	34
专任教师	人	613	613	495	118	251	362
保健员	人	67	67	49	18	21	46
其 他	人	184	156	103	81	110	74
5.代课教师	人	206	206	206	—	13	193

表 14-4 幼儿园园长、专任教师学历、职称情况

（2006 年末） 单位：人

	合计	园长	专任教师	城市	专任教师	镇及农村	专任教师
合　　计	**923**	**59**	**613**	**407**	**251**	**516**	**362**
＃教育部门办	686	39	495	248	176	438	319
民　办	237	20	118	159	75	78	43
一、学历情况							
本科毕业	130	35	95	56	43	74	52
专科毕业	446	21	425	176	166	270	259
高中阶段毕业	95	3	92	44	42	51	50
高中阶段毕业以下	1	—	1	—	—	1	1
二、职称情况							
中学高级	51	10	41	36	31	15	10
小学高级	199	32	167	82	72	117	95
小学一级	216	7	209	78	73	138	136
小学二级	57	2	55	21	20	36	35
小学三级	3	—	3	1	1	2	2
未 评 级	146	8	138	58	54	88	84

表 14-5

幼儿园、特殊教育办学条件

（2006 年末）

	单 位	幼儿园			特殊教育学校
		合 计	城 市	镇及农村	
1.学校占地面积	平方米	174699	54835	119864	11946
2.校舍建筑面积	平方米	81347	32777	48570	3405
#教学及辅助用房	平方米	55239	20593	34646	1899
行政办公用房	平方米	5047	2768	2279	180
生活用房	平方米	7936	3549	4387	1499
其他用房	平方米	13125	5867	7258	127
3.校园户外活动场	平方米	60836	24248	36588	—
4.图 书	册	66080	35748	30332	4325
5.教学用录像录音带	盘	5444	3599	1845	103

表 14-6

基础教育普及情况

单位：人

类 别	指 标	2006 年	2005 年
初 中	1.校内外学龄人口总数	14280	15270
	#女学生	7059	7712
	2.在校学龄人口数	14280	15270
	#女学生	7059	7712
	3.在校学生数	18800	20624
	#女学生	9224	10126
小 学	1.校内外学龄人口总数	28360	28838
	#女学生	13508	13822
	2.在校学龄人口数	28360	28838
	#女学生	13508	13822
	3.在校学生数	29279	30228
	#女学生	13879	14360

表 14－7 普通中、小学班级数和分年级在校学生数

(2006 年)

	班级数(个)	#教育部门和集体办	在校学生数(人)	#女学生	#教育部门和集体办
一、小学合计	**713**	**690**	**29279**	**13879**	**28536**
一年级	118	114	4644	2136	4505
二年级	114	110	4413	2127	4282
三年级	112	107	4522	2110	4362
四年级	118	114	4802	2295	4681
五年级	123	120	5191	2501	5098
六年级	128	125	5707	2710	5608
二、初中合计	**420**	**411**	**18800**	**9224**	**18454**
初一年级	135	132	5921	2932	5799
初二年级	136	133	6272	3038	6161
初三年级	149	146	6607	3254	6494
三、高中合计	**261**	**242**	**12102**	**5954**	**11257**
高一年级	78	73	3667	1832	3447
高二年级	91	84	4224	2071	3925
高三年级	92	85	4211	2051	3885

表 14-8 普通中、小学专任教师专业技术职称情况

（2006 年）

单位：人

	合 计	女
小学小计	**1806**	**1143**
中学高级	8	2
小学高级	1013	575
小学一级	616	427
小学二级	6	4
小学三级	—	—
未评职称	163	135
初中小计	**1371**	**681**
高 级	186	54
一 级	480	213
二 级	600	343
三 级	45	30
未 评 级	60	41
高中小计	**1023**	**514**
高 级	258	79
一 级	279	116
二 级	422	275
三 级	11	9
未 评 级	53	35

表 14-9 普通中、小学专任教师年龄和学历结构情况

（2006 年） 单位：人

	普通中学			小 学
	合 计	初 中	高 中	
合　计	**2394**	**1371**	**1023**	**1806**
一、年龄结构				
25 岁及以下	361	165	196	320
26～30 岁	700	414	286	474
31～35 岁	500	316	184	350
36～40 岁	362	187	175	233
41～45 岁	223	96	127	143
46～50 岁	83	61	22	144
51～55 岁	84	74	10	99
56～60 岁	77	55	22	43
61 岁及以上	4	3	1	—
二、学历结构				
研究生毕业	18	—	18	—
本科毕业	1950	972	978	462
专科毕业	409	386	23	1080
高中阶段毕业	17	13	4	259
高中阶段毕业以下	—	—	—	5

表 14-10

普通中学、小学学校办学条件

(2006年末)

	单位	普通中学			小学
		合计	高中	初中	
1.学校占地面积	平方米	1506024	1134908	371116	703587
2.校舍建筑面积	平方米	540015	403705	136310	257252
#教学及辅助用房	平方米	249228	179751	69477	125814
行政办公用房	平方米	61660	39184	22476	27012
生活用房	平方米	203011	174064	28947	40367
其他用房	平方米	26116	10706	15410	64059
3.体育运动场(馆)面积	平方米	454721	357183	97538	207459
4.计算机	台	5125	3036	2089	4526
5.图书藏量	册	975516	497253	478263	814686
6.电子图书藏量	册	160429	129269	31160	135780
7.体育运动场(馆)达标校数	所	25	11	14	35
8.体育器械配备达标校数	所	25	11	14	35
9.音乐器械配备达标校数	所	25	11	14	35
10.美术器械配备达标校数	所	25	11	14	35
11.数学自然实验仪器达标校数	所	25	11	14	35
12.建立校园网校数	所	25	11	14	35

表 14-11

中等职业教育(学校)学生情况

（2006 年）

单位：人

	合 计	#女学生	1. 普通中专学生	2. 职业高中学生
毕业生数	2608	1527	998	1610
#获得职业资格证书	1046	700	357	689
招生数	2905	1635	817	2088
#初中毕业	2905	1635	817	2088
在校学生数	7824	4469	2250	5574
一年级	2905	1635	817	2088
二年级	2406	1436	689	1717
三年级	2513	1398	744	1769

表 14-12

中等职业教育(学校)教职工情况

（2006 年末）

单位：人

	教职工人 数	专任教师	行政人员	教辅人员	工勤人员	聘请校外教师
合 计	**490**	**356**	**11**	**41**	**82**	**70**
其中：女	271	191	3	22	55	23
正高级	3	2	1	—	—	23
副高级	67	64	2	1	—	32
中 级	132	124	1	7	—	9
初 级	155	141	3	9	2	4
无职级	133	25	4	24	80	2

表 14-13

中等职业教育(学校)专任教师情况

（2006 年末）

单位：人

	合　计	女	正高级	副高级	中　级	初　级
合　　计	356	191	2	64	124	141
一、学历结构						
硕　士	4	2	—	3	1	—
本　科	306	167	2	55	109	118
专　科	45	21	—	6	13	23
高中及以下	1	1	—	—	1	—
二、年龄结构						
30 岁及以下	148	112	—	—	13	112
31～35 岁	97	47	—	3	73	20
36～40 岁	55	20	—	28	19	8
41～45 岁	24	6	1	9	13	—
46～50 岁	11	4	—	9	1	1
51～55 岁	12	2	1	8	3	—
56～60 岁	8	—	—	6	2	—
61 岁及以上	1	—	—	1	—	—
三、任课结构						
文化基础课	247	144	2	45	86	99
专业课、实习指导课	109	47	—	19	38	42
#双师型	12	8	—	2	8	2

表 14-14 中等职业教育(学校)办学条件

	单 位	2006 年末	2005 年末
占地面积	平方米	125821	127499
#运动场地面积	平方米	15580	15580
校舍建筑面积	平方米	66012	65370
教 室	平方米	12975	12975
图书室	平方米	1766	1766
实验室、实习场所	平方米	6594	6594
体育馆	平方米	100	100
会 堂	平方米	1915	1915
行政办公用房	平方米	7065	7065
生活用房	平方米	35597	34955
#学生宿舍	平方米	22922	22280
图书藏量	册	172953	255903
电子图书藏量	片	900	750
教学用计算机	台	1259	1046
语音实验室座位数	座	313	394
多媒体教室座位数	座	1082	1032
网上教学课程数	种	3	2
固定资产总值	万元	7138	6876

表 14-15

特殊教育学校班级、学生情况

（2006 年）

单位：人

	合　计	听力残疾	智力残疾
班数（个）	13	7	6
毕业生	61		
招生数	28		
在校学生	342	52	290
一年级	34	1	33
二年级	47	8	39
三年级	43	5	38
四年级	48	7	41
五年级	70	9	61
六年级	74	7	67
七年级	16	7	9
八年级	8	8	—
九年级	2	—	2
十年级及以上	—	—	—

表 14-16

特殊教育学校专任教师情况

（2006 年末）

单位：人

	合　计	女教师	受过特教专业培训
合　　计	**26**	**17**	**7**
一、学历结构			
#本科毕业	11	7	2
专科毕业	11	10	3
中专高中毕业	4	—	2
二、职称结构			
#小学高级	15	8	2
小学一级	8	6	5

表 14-17 电影、公共图书馆基本情况

	单　位	2006年	2005年
一、电影事业			
电影放映单位	个	5	5
影剧院	个	4	4
电影放映场次	场次	770	305
电影放映观众人次	万人次	27.4	15.4
电影放映收入	万元	15	24
二、公共图书馆			
1.机构数	个	1	1
职工人数	人	11	13
2.总藏书量	万册(件)	19.7	19.0
#古　籍	万册(件)	0.9	0.9
图　书	万册(件)	16	15.5
报　刊	万册(件)	2.8	2.6
3.发放借书证数	个	1850	1650
4.书刊外借人次	千人次	80	105
书刊外借册次	千册次	100.6	130
5.公共房屋建筑面积	平方米	3377	3377
#书库	平方米	605	605
阅览室	平方米	250	250
6.阅览室座席数	个	110	110
#少儿阅览室座席数	个	82	82

表 14-18 文物保护、艺术表演及体育事业基本情况

	单 位	2006 年	2005 年
一、文物保护			
1.机构数	个	3	1
职工人数	人	18	17
2.文物保护单位	处	91	92
#国家级	处	7	2
省 级	处	16	22
3.文物藏品	件	5129	5329
#一级品	件	52	52
4.参观人数	千人次	100	100
二、艺术表演团体			
1.剧团数	个	2	2
#沪剧团	个	1	1
评弹团	个	1	1
2.演职员工数	人	29	31
3.演出场次	场次	2749	2744
观众人数	千人次	451	570
三、四百米标准田径场	个	10	10
举办运动会	次	19	17
参赛人次	人次	7000	5000
#市级运动会	次	30	30
参赛人次	人次	1500	1380

表 14-19

各类卫生机构、床位及人员数

（2006 年末）

	机构数（个）	床位数（张）	人员数（人）
合　计	231	1609	2608
一、医　院	7	994	1191
综合医院	4	703	1038
专科医院	3	291	153
二、社区卫生服务中心	14	615	997
三、门诊部	13	—	130
综合门诊部	13	—	130
四、妇幼保健所、站	1	—	22
五、专科防治所、站	1	40	42
皮肤病与性病防治所	1	40	42
六、卫生防疫机构	2	—	106
卫生监督所	1	—	46
疾病控制中心	1	—	60
七、个体开业（诊所）	54	—	118
八、厂矿学校内设机构	36	—	44

注：机构数合计中含社区卫生服务站 70 个、卫生院下设诊所 34 个。14 家社区卫生服务中心中有 12 家同时挂卫生院牌子。

表 14-20

卫生技术人员分类情况（一）

（2006 年末）

单位：人

	合计	国有	集体	厂矿学校	私营	个体
合　　计	**2205**	**939**	**876**	**44**	**228**	**118**
一、医　生	**960**	**418**	**367**	**36**	**79**	**60**
中医执业医师	67	28	24	—	6	9
中医执业助理医师	8	1	7	—	—	—
西医执业医师	777	383	266	30	47	51
西医执业助理医师	108	6	70	6	26	—
二、注册护师（士）	**746**	**339**	**249**	**8**	**92**	**58**
护　师	466	242	155	8	29	32
护　士	280	97	94	—	63	26
三、药师（士）	**237**	**87**	**136**	—	**14**	—
中药师	13	10	3	—	—	—
中药剂士	2	—	2	—	—	—
西药师	172	73	89	—	10	—
西药剂士	50	4	42	—	4	—
四、检验师（士）	**118**	**54**	**53**	—	**11**	—
检验师	90	54	29	—	7	—
检验士	28	—	24	—	4	—
五、其他卫生技术人员	**144**	**41**	**71**	—	**32**	—

表 14－21

卫生技术人员分类情况（二）

（2006 年末）

单位：人

	卫生技术人员	执业医师	执业助理医师	注册护士	药剂人员	检验人员	其他卫技人员
合　　计	**2205**	**844**	**116**	**746**	**237**	**118**	**144**
一、医　院	**967**	**361**	**44**	**381**	**93**	**48**	**40**
综合医院	835	320	36	346	66	41	26
专科医院	132	41	8	35	27	7	14
二、社区卫生服务中心	**874**	**290**	**60**	**249**	**136**	**53**	**86**
三、门诊部	**105**	**33**	**2**	**46**	**6**	**5**	**13**
综合门诊部	105	33	2	46	6	5	13
四、妇幼保健所、站	**20**	**15**	**—**	**1**	**2**	**2**	**—**
五、专科防治所、站	**40**	**14**	**1**	**10**	**8**	**2**	**5**
皮肤病与性病防治所	40	14	1	10	8	2	5
六、卫生防疫机构	**82**	**61**	**4**	**2**	**—**	**10**	**5**
卫生监督所	34	31	—	2	—	1	—
疾病控制中心	48	30	4	—	—	9	5
七、个体开业（诊所）	**113**	**54**	**—**	**59**	**—**	**—**	**—**
八、厂矿学校内设机构	**44**	**30**	**6**	**8**	**—**	**—**	**—**

表 14-22

村级卫生组织情况

	单 位	2006 年	2005 年
1.医疗费实行减免的村	个	65	65
2.实行大病风险医疗保险的村	个	256	250
3.实行合作医疗的村	个	8	8
4.村级设置的医疗点数	个	95	148
#合格卫生室	个	25	81
#甲级卫生室	个	25	81
5.乡村医生和卫生员	人	273	282
#乡村医生	人	273	282

注：按村委会合并前口径统计，含部分已改为居委会的村。

表 14-23

各类传染病发病率情况

	单 位	2006 年	2005 年
总发病率	**1/10 万**	**239.89**	**234.96**
#病毒性肝炎	1/10 万	30.50	24.31
伤　寒	1/10 万	1.64	1.45
痢　疾	1/10 万	16.62	17.63
麻　疹	1/10 万	15.80	19.76

注：各种传染病总发病率包括性病、结核病。

表 14-24

医院诊疗基本情况

（2006 年）

	单 位	合 计	卫生部门	集 体 所有制	私 营
诊疗总人次	人	1908104	685658	1170809	51637
#门 诊	人	1751622	601710	1106448	43464
入院人数	人	41369	23725	12905	4739
治疗有效率	%	95.7	95.8	94.0	96.5
病床周转次数	次	27.5	35.1	22.7	24.6
病床使用率	%	69.1	84.4	49.3	87.6
出院者平均住院天数	天	8.6	8.4	6.7	12.2

表 14-25

前十位疾病死因及比重

位 次	死 因	占全部死因比重(%)	
		2006 年	2005 年
	总 计	**96.7**	**91.1**
1	恶性肿瘤	31.0	26.5
2	脑血管病	23.0	23.3
3	呼吸系统病	22.0	10.2
4	心脏病	8.0	19.1
5	损伤和中毒	6.0	5.4
6	消化系统病	2.5	2.0
7	内分泌、营养和代谢及免疫疾病	1.2	1.2
8	泌尿生殖系统病	1.1	1.0
9	精神障碍	1.0	1.8
10	先天畸形、变性和染色体异常	0.9	0.6

主要统计指标解释

小学学龄儿童入学率 指已入小学学习的学龄儿童占校内外学龄儿童总数(包括弱智儿童，不包括盲聋哑儿童)的比重。计算公式为：

小学学龄儿童入学率＝已入学的小学学龄儿童数／校内外小学学龄儿童总数×100％

文化事业机构 指从事专业文化工作和为专业文化工作服务的独立建制的单独核算的单位。不包括这些单位另外举办独立核算的其他机构和各部门的业余文化组织。

艺术表演团体 指从事戏曲、音乐、舞蹈、杂技等专业艺术表演，有独立账户，实行单独核算的团体。不包括半工半艺、半农半艺的业余剧团。

电影放映单位 指具有放映机器设备、固定或不固定的放映场所与专职或兼职的放映技术人员，经有关部门登记批准经常为一定的观众对象放映电影的机构。

电影观众人数(人次) 指各种类型放映单位及军委系统租片单位映出的观众人次数。一个观众连续看了一部长片和短片专场规定的短片，为二人次。

艺术表演观众人数(人次) 指售票、包场演出或民族地区免费演出的艺术表演观众人次数。不包括彩排审查和内部以观摩演出的观看人次数。

体育场 指有400米跑道(中心含足球场)，有固定道牙，跑道6条以上，并有固定看台的室外田径场地。体育场按看台容纳观众人数分为：甲级25000人以上，乙级15000～25000人，丙级5000～15000人，丁级5000人以下。

体育馆 指有固定看台，可供篮球、排球、羽毛球、乒乓球、体操等项目训练比赛活动用的室内运动场地。体育馆按看台容纳观众人数分为：甲级6000人以上，乙级4000～6000人，丙级2000～4000人，丁级2000人以下。

医院 指名称为医院，设有固定床位能收容病人住院并能为病人提供医疗、护理服务的医疗机构。包括县及县以上医院、其他医院两部分。按所属性质分为卫生部门、工业及其他部门、集体所有制单位3类。其中县及县以上医院按业务性质分为综合医院和专科医院。

卫生技术人员 指卫生事业机构支付工资的全部固定职工和合同制职工中现任职务为卫生技术工作的专业人员，包括中医师、西医师、中西医结合高级医师、护师、中药师、西药师、检验师、其他技师、中医士、西医士、护士、助产士、中药剂士、西药剂士、检验士、其他技士、其他中医、护理员、中药剂员、西药剂员、检验员、其他初级卫生技术人员。

医生 指经卫生部门审查合格，从事医疗工作的专业人员。分为中医医生和西医医生，包括卫生技术人员中的中医师、西医师、中西结合高级医师、中医士、西医士和其他中医。

民政　司法

表 15-1

民政事业基本情况

	单位	2006 年末	2005 年末
社会福利院			
社会福利院数	个	1	1
职工人数	人	42	42
床位数	张	220	220
在院人数	人	95	88
敬老院			
敬老院数	个	12	12
职工人数	人	70	70
床位数	张	381	380
在院人数	人	240	230

表 15-2

社会办福利企业情况

	单位	2006 年	2005 年
集体社会福利企业			
单位数	个	6	7
职工人数	人	511	617
免征税金	万元	699	530
缴纳税金	万元	699	322
利润额	万元	910	847
亏损额	万元	—	16

表 15-3

自然灾害及救灾情况

	单位	2006 年	2005 年
农作物受灾面积	亩	—	416
农作物成灾面积	亩	—	50
直接经济损失	万元	—	1744
已安排救济款	万元	30	115
已救济人口	人	250	502
救灾资金投入	万元	28	27

表 15-4

社会救济和扶贫情况

	单位	2006 年	2005 年
社会救济对象总人数	人	11091	9619
困难人口临时救济	人	1250	1200
困难人口国家定救人数	人	1100	1105
五保户救济人数	人	399	385
接受低保户数	户	3091	2593
#城　镇	户	701	533
接受低保人数	人	8342	6929
#城　镇	人	1689	1283

表 15-5

城乡服务网络情况

	单位	2006 年末	2005 年末
建立社会保障服务镇级网络数	个	15	15
城镇社区服务设施	个	535	530
#城镇社区服务中心	个	17	3
便民利民服务网点	个	217	195

表 15-6

公证工作情况

	单位	2006 年	2005 年
公证处	**所**	**1**	**1**
公证人员	**人**	**9**	**9**
#公证员	人	6	6
办理公证总数	**件**	**2201**	**4472**
#国内民事	件	765	1784
国内经济	件	160	699
涉外及涉港澳台	件	1276	1989

表 15-7

律师工作情况

	单位	2006 年	2005 年
律师事务所	所	5	5
律师事务所人员	人	36	34
#女	人	5	2
#专职律师	人	36	34
兼职律师	人	—	—
义务法律咨询服务件数	件	740	185
参加义务法律咨询律师人数	人次	36	17
担任法律顾问	家	225	207
刑事诉讼辩护及代理	件	121	89
民事案件诉讼代理	件	203	196
经济案件诉讼代理	件	259	371
非诉讼法律事务	件	107	173
涉外及涉港澳台	件	33	18

表 15-8

人民调解基层司法工作情况

	单位	2006 年	2005 年
人民调解委员会	个	201	206
调解人员数	人	1086	1250
调解纠纷总数	起	7290	6820
调解纠纷成功数	起	7120	6780
防止民间纠纷引起自杀	件	38	23
	人	38	23
防止民间纠纷转化刑事案件	件	283	128
	人	332	146
法制宣传专栏	期次	490	465
宣讲法律	场	280	245
受教育人数	人次	96580	68970
协办经济合同公证	件	189	120
协办其他公证	件	95	98
民事诉讼代理	件	435	395
民事非诉讼代理	件	647	384
担任法律顾问	家	162	154
追回欠款数	万元	670	458
挽回经济损失	万元	1640	1082
避免经济损失	万元	822	365

主要统计指标解释

社会福利事业单位　指集中收养社会孤、老、残、幼的机构。包括由民政部门管理的社会福利院、儿童福利院、精神病人福利院和城镇集体办的福利院以及农村集体办的敬老院。

社会福利事业单位收养人数　包括民政部门管理的和城镇及农村集体举办的社会福利事业单位中收养的老人、少年儿童、缺乏生活自理能力的残疾人员和精神病人。

社会福利企业单位　指以安置有一定劳动能力的盲、聋、哑和肢体残疾人员就业为目的，享受国家减免税待遇的国有或集体经济性质的企业。包括福利工厂、福利商品服务业、假肢厂和安置农场等单位。

五保户　指既无劳动能力，又无经济来源的老、弱、孤、残的居民，其生活由集体供养，实行保吃、保穿、保住、保医、保葬(孤儿保教)，简称“五保”。享受“五保”待遇的家庭叫“五保户”。

律师　指受聘参加法律顾问处工作，担任法律顾问、刑(民)事代理人、刑事辩护人，办理非诉讼事件、解答法律询问，代写法律事务文书等主要从事律师业务的专职法律工作者和兼职律师。

公证人员　指在国家公证机关依法办理公证事务的司法人员。包括公证员、助理公证员和在公证处工作的其他人员。

办理公证文书　指公证处在一定时期内办结的公证文书件数。公证文书系按司法部规定或批准的格式制作。包括国内公证和涉外公证两部分。其中国内公证分为经济合同公证和民事法律关系公证两大类。

调解人员　在人民调解委员会担负调解民间一般民事纠纷和轻微违法行为所引起的纠纷的工作人员。包括调解委员会的委员和调解小组的调解员。

调解民间纠纷　指调解委员会依照法律规定，根据自愿原则，用说服教育的方法调解民间发生的有关民事权利和义务的争执，促成当事双方达到协议和谅解，解决纠纷，包括婚姻家庭纠纷、财产权益纠纷等。不包括法院受理的纠纷案。

城市建设 环境保护

表 16-1

城市市政设施情况

	单　位	2006 年
实有道路长度	公里	776
实有道路面积	万平方米	995
人行道面积	万平方米	172
排水管道长度	公里	1119
污水日处理能力	万立方米	8
防洪堤长度	公里	261

表 16-2

城市房屋面积情况

	单位	2006 年	2005 年
实有房屋建筑面积	万平方米	1295.0	982.2
实有住宅建筑面积	万平方米	512.2	391.1
实有住宅使用面积	万平方米	412.5	312.9
实有住宅居住面积	万平方米	309.4	234.7
危险住宅建筑面积	万平方米	0.54	0.43

表 16-3

城市房产交易情况

	单位	2006 年	2005 年
一、房产买卖			
1. 成交面积	万平方米	266.7	115.9
#住　宅	万平方米	206.2	79.8
办公及商服用房	万平方米	26.8	10.6
2. 成交金额	万元	978603	301327
二、房产租赁			
1. 出租面积	万平方米	77.9	72.1
#住　宅	万平方米	5.9	1.9
办公及商服用房	万平方米	72.0	70.2
2. 租金收入	万元	10819.1	6465.7
#住　宅	万元	448.9	134.6
三、向个人出售住宅			
1. 新建住宅出售面积	万平方米	156.6	42.2
新建住宅销售额	万元	724315.5	208243.2
2. 旧住宅出售面积	万平方米	49.6	70.8
旧住宅销售额	万元	105535.8	168454.6

表 16-4

城市清洁卫生情况

	单位	2006 年
实际清扫面积	万平方米	544
生活垃圾清运量	万吨	28.2
粪便清运量	万吨	1.9
垃圾无害化处理量	万吨	28.2
粪便无害化处理量	万吨	1.9
全社会公厕数量	座	113

表 16-5

城市供气情况

	单位	2006 年
储气能力	吨	2005
供气管道长度	公里	253
供气总量	万吨	4.56
#家庭用量	万吨	2.62
用气户数	万户	18.95
#家庭用户	万户	18.64
用气人口	万人	56.9

表 16-6

城市供水情况

	单位	2006 年
水厂综合生产能力	万立方米/日	33.3
供水管道长度	公里	756
全年供水总量	万立方米	7572
#生产运营用水	万立方米	2307
公共服务用水	万立方米	1082
居民家庭用水	万立方米	2605
消防及其他用水	万立方米	574
用水人口	万人	32.14

表 16-7

环境保护情况

	单位	2006 年	2005 年
一、工业废水排放量	**万吨**	**5000**	**5183**
#排放达标量	万吨	4850	5028
二、工业废水处理量	**万吨**	**5000**	**5183**
三、工业废气排放总量	**万标立方米**	**1202644**	**1249367**
#燃料燃烧过程中排放的	万标立方米	613984	649497
#经过消烟除尘的	万标立方米	613984	649497
#生产工艺过程中排放的	万标立方米	588660	599870
#经过净化处理的	万标立方米	588660	599870
工业二氧化硫排放量	吨	13000	13500
工业二氧化硫去除量	吨	3000	2994
烟尘排放量	吨	2525	2588
烟尘去除量	吨	44790	43694
四、工业粉尘排放量	**吨**	**8200**	**8438**
工业粉尘回收量	吨	16830	16584
五、工业固体废物产生量	**万吨**	**18.06**	**27.60**
工业固体废物处置量	万吨	0.23	0.69
工业固体废物综合利用量	万吨	17.83	26.90
六、环境噪声达标面积	**平方公里**	**14.94**	**14.94**
七、环境质量综合指数	**分**	**86.2**	**83.8**
空气质量良好天数达标率	%	81.7	80.0
水域功能区水质达标率	%	80.0	75.0
集中式饮用水水源地水质达标率	%	98.2	99.7
城市环境噪声达标区覆盖率	%	100.0	100.0

主要统计指标解释

年底自来水生产能力 指年底城建部门管理的自来水厂和自备水源的社会单位取水、净化、送水、出厂输水干管等环节的实际生产能力。

年底供水管道长度 指从送水泵到用户水表之间所有管道的长度。

全年供水总量 指公用自来水厂和自备水源的社会单位全年的供水总量，包括有效供水量及损失水量。

生活用水量 指居民日常生活与公共福利设施的用水量。包括居民、饮食店、旅馆、医院、理发店、浴池、洗衣店、游泳池、商店、学校、机关、部队等单位的用水量。

人工煤气生产能力 指城市煤气厂制气、净化、输送等环节的综合实际生产能力。

输气管道长度 指由压缩机、鼓风机、储气罐的出口到用户立管之间的全部管道长度。

全年供气总量 指全年售给各类用户的全部煤气量。包括工业用量、家庭用量和其他用量。

年底实有铺装道路长度 指除土路外，路面经过铺装宽度在 3.5 米以上的道路，包括高级、次高级道路和普通道路。

城市桥梁 指城市范围内，修建在河道上的桥梁和道路与道路立交、道路跨越铁路的立交桥，以及人行天桥。包括永久性桥和半永久性桥，不包括临时性桥、铁路桥、涵洞。

城市下水道总长度 指所有排水总管、干管、支管及暗渠、检查井、连接井进出水口等长度之和。

城市污水日处理能力 指污水处理厂每昼夜处理污水量的设计能力。

废水排放总量 包括生产废水和生活污水。生产废水指企、事业单位在生产、科研过程中向外环境排放的所有排放口的废水量总和。生活污水指城镇居民区和企、事业单位职工集中居住区排放的污水量。

工业废水排放总量 指经过工业企业厂区所有排放口排到企业外部的工业废水量。包括外排的直接冷却水、超标排放的矿井地下水和与工业废水混排的厂区生活污水，不包括外排的间接冷却水(清污不分流的间接冷却水应计算在内)。

工业废水排放达标量 指全面达到国家、地方排放标准的外排工业废水量，包括经过处理后达标外排的和未经处理达标外排的两部分工业废水。国家排放标准见国标(GB8978—88)。

工业废水处理量 指经过各种水处理装置净化处理后的外排工业废水量(包括虽经处理仍未达到国家或地方标准的外排工业废水量)。

废气排放总量 指燃料燃烧和生产工艺过程中排放的各种废气总量，以标准状态下每年万标立方米表示。

燃料燃烧过程废气排放量 指燃煤、燃油、燃气锅炉、烘干炉、锻造加热炉、退火炉和其他工业炉窑在燃烧过程(燃料和物料不混合的纯加热过程)中所排废气的总量。它可根据烟气计算公式或经验计算公式求得。

经过消烟除尘的燃料燃烧废气量 指燃料燃烧过程中排放的废气经过消烟除尘装置处理的量。

经过净化处理的生产工艺废气量 指生产工艺过程中排放的废气经过各种净化处理装置净化、处理的量。

工业粉尘排放量 指工业企业在生产工艺过程中排放的固体微粒总重量。如钢铁企业的耐火材料粉尘、焦化企业的筛焦系统粉尘、烧结机的粉尘、石灰窑的粉尘、建材企业的水泥粉尘等。不包括电厂排入大气的烟尘。

工业粉尘回收量 指经生产工艺废气净化处理装置处理回收的粉尘和尘泥量(包括干法和湿法)。不包括电厂的烟尘。通常情况下:

工业粉尘产生量 = 工业粉尘排放量 + 工业粉尘回收量

工业固体废物产生量 指工业企业在生产过程中产生的固体状、半固体状和高浓度液体状废弃物的总量，包括冶炼废渣、粉煤灰、炉渣、煤矸石、化工废渣、尾矿、放射性废渣和其他废渣等;不包括矿山开采的剥离废石和掘进废石(煤矸石和呈酸性或碱性的废石除外)。酸性或碱性废石是指采掘的废石其流经水、雨淋水 PH 值小于 4 或 PH 值大于 10.5 者。

工业固体废物处置量 指以符合环境保护要求的方式将固体废物放置在不再回取的场所的固体废物量，如填埋、焚烧、经封场处理的专业贮存场(库)、深层灌注、回填矿井等(包括当年处置往年的堆存量)。

工业固体废物综合利用量 指已用作农业肥料、造田、生产建筑材料、筑路以及其他方式综合利用的固体废物量(包括当年利用往年的工业固体废物堆存量)。综合利用量由原产固体废物的单位统计。

“三废”综合利用产品产值 指工业企业回收利用“三废”作为主要原料生产的产品产值。按国发[1985]117 号文规定执行。

“三废”综合利用产品利润 指工业企业回收利用“三废”作为主要原料生产的产品自用或出售后所得的利润额。

苏州市吴中区妇女联合会

组织省、市妇女代表参观甪直镇淞南村新农村建设

2006年5月18日召开全区妇女工作会议

2006年，区妇联紧扣全区中心工作，牢记服务宗旨，充分履行职责，团结带领广大妇女坚定地融入构建“和谐吴中”的伟大进程，全区妇女儿童事业取得了新发展。围绕中心，推进妇女自身新发展。为树立典型，隆重表彰区十佳“魅力女性”、十佳“巾帼文明示范岗”等；为促进妇女发展，在服装、餐饮行业开展技能操作竞赛、开展“城乡妇女学礼仪”活动、召开社会主义新农村建设妇女工作现场会，开展女性人才交流洽谈会、免费再就业培训等。围绕和谐，推进文明家庭建设新气象。召开吴中区创建“五好文明家庭”推进会，表彰“文明家庭”标兵户，发放万份“荣辱观进家庭”宣传卡，开展“家教送父母”家庭教育知识讲座、“廉洁文化进家庭”活动等。围绕维权，构筑社会化维权新格局。按照全国妇联确立2006年为“法律宣传年”的要求，积极宣传贯彻《中华人民共和国妇女权益保障法》，开展法律知识竞赛，协助政府做好妇女儿童发展规划工作，接待来访妇女50多人次等。围绕发展，激发妇女组织建设新活力。召开吴中区妇女工作会议、吴中妇女第二次代表大会，指导各镇妇联顺利换届，举办全区基层妇代会主任培训班等。

2006年5月开展“学习科技新知识 争创新型女农民”宣教活动

2006年9月5至7日吴中区妇女第二次代表大会“三八红旗手”合影

召开创建“五好文明家庭”推进会

苏州市吴中区水产畜牧局

吴中区水产畜牧局是全区水产畜牧业发展的主管部门，其主要职能：负责全区水产畜牧产业的规划、指导和发展，组织科技研究、推广和服务，实施行政执法和监督管理。2006年，在区委、区政府的领导和上级业务主管部门的指导下，围绕实施和深化农业产业化“六个一”工程，促进农民持续增收的总体目标，认真抓好以太湖蟹、生态草鸡和藏书羊肉三大产业为主体的全区水产畜牧工作，积极推进部门作风和效能建设，取得了良好成效。

太湖蟹产业呈现生产增收和市场拓展双赢局面。2006年，全区太湖蟹产业继续快速发展，养殖面积达到19.2万亩，按照生态养殖的模式实施标准化生产，实现太湖蟹产量8668吨，总收入8.15亿元，增长23.40%；纯收入4.05亿元，养蟹专业户户均收入5.1万元，蟹农人均收入1.5万元，增长20%左右。在市场拓展方面，规划并实施了占地20公顷，总投资3000万元，拥有出口加工等六大功能的东山太湖蟹交易市场建设。组织举办了太湖蟹入主知名酒店暨太湖蟹创新菜展示活动，10家太湖蟹经销公司和50多家市、区知名酒店参加了活动，推进了太湖蟹的市场销售。太湖生态农业有限公司的“太湖牌”太湖蟹荣获国家农业部授予的“中国名牌农产品”称号，是全省唯一获此称号的大闸蟹产品，太湖蟹的品牌知名度和市场覆盖面不断得到提升。

生态草鸡产业形成适度发展和做精做强的产业链群体。2006年，全区生态草鸡产业确定了“规范养殖，适度发展，做精做强”的12字方针，从规范生产操作、产品质量标准、防疫标识三大体系着手，控制养殖总量，转变饲养方式，确保品质和产业有序发展。全年饲养总量126.28万羽，出栏102.8万羽，生产草鸡蛋200吨，总收入6000多万元。同时，开拓精深加工产品，提升产品附加值，探索融入餐饮、旅游休闲等相关行业，重点开发了草鸡加工配送、超市营销和集餐饮、休闲为一体的吴中水乡生态园，初步形成了产业化链式发展格局。

藏书羊肉产业呈现品牌形象和产业规模辐射效应。2006年，藏书羊肉产业发展在去年新建藏书山羊交易市场的基础上，继续抓好交易市场配套设施建设，新增建交易大棚、羊圈栏舍、收购用房等设施，扩大交易规模。分别在山西代县、陕西宝鸡市、黑龙江农垦等地建立了无公害山羊生产基地，以解决藏书羊肉货源供应。首次参加了兰州全国羊业大会，对藏书羊肉产业规模、产品质量和品牌形象进行专场推介，并举办了木渎藏书羊肉美食节活动。目前，在区内外开设羊肉餐馆达到1711家，全年交易销售山羊达50.5万头。产业收入3.03亿元，纯收入1.67亿元，羊肉产业成为农民增收致富的重要渠道。

通过加强机关作风和效能建设，大力组织科技入户、科技挂钩等服务活动，加强农产品质量建设，顺利完成区镇两级兽医管理体制改革，强化重大动物疫病和养殖病害防治，依法开展渔业安全宣传教育等工作，积极推进了部门自身建设和发展，树立了良好的部门形象。先后荣获“吴中区农业六个一工程先进单位”、“吴中区文明单位”、“苏州市文明单位”、“苏州市农林系统先进单位”等称号。

苏州市吴中区贸易局

勤政为民　依法行政　务实创新　发展商贸

苏州市吴中区贸易局系全区商贸流通和合作经济的政府管理职能部门，其主要职责是：研究制定全区商贸流通业和合作经济发展的发展规划、行政措施和行业规范性文件；培育城乡消费品市场，实施服务业商业网点建设的总体规划，论证和监督管理商品交易市场建设项目和规模较大的商业设施的项目；组织市场分析、预测、预警和信息发布，协调农业生产资料和防汛物资等重要商品的供应及农副产品收购工作；负责生猪定点屠宰、煤炭、酒类、再生资源回收、烟火爆竹、专项控购及专卖商品的经营资格认定和市场监管工作等职能工作。

苏州市吴中区贸易局自2004年4月由商业、物资、供销三家合并组建。局内设办公室、组织人事科、行业管理科、经营管理科、财务审计科等职能科室。

局长：王 琪

地址：苏州市东吴北路县前街59号

电话：0512-65630020 **总机转**

传真：0512-65613613

邮编：215128

苏州市吴中区行政服务中心

苏州市谭颖副市长视察中心

吴中区行政服务中心是区政府派出机构，其主要职责是：履行对区政府各部门进驻行政服务中心的审批服务事项的组织协调、管理监督和指导服务，承办区委、区政府交办的有关工作，负责对行政审批事项费用的集中统一收取，并受理服务对象的投诉。2006年，各窗口共受理各类审批服务事项97139件，办结96986件，年办结率为99.84%；全年日均受理387件，受理件的日均当场办结率为82.29%；有37个部门进驻“中心”窗口，进驻窗口工作人员79人（有31个部门派驻工作人员进驻），进驻各类行政审批服务事项278项，细化窗口办件469项。吴中区行政服务中心以“依法行政、公开透明、优质服务、便捷高效”为工作宗旨，以“建一流中心、创一流服务、展一流环境”为工作目标，实行“一个门受理、一座楼办事、一个窗口收费、一条龙服务”的行政审批模式，是区政府亲商为民、服务社会的有效载体与平台。

地址：苏州市东吴北路64号　网址：http://www.wzxzfw.gov.cn/　咨询电话：0512-65648200

苏州市吴中区人民防空办公室

苏州市吴中区人民防空办公室是区政府主管人民防空工作的职能部门，亦是区国防动员委员会的下设机构，其主要任务是：战时组织人民群众进行防空袭斗争，协助有关部门恢复生产和生活秩序，平时做好防空袭斗争的准备工作；负责人防工程建设管理和开发利用；组织指导人民防空专业队训练；加强防空警报网的建设及全民防空宣传教育等。

2006年，区人防办在区委、区政府的领导下，在上级业务部门的指导下，坚持“长期准备、重点建设、平战结合”的方针，贯彻与经济建设协调发展，与城市建设相结合的原则，为适应未来高技术条件下的局部战争和社会主义市场经济发展的需要，以“高效、务实、勤政、廉洁”作为机关建设目标，扎实推进人防事业的各项工作。2006年，人防工程建设面积和人均防护面积进一步提高，基本建成了抗干扰能力强，反应灵敏、连通可靠的城市防空警报报知网，城区警报音响覆盖率达98%；人防宣传教育成效明显，中学人防开课率达到100%，受教育中学生人数为3600人。人防教育进社区活动正深人进行。2006年，区人防办被省人防办、省军区司令部评为“人防先进单位”。

吴中区人民政府俞杏楠区长参加甪直自建人防工程奠基仪式

住宅小区防空地下室兼停车场

人防工程专用防护门

现代化住宅小区地下停车场入口

苏州市吴中区国家税务局

苏州市吴中区国家税务局是主管吴中区国家税收工作的行政管理机构，隶属于苏州市国家税务局。内设6个行政科室、1个事业单位，下辖6个税务分局和1个稽查局。主要负责辖区范围内增值税、消费税、车辆购置税、企业所得税和储蓄存款利息个人所得税、外商投资企业和外国企业所得税、出口货物退（免）税等中央税和中央地方共享税的征收管理工作。全局现有在编干部职工190名，大专以上文化程度占98%以上。

近年来，吴中区国家税务局在省、市国税局和地方政府的正确领导下，以邓小平理论和“三个代表”重要思想为指导，树立和落实科学发展观，坚持“聚财为国、执法为民”宗旨，全面加强科学化、精细化管理，大力推进依法治税，各项国税工作人取得明显成效，实现了“三个文明”协调发展。2006年，共组织入库国税收入32.5亿元，同比增长25.48%。其中：国内“两税”收入27.54亿元，同比增长25.53%；企业所得税收入1.85亿元，同比增长47.97%。涉外企业所得税收入2.58亿元，同比增长15.62%。全系统精神文明建设成绩显著，连续两度被省文明委授予“江苏省文明行业”称号；信息化建设被国家税务总局授予“全国税务系统信息化建设先进单位”称号；局团支部获得团中央表彰，荣获“全国五四红旗团支部”称号。

局长：徐福友
地址：苏州市吴中区吴中商城大街90号
电话：0512-65252322
传真：0512-65271999
网址：www.szwzgs.gov.cn
邮编：215128

主要统计指标解释

年底自来水生产能力　指年底城建部门管理的自来水厂和自备水源的社会单位取水、净化、送水、出厂输水干管等环节的实际生产能力。

年底供水管道长度　指从送水泵到用户水表之间所有管道的长度。

全年供水总量　指公用自来水厂和自备水源的社会单位全年的供水总量，包括有效供水量及损失水量。

生活用水量　指居民日常生活与公共福利设施的用水量。包括居民、饮食店、旅馆、医院、理发店、浴池、洗衣店、游泳池、商店、学校、机关、部队等单位的用水量。

人工煤气生产能力　指城市煤气厂制气、净化、输送等环节的综合实际生产能力。

输气管道长度　指由压缩机、鼓风机、储气罐的出口到用户立管之间的全部管道长度。

全年供气总量　指全年售给各类用户的全部煤气量。包括工业用量、家庭用量和其他用量。

年底实有铺装道路长度　指除土路外，路面经过铺装宽度在 3.5 米以上的道路，包括高级、次高级道路和普通道路。

城市桥梁　指城市范围内，修建在河道上的桥梁和道路与道路立交、道路跨越铁路的立交桥，以及人行天桥。包括永久性桥和半永久性桥，不包括临时性桥、铁路桥、涵洞。

城市下水道总长度　指所有排水总管、干管、支管及暗渠、检查井、连接井进出水口等长度之和。

城市污水日处理能力　指污水处理厂每昼夜处理污水量的设计能力。

废水排放总量　包括生产废水和生活污水。生产废水指企、事业单位在生产、科研过程中向外环境排放的所有排放口的废水量总和。生活污水指城镇居民区和企、事业单位职工集中居住区排放的污水量。

工业废水排放总量　指经过工业企业厂区所有排放口排到企业外部的工业废水量。包括外排的直接冷却水、超标排放的矿井地下水和与工业废水混排的厂区生活污水，不包括外排的间接冷却水(清污不分流的间接冷却水应计算在内)。

工业废水排放达标量　指全面达到国家、地方排放标准的外排工业废水量，包括经过处理后达标外排的和未经处理达标外排的两部分工业废水。国家排放标准见国标(GB8978—88)。

工业废水处理量　指经过各种水处理装置净化处理后的外排工业废水量(包括虽经处理仍未达到国家或地方标准的外排工业废水量)。

废气排放总量　指燃料燃烧和生产工艺过程中排放的各种废气总量，以标准状态下每年万标立方米表示。

燃料燃烧过程废气排放量 指燃煤、燃油、燃气锅炉、烘干炉、锻造加热炉、退火炉和其他工业炉窑在燃烧过程(燃料和物料不混合的纯加热过程)中所排废气的总量。它可根据烟气计算公式或经验计算公式求得。

经过消烟除尘的燃料燃烧废气量 指燃料燃烧过程中排放的废气经过消烟除尘装置处理的量。

经过净化处理的生产工艺废气量 指生产工艺过程中排放的废气经过各种净化处理装置净化、处理的量。

工业粉尘排放量 指工业企业在生产工艺过程中排放的固体微粒总重量。如钢铁企业的耐火材料粉尘、焦化企业的筛焦系统粉尘、烧结机的粉尘、石灰窑的粉尘、建材企业的水泥粉尘等。不包括电厂排入大气的烟尘。

工业粉尘回收量 指经生产工艺废气净化处理装置处理回收的粉尘和尘泥量(包括干法和湿法)。不包括电厂的烟尘。通常情况下:

工业粉尘产生量＝工业粉尘排放量＋工业粉尘回收量

工业固体废物产生量 指工业企业在生产过程中产生的固体状、半固体状和高浓度液体状废弃物的总量，包括冶炼废渣、粉煤灰、炉渣、煤矸石、化工废渣、尾矿、放射性废渣和其他废渣等；不包括矿山开采的剥离废石和掘进废石(煤矸石和呈酸性或碱性的废石除外)。酸性或碱性废石是指采掘的废石其流经水、雨淋水 PH 值小于 4 或 PH 值大于 10.5 者。

工业固体废物处置量 指以符合环境保护要求的方式将固体废物放置在不再回取的场所的固体废物量，如填埋、焚烧、经封场处理的专业贮存场(库)、深层灌注、回填矿井等(包括当年处置往年的堆存量)。

工业固体废物综合利用量 指已用作农业肥料、造田、生产建筑材料、筑路以及其他方式综合利用的固体废物量(包括当年利用往年的工业固体废物堆存量)。综合利用量由原产固体废物的单位统计。

“三废”综合利用产品产值 指工业企业回收利用“三废”作为主要原料生产的产品产值。按国发[1985]117 号文规定执行。

“三废”综合利用产品利润 指工业企业回收利用“三废”作为主要原料生产的产品自用或出售后所得的利润额。

苏州市吴中地方税务局

苏州市吴中地方税务局隶属于苏州市地方税务局，主要负责吴中区地方税收和基金的征收工作。内设七个科室，下辖六个税务分局，代管苏州市第五税务分局。

近年来，吴中地方税务局在区委、区政府和上级局的正确领导下，全面落实科学发展观，紧紧围绕建设“三型税务”、构建和谐地税的要求，坚持以组织收入为中心，加强精细化管理，不断提高税收征管的质量和效率。认真落实各项优惠政策，积极服务地方经济。进一步加强信息化建设，优化办税环境，不断提高为纳税人服务的水平。加强队伍建设，深入推进党风廉政建设，各项工作取得了显著成效。在地税收入连年保持较快增长的基础上，2006年，全系统共组织征收各项收入269671.24万元，其中，省级收入9013.75万元；区级地方税收收入185328.13万元，增长30.51%；城保费55550.09万元；农保费6177.12万元；征集各项基金（费）13602.15万元。税收收入再创历史新高。为吴中区经济社会建设提供了强有力的财力保障。吴中局连续三年被苏州市评为规范化管理优秀单位；吴中地税系统继续被评为苏州市2004～2005年度文明行业，一分局被评为苏州市2004～2005年度文明单位，吴中地税局及7个基层分局全部被吴中区委区政府评为2004～2005年度文明单位；局被评为2004～2005年度吴中区预防职务犯罪工作先进单位。在2006年度苏州市政风行风调查中，吴中局取得了综合满意率100%的好成绩。

苏州市吴中地方税务局第一税务分局外景

苏州市公安局吴中分局

苏州市公安局吴中分局成立于2001年3月，现有在职公安民警441名，内设办公室、政治处、监察室、后勤装备科、法制办、户政科、经文保科、禁毒科等8个机关职能科室，国保、刑侦、治安、经侦、巡逻、消防等6个大队，下辖长桥、南区、木渎、角直、郭巷、车坊、越溪、横泾、浦庄、渡村、东山、藏书、胥口等13个基层派出所。

2006年，全区公安机关和广大公安民警在区委、区政府和苏州市公安局的正确领导下，以党的十六届六中全会精神为指导，以科学发展观为统领，以创建“平安吴中”为目标，以开展四项治安防控体系建设为载体，全面推进公安工作和队伍建设，公安工作取得了新的进步，公安机关的“四个能力”有了新的提高。

2006年，全区公安机关共有28个集体和136名个人受到表彰奖励，分局被评为全省公安机关平安创建工作先进集体，并被评为2006年度全省县级公安机关工作绩效考评优胜单位，在全市公安机关岗位练兵大比武中列市区分局第一名。

今后工作中，苏州市公安局吴中分局将紧紧围绕构建社会主义和谐社会的目标，以狠抓各项工作措施的落实为基本要求，着眼于最大限度地增加和谐因素、最大限度地减少不和谐因素，坚持“力量往基层使、工作往实里干”，深入推进基层基础工程和科技强警示范区建设，全力投入新一轮平安创建活动，不断增强公众安全感、社会和谐度和群众满意率，为打造“平安吴中”、“和谐吴中”而努力奋斗。

苏州市吴中区公安消防大队

吴中区公安消防大队隶属于中国人民武装警察部队和公安部领导，是一支军事化的同火灾作斗争的队伍。其主要职能是：在地方各级党委政府和上级公安机关的领导下，开展防火灭火工作，积极当好政府的参谋，为各企事业单位和驻地群众排忧解难。大队现有防火监督人员6名，主要承担开展消防监督执法、行政审批、火灾调查以及有关消防法律法规、防火灭火知识的宣传等一系列防火工作。大队下设长桥和木渎两个中队（分别设在区政府所在地和木渎镇），现有官兵50人，有执勤消防车9辆。长桥、木渎中队官兵常年坚守岗位，做好执勤备战工作，随时处置各类火灾事故及抢险救援任务。

2006年，吴中区的消防工作取得了明显成效。一年来，在地方各级党委、政府、公安机关的正确领导、努力推动下，全区基本形成了“政府统一领导，部门依法监督、单位全面负责、群众积极参与”的消防工作新机制；吴中区根据经济社会发展需求和灭火救援的需要，加大经费投入，多措并举抓好各项消防建设，全区公共消防设施建设、消防车辆装备建设、农村（社区）消防建设，全区公共消防队伍建设等都有了较快的发展，社会防控火灾能力明显增强；针对容易发生火灾的行业和单位，消防大队开展了声势浩大的火灾隐患专项整治活动，加大对重大火灾隐患的整改力度，全区消防安全环境不断改善。同时，消防大队坚持以“三基”工程建设为主线，大力加强党组织建设和干部队伍建设，认真组织开展执法为民教育整顿和“争先创优”活动，深化执勤岗位练兵活动，狠抓消防重大危险源调查评估，部队全面建设进一步加强，服务发展、服务人民群众的能力进一步提高，消防安全工作得到了社会民众的广泛关注和积极参与。

苏州市吴中质量技术监督局

苏州市吴中质量技术监督局（以下简称“吴中质监局”）为江苏省苏州质量技术监督局直属机构，内设办公室（法制科）、质量管理科、监督科(吴中区原产地保护办公室)、标准计量科（区农业标准化办公室）、特种设备安全监察科5个职能科室，负责苏州市吴中区质量、标准化、计量工作、食品安全监管和特种设备安全监察工作，并行使行政执法职能。

2006年吴中质监局在苏州市局和区委、区政府的正确领导下，认真贯彻党的十六届四中、五中、六中全会精神，以科学发展观统领质量技术监督工作，认真做好质量管理基础工作，大力实施名牌战略，切实抓好食品和特种设备两个安全，整顿和规范市场经济秩序，努力服务地方经济。和成（中国）有限公司的和成卫浴产品荣获中国名牌产品，实现吴中区中国名牌零的突破，18个产品获省名牌，30个产品获市名牌，1家企业获省质量管理奖，3家企业获市质量管理奖，通过国家免检产品审核3只，获省质量诚信企业2家、质量信用产品企业4家；标准覆盖率保持在99%以上；加油机受检率、三表受检率、计量器具制造许可证依法监督检查率和合格确认率都达到100%；建立落实对食品企业进行分类分级制度、分片监管定责制度、日常巡查制度；完善安全监管网络，对特种设备进行“区、镇、村、厂”四级监管的做法得到了省质监局、国家质检局锅炉局的充分肯定。

吴中质监局不断开拓创新、求真务实，2006年被评为2001～2005年全区法制宣传教育先进集体和2005年度区招商引资先进集体，2004～2005年度吴中区、苏州市文明单位，2006年度苏州质量技术监督系统先进集体，2006年吴中区区级机关“窗口服务”先进单位。吴中质监局将围绕实现“两个率先”，构建和谐吴中，切实履行职能，当好维护市场经济秩序的质量监控器和促进经济和社会事业发展的技术推进器。

局党组书记、局长：欧阳庆

地 址：苏州市吴中东路91号

电 话：0512-65622679

邮 编：215128

开展以“创新提升质量 名牌促进发展”为主题的质量月活动

苏州市吴中食品药品监督管理局

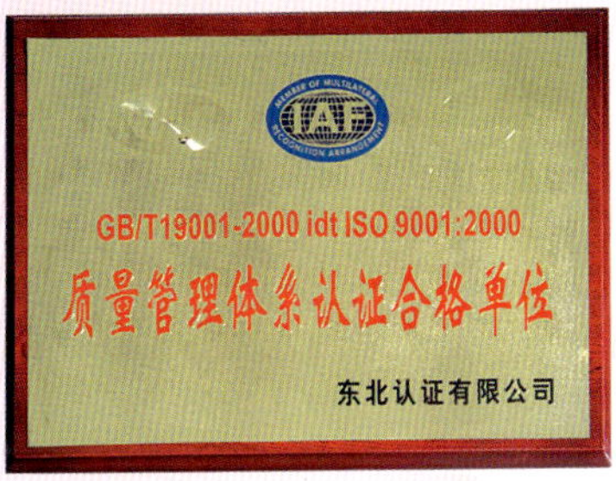

2006年是吴中食品药品监督管理局完成机构分设、全面履行药品监管和食品综合监督职责的重要时期，一年来，在区委、区政府、市局的领导下，该局以邓小平理论、“三个代表”重要思想为指导，把“依法行政、科学监管、服务帮促、文明廉洁”作为工作方针，以“依法治药为人民、优质服务创一流”为工作主题，认真贯彻落实省、市食品药品监督管理工作会议精神，各项工作稳步开展。

一、加强队伍建设、规范内部管理，积极打造“五型药监”

一是引入ISO 9001质量管理体系，全面提升机关内部管理水平。按照质量管理体系要求，完善了机关各项管理制度，制定质量管理手册、操作规程，并定期组织评审，保持持续改进。二是档案管理工作通过了省一级标准的验收，为食品药品监管工作提供准确的信息。三是认真开展行风政风评议工作，自觉接受社会监督。四是建立健全机关各项规章制度，积极推进学习型、服务型、文明型、法制型、廉洁型的“五型药监”建设。

二、文明行业创建活动取得显著成效

创建活动是全面提升依法行政、改进机关作风、树立文明廉洁形象的有效载体。通过一年来的不懈努力，已顺利通过区委、市委两级文明办的验收，分别获得市、区级文明单位，创建工作取得显著成效。

三、全面履行食品综合监督职责

积极开展食品安全专项检查。全年共组织开展了重大节日期间食品安全专项检查、进口食品专项整治行动、劣质奶粉核查、保健食品专项整治等专项检查10余次，并充分发挥了各部门密切配合、上下联动的作用，收到良好的社会效果。

构建农村食品“三网”体系。在区委区政府的高度重视和支持下，在全区18个镇（街道）、160个村（社区、居委会）聘请了25名食品药品安全协管员、171名信息员，基本形成了区、镇、村三级食品安全工作网络。

四、依法整治药品市场秩序，有效保障辖区群众用药安全

全年出动执法人员1635人次，开展化学药品、中成药、中药饮片、生物制品、原料药、隐型眼镜和护理液、药包材、计生药具产品等各类专项检查11次，检查涉药单位近550家次；查处各类违法违规案件109起（其中立案52起），没收违法物品货值61200.00元；处理举报投诉41起，并全部按时办结；药品抽验150批，不合格药品检出率达9.52%，均依法进行查处。

五、把好药品市场准入关，促进医药经济健康快速发展

进一步规范行政审批行为、简化审批程序、提高行政效率。所有事项均进驻区行政服务中心，并在局网站及行政服务中心公开办事方式和流程，自行缩短审批时限。在区行政服务中心开通网上预审，为相对人提供更加透明、高效、优质的服务。全年共受理各类审批事项270件，限时办结率、办理正确率均达100%。

加强GMP、GSP证后督查，完善日常监督机制。全年完成对240家药品零售企业、9家药品生产企业、1家医疗制剂生产单位、45家医疗器械生产企业、105家医疗器械经营企业及辖区内药品使用单位的督查工作，并书面记录存在的问题和缺陷，存入企业档案，责令限期整改。对严重违法违规行为移交稽查科依法查处。

深入开展药品不良反应监测工作，倡导合理用药，提高用药水平。共组织15家涉药单位上报药品不良反应176例（严重不良反应6例），其中实现在线上报的单位8家，每百万人口报告率为324例，上报例数达到世界卫生组织推荐标准。

药品监督执法检查

苏州市城区

交通部副部长徐祖源视察工作

苏州市城区地方海事处隶属于苏州市地方海事局，是在全国水监体制改革实施过程中于2001年10月由原吴中、相城区港航监督处和苏州市港航监督处市区所合并组建而成的正科级自收自支事业单位，是辖区内国家法律法规授权的唯一一支水上交通管理执法队伍。主要负责苏州市区的水上交通安全监督管理以及辖区船舶检验、发证、驾驶员培训、发证、事故调处、船舶签证、太湖安全管理及搜救、水上规费征收、船舶防污染等工作。内设人事秘书科、财务装备科、船务管理科、船舶检验科、航行监督科、12395指挥中心和5个海事所，辖区航道里程668千米，太湖水域面积1600平方米，另有阳澄湖、澄湖、金鸡湖等通航水域。拥有正式职工88人，协管及勤杂人员110人，是全省第一大处。

多年来，经过数届领导班子的锐意进取和全处干群的开拓创新，苏州市城区地方海事处已逐步成为一个拥有高素质执法队伍和高效率管理手段的“强处”，完成了海事管理由粗放型向集约型的转变，树立了廉洁、高效、服务的海事形象，营造了安全、畅通、有序的水运环境，为区域经济社会的快速发展作出了应有的贡献，连续三次获得省厅嘉奖，下属太湖海事所也被交通部命名为“文明执法示范窗口标兵单位”。

安全形势持续平稳、通航秩序不断优化。每年都部署实施“三无”泥船、“四超”船舶、客旅船、装卸码头等专项整治工作，加强对重点水域、重点船舶（三客一危）、重点部位的有效监管，相继设立苏西线、苏浏线、古城河交通管制区，通航秩序得到有效改善，基本杜绝了阻档现象。5年来，辖区水域未发生一次死亡3人以上的重特大水上交通事故，水上交通事故发生率整体呈现逐步下降的趋势。

办公大楼

地方海事处

海事疏通航道

军训

海事现场执法

太湖搜救抢险

完善太湖预警机制、搜救效率不断提高。牵头召开环太湖海事部门联席会议，逐步建立联合预警机制，牢牢掌握了湖区救助工作的主动权。2003年10月12日太湖70名遇险船民、32艘遇险船舶的成功救援行动，创下了有史以来太湖救助人数最多的记录；2004年7月3日强台风面前，使11艘遇险船舶上的30名船员全部脱险，无一伤亡，谱写了人与自然相抗衡的太湖搜救新篇章，在全省地方海事系统和苏州交通系统中掀起了学习“7·3”太湖搜救先进事迹、弘扬海事精神的活动。

落实预警防控措施、管理理念不断出新。结合航道实际情况，全方位调整海事所、点布局；实行处领导带班、全天候巡航制度；开通“12395”水上救助热线，建设“12395”指挥中心，有效增强了应对突发事件的快速反应能力，基本建成覆盖重点航段、湖区的全天候安全救助体系，出色完成了诸如“9·1”京杭运河亭子桥倒塌事故应急处置任务。

立足本职服务全局、社会地位不断提升。5年来累计事故处理244起，救助船舶265艘、人员355人，接处警715起，检查船舶36625艘次，开展水上水下施工作业交通管制300余起，其中市政府重点工程100余起，每次都能精心组织、圆满完成；推进撤渡建桥工程，开展水域环境整治，实施各项便民措施，为《苏州市古城河水上交通管制办法》、《苏州市内河交通安全管理办法》等政府规范性文件的出台提供了大量、切实的依据。

苏州市国土资源局吴中分局

苏州市国土资源局吴中分局在区委、区政府和市国土资源局的正确领导下，以“三个代表”重要思想为指导，树立和认真贯彻落实科学发展观，紧紧围绕落实耕地保护制度，积极盘活存量土地，加大矿山环境整治复绿力度，强化土地执法监察等工作重点，努力为全区社会经济建设搞好用地服务，较好地完成了国土资源管理的各项工作任务。2006年，完成新增建设用地520.27公顷，46宗拍卖挂牌地块成功上市，面积363.73公顷，成交总价58.36亿元。完成废弃露采矿山复垦面积40公顷，山体复绿面积近10万平方米。分局被省国土资源厅表彰为全省开发区清理整顿工作先进集体，被市国土资源局表彰为矿产资源补偿费征收工作先进单位，被区委、区政府表彰为信访系统先进集体，被区委表彰为吴中区文明单位。

党委书记、局长：吴桂元
地址：苏州市吴中区吴中东路175号
电话：0512-65629461
传真：0512-65633885
邮编：215128

中国电信 CHINA TELECOM 苏州市吴中区电信局

客户送牌匾

营业厅

吴中区电信局隶属于江苏省电信有限公司苏州分公司，担负着整个吴中区所辖10个镇、8个街道及吴中经济开发区、苏州太湖国家旅游度假区、西山国家现代农业示范区的电信服务和综合信息服务业务工作。

吴中区电信局目前主要经营本地各类国内、国际固定电信网络与设施（含无线市话）；基于固定电信网络的语音、数据、图像及多媒体通信与信息服务；与通信及信息业务相关的系统集成、技术开发等业务以及国家批准经营的其他电信业务，享有“中国电信”在吴中地区的商誉和无形资产。结合吴中区特有的人文地理情况，吴中区电信局全面展开了“业务转型、服务创新”系列活动，以挖掘客户潜在需求为目标，狠抓规范化服务，提倡创新在专业化服务的体现，通过实施农村宽带全覆盖工程、乡镇预约装机等措施有效提升客户满意度和感知度。作为推动地方信息化的主导力量，吴中区电信局提供的高效、快捷、细致、周到的专业化、人性化服务得到了地方政府和社会各界的充分肯定，并荣获了吴中区文明单位称号。

吴中区电信局着眼于世界信息技术发展的前沿，加快企业转型，落实精确管理，优化资源配置，深入服务创新，努力建设成为具有区域优势的现代综合信息服务提供商。

苏州市吴中区

木渎镇全景

农民安置小区

严家花园

金山路夜景

木渎镇地处苏州城西5公里，太湖之滨，灵岩山麓，全镇面积62.28平方公里，常住人口7.2万人，外来登记人口近17万人，下辖1个办事处、9个行政村、8个社区居委会，是吴中区工业、商贸、文化、教育、旅游、交通重镇，素有石雕之乡、书法之乡、民间艺术之乡、园林之乡、花木之乡之称，享有“吴中第一镇”之美誉。

木渎镇是一个具有2500多年历史的中国园林古镇，历史悠久，人文昌盛，是乾隆六次到过的地方。近年来，木渎镇坚持以经济建设为中心，全面落实科学发展观，充分利用有利的地理位置和区域优势，着力构筑以金枫科技工业园外向型经济、金桥工业园民营经济和古镇旅游为龙头的第三产业经济发展三大平台，

灵岩山雪景

木渎镇

科技创业园

引进两大科技创业园，着力打造香港街商贸区、金枫路商务区、凯马汽车广场和长江路商贸城等四大商贸服务区，汽车及其配件、五金机电、羊肉、花木等市场建设迅猛发展，成为苏州市西南商贸中心和旅游集散中心。目前，全镇累计引进外资企业212家，注册外资6亿美元，总投资达近12亿美元，私营、内资企业2225家，个体工商户3608户，注册资本分别达380221万元和19004万元。全镇拥有宾馆饭店200多家，休闲场所150余家。全镇2006年实现地区生产总值46.2亿元，完成全口径财政收入9.05亿元，完成地方一般预算收入4.81亿元，接待中外游客100余万人，实现门票综合收入1546万元，房产销售面积近36万平方米，主要经济指标以每年30%以上的速度增长。

木渎镇先后被评为“全国创建文明小城镇示范点”、“全国创建文明镇工作先进镇”、“中国历史文化名镇”、“全国环境优美乡镇”、国家卫生镇”、“全国亿万农民健身活动先进乡镇”。

江南汽配市场

凯马广场——F5汽车主题公园

苏州台容电子有限公司

苏州市吴中区角直镇

角直风情

古镇风貌

角直镇位于苏州城东南25公里处，北靠吴淞江，南临澄湖，西接苏新工业园区，东衔昆山。全镇面积72平方公里，辖17个行政村和1个社区，总人口近15万人，其中本镇人口6.5万人。

角直是一个具有2500多年历史的古镇，这里名湖水秀、风光旖旎，历史文化底蕴深厚。角直更是一个朝气蓬勃的工业强镇，全镇共有外资企业200多家，内资企业1000多家，形成了电子、机械、建材、纺织等产业。2006年完成地区生产总值40.69亿元，增长25%；实现财政收入5.5亿元，增长31.1%，地方一般预算收入2.29亿元，增长33.5%。全镇基础设施齐全，载体建设超前，区位优势突出，建有两座11万伏的变电站，两座日处理污水能力10万吨级的污水处理厂，日供汽能力2000吨的热电厂，8万吨级太湖水管网，国家西气东输天然气储备站，甫澄路、鸣市路、晓市路等镇区道路全面实施绿化、美化、亮化工程，苏沪、苏昆太、苏州绕城高速、东方大道、苏虹机场路穿镇而过。

角直镇先后被评为中国历史文化名镇、全国环境优美镇、全国首家通过ISO 14001环境管理体系认证的乡镇、国家4A级旅游风景区、江苏省文明镇、江苏省百强乡镇和外向型经济明星镇等。

文化步行街

农民居住小区

阳明山花园酒店

中国碧螺春之乡——苏州·东山

雨花胜境

三山岛－板壁峰

东山镇位于苏州市吴中区西南部，是一个伸人太湖中的长条形半岛，与临湖镇接壤，总面积96.55平方公里，常住人口5.2万人。现辖12个行政村、1个社区居委会，三山岛属于东山镇管辖。海拔293.5米的莫厘峰位于中央。全镇盛产花果、茶叶、水产、蔬菜等特色农产品，是洞庭（山）碧螺春茶的原产地域之一，享有中国碧螺春之乡的美誉。

东山镇历史悠久、人文荟萃、古迹众多，境内拥有陆巷古村、古紫金庵、雕刻大楼、启园为代表的省、市级文物保护单位22处，国家级文物保护单位5处，是苏州市乃至江苏省重要的对外接待窗口。

近年来，在吴中区委、区政府的正确领导下，东山镇依托良好的资源、人文、产业和环境优势，形成了三次产业全面、科学、协调发展的生动局面。农业注重“名特优”，主打“中国碧螺春之乡”品牌，突出产业化“六个一”工程的整体推进。工业主抓开发区建设，3平方公里的科技工业园汇集了五金机械钣金、印刷、塑料等高新技术产业。旅游三产突出太湖山水、人文历史、休闲度假的新亮点。3.34平方公里的碧螺春景区，太湖大闸蟹交易市场暨出口加工区、投资近3亿元的灵源寺重建及其景区开发项目，三山岛整体开发以及2.4平方公里的陆巷古村落保护与开发等五大项目，正按照进度，抓紧实施，强力推进。如今的东山，到处呈现出特色经济发展的勃勃生机，以旅游业为主的第三产业极大地带动了全镇一、二产业的健康发展，实现了三次产业发展的良性循环。

陆巷古村

东山科技工业园一角

苏州市吴中区

太湖帕堤欧会所

临湖镇，吴中区最年轻的乡镇，于2006年9月由渡村、浦庄两镇撤并新建而成，地处苏州城西南，东西两面濒临太湖，南接东山，北邻胥口，与苏州高新区相近。全镇区域面积55平方公里，总人口4.2万人。镇辖12个行政村、2个社区居委会。

临湖镇交通区位优势十分明显，境内形成“四横四纵”区级道路网络。吴中大道、东山大道、木东公路使本镇与苏州城南工业带无缝对接，环湖大道、浦庄大道、东山大道、浦阳路纵贯镇区南北，镇北拥有苏州绕城高速东山出口。

2006年，全镇实现国内生产总值19.88亿元，实现工业销售33.04亿元，完成全口径财政收入20887.2万元，完成地方一般预算收入9406.6万元。全镇一、二、三产协调发展。以未来农林大世界、苏越农产品示范园为首的现代农业生产已初具规模，太湖蟹、无公害水产养殖效益明显。工业经

苏越生态食府

临湖镇

菱湖渚公园

济迅猛发展，以羊毛衫为支柱的工业产品，更是打响了渡村羊毛衫之乡的品牌，全镇拥有羊毛衫生产企业200家，年生产羊毛衫3500万件。全镇外向型经济发展迅猛，外商投资企业30多家，分别来自新加坡、美国、加拿大、瑞士等国家和中国台湾地区，投资领域涉及机电、电子、光电、纺织、生物科技、房地产等行业。由新加坡维信集团投资的“苏州未来农林大世界”成为外资企业开发的典范。全镇民营经济蓬勃发展，民企总数近300家，投资总额超过20亿元。以房地产为第三产业成为临湖近年的新兴产业，太湖缘、帕堤欧、聆湖别苑相继开盘，销售良好，香港东山墅房产、沈阳华新国际即将开发高档楼盘。

临湖未来发展确定了“一线两湖三板块”的整体发展架构。一线是东山大道沿线做成临湖经济发展主动脉；两湖是做好东太湖、西太湖沿湖区域农业生态保护、现代休闲农业开发；三板块是建设原渡村板块西太湖沿线为主的三产居住商贸区，原浦庄板块平安路为主的工业开发配套服务区及东山大道两侧以工业为引领的三产休闲区。

汇聚太湖精华，打造临湖新镇。把临湖建设成为生态最好、环境最佳之地，成为最佳创业、居住之地。

地址：苏州市吴中区临湖镇腾飞路8号

电话：0512-66291101

聆湖别苑

太湖缘别墅

佳阳公司

新加坡维生种苗

苏州市吴中区光福镇

铜观音寺

玉雕

核雕

光福镇地处苏州市西部的太湖之滨，面积60.77平方公里，距市中心21.5公里，东与木渎镇接壤，南同太湖国家旅游度假区毗连，西临太湖，北接苏州高新区，交通便利，环境优美，气候宜人。2006年辖迂里、府巷、福利、邓尉、香雪、冲山、太湖渔港7个行政村和东崦湖、梅园、太湖3个社区居委会。近年来，光福镇积极推进富民强镇工程，努力实现经济社会和资源环境的协调发展。2006年，全镇实现地区生产总值18亿元，全口径财政收入10210.7万元，农民人均纯收入10278元。

光福素有"湖光山色、洞天福地"之美誉，镇域濒临太湖，境内有邓尉山、穹窿山、玄墓山、米堆山、铜井山、西碛山、凤凰山、玉遮山、吾家山、青芝山、安山、龟山、虎山等二十多座大小山峦，又有东崦、西崦等湖泊，山清水秀，风景如画，为国家太湖风景名胜十三个景区之一。景区内有香雪海、司徒庙、铜观音寺、光福寺塔、圣恩寺、石壁、石嵝等众多名胜古迹，并有县级以上文物保护单位10处。1999年被命名为江苏省历史文化名镇，列入江苏省重点中心镇之一。

光福是著名的鱼米之乡，长期以来一直是农业高产稳产地区。光福花卉苗木业发达，拥有苗木面积2000公顷，2006年苗木交易额达3亿多元，初步形成了一批规模大、品种全的花卉苗木基地。同时也是著名的"桂花之乡"，为全国五大桂花产区之一，至今全镇仍保留有近13.33公顷桂树面积。光福传统手工艺业发达，目前，核雕、玉雕、佛雕、红木雕均形成较大规模，在国内享有较高知名度，2005年被评为苏州市工艺雕刻之乡。

近几年来，光福镇依托良好的资源优势，坚持"保护利用开发"并举的原则，加强古镇保护规划，加大环境保护力度，大力实施镇区东扩及东崦湖综合环境整治工程，东崦湖新镇区已初现雏形。2006年以来，以"快乐之乡"、"中国工艺品城"、"太湖岛"等为代表的三产项目相继签约，山水资源丰富、人文历史深厚的光福成为海内外投资商青睐的热土。

船餐夜景

太湖渔港

苏州市吴中区横泾街道

苏州市吴中区横泾街道位于历史悠久的姑苏城西南部，吴中区城南工业开发带的西线。北靠尧峰山、南临东太湖，东与越溪街道相连，西与临湖镇接壤，南北长约19公里，东西长约3公里，总面积为53.39平方公里，辖12个行政村、1个社区居委会，总人口3.07万人。辖区内交通便捷，自然环境优美、资源丰富，有近2000公顷水产养殖水面，盛产“四大家鱼”和太湖蟹等水产品以及茶叶、葡萄、冬枣等作物，是典型的“江南鱼米之乡”。

2006年，横泾街道认真贯彻落实党的十六届五中、六中全会精神，以科学发展观为指导，按照加快经济发展、构建和谐社会、建设社会主义新农村的总体要求，振奋精神、攻艰克难、求真务实、奋发有为，经济和社会各项事业取得了较好、较快的发展。全年国内生产总值9.73亿元，同比增长16.52%；工农业总产值18.6亿元，同比增长28.96%；财政收入首次突破亿元大关，完成1.37亿元，同比增长41.58%；社会固定资产投资额1.48亿元，同比增长8.35%；全社会用电总量达到6286.3万千瓦时，同比增长30.23%；社会消费零售总额达到3.26亿元，同比增长18.47%；2006年农民人均纯收入9463元，同比增长11.64%；年末银行存款余额8.63亿元，同比增长24.41%。

苏州市吴中区

东环路汽车一条街

郭巷踞于姑苏城郭，形成在清代嘉庆年间，依据史料，其原意可诠释为姑苏城外一条村巷。郭巷的地理位置具有其独特的区位优势，它旁立于苏州城区东南角，东郭巷大道与东方大道相连；南接环城高速、苏嘉杭高速入口；西枕京杭运河、苏州市东环路；北连东南环立交入口，通达路连机场路接苏州工业园区；整个街道全部融入吴中经济开发区。依托发达的现代交通网络，郭巷已成为全市交通最便利的乡镇。尹山湖环湖为吴中区绿色生态次中心，集商贸中心、居住中心、生态休闲中心三大功能。郭巷街道总面积51平方公里，下辖2个行政村和10个社区居民委员会，常住人口3.7万人，外来人口6万人。

2006年，全街道实现了经济持续、稳定、健康发展，主要经济指标保持了良好、稳定的增长态势，财政收入增长较快，招商引资势头良好，现有企业特别是龙头企业产销两旺，汽车交易市场日趋成熟，三产项目欣欣向荣，服务业发展迅速。全街道实现地区生产总值12亿元，工业销售收入21.46亿元，工业利税3.25亿元，财政收入2.24亿元，完成第三产业增加值5.62亿元，全年引进内资项目110个，完成民资注册2.25亿元，引进外资项目7个，增资一个，迁入一个，完成注册资本3484万美元，到账外资2784万美元，全年纳税超100万元的企业达到29家，经济实力位于吴中经开发区几个街道的前列。

近几年来，依托发达的现代交通网络，郭巷街道工商业迅猛发展，一跃成为苏州市首屈一指的工商业热土，慕名而来，寻求到郭巷投资发展的客户络绎不绝。工业方面，郭巷境域内拥有出口加工区、河东工业园、姜家工业区、徐浜工业区、姜庄工业区、双浜工业区等多个规模型工业区。商业方面，郭巷

正开发建设的尹山湖商圈鸟瞰图

郭巷街道办事处

——苏州汽车第一街

拥有苏州本旺旧机动车交易市场、南环桥农贸市场、苏州粮油交易市场、果品交易批发市场，全部投入正常运行。装饰市场、家具市场、小商品批发市场正在筹建当中。其中东环路汽车一条街，完成了质的蜕变，被誉为“苏州汽车第一街”。自1999年福特和别克汽车入户郭巷，到2005年宝马、奔驰汽车4S店的加盟，东环路汽车市场经营品牌从家用的大众系列、海南马自达、东风雪铁龙、东南汽车，到中档的别克君威、广州本田、福特蒙迪欧、日本尼桑，到豪华的奔驰、华成宝马，4S专营店达21家，月销售额达1.8亿元，真正成为了名符其实的“汽车一条街”，“买汽车到郭巷”家喻户晓，成为苏州车友的共识，汽车一条街成为郭巷街道经济发展的一道亮丽风景线。

在实现经济持续稳定发展的同时，郭巷街道十分注重老百姓的安居乐业，在保证开发区发展建设需要的前提下，坚持以人为本，做到阳光拆迁、透明安置，为失地农民建设美好家园。几年来，规划建设了国泰新村安置小区、姜庄安置小区、通桥安置小区、姜家安置小区和塘南安置小区，累计安置了1400多户失地农民。通过对安置小区的硬环境、软环境建设，以及对安置农民实施就业工程、生活保障等工程，使失地农民都过上幸福美满、安居乐业的新生活。

国泰新村安置小区

苏州市吴中区越溪街道办事处

繁荣的越溪商业街

越溪位于苏州市古城区西南部，东依京杭大运河，西倚四季花果飘香的七子山，南临烟波浩瀚的太湖，北座名胜古迹上方山，是苏州市的南大门，规划中的苏州市吴中越溪城市副中心所在地。辖区总面积42平方公里，地势平坦，包括耕地1100余公顷，水面600公顷，山地10000余公顷。总人口6万余人，其中：常住人口2.3万余人。辖2个行政村、6个社区居委会。

省委书记李源潮视察旺山新农村

近年来，欣欣向荣的开放型经济打造了苏州南大门的这颗璀璨明珠——苏州吴中越溪城市副中心；与古城苏州连成一体的区位优势，缩短了越溪与世界的距离。紧邻苏州国家高新技术开发区、中新合作苏州工业园区，犹如驱动的巨轮，推动着越溪经济的快速发展；建设发展中的旺山光电高科技工业园更给越溪插上了腾飞的翅膀，使千年文化古镇焕发勃勃生机。近千家外资、民资企业集聚于此，在这片肥沃的土地上播种、耕耘，享受着丰厚的回报。初具规模的旺山生态农庄，将成为汇集现代农业科技、展示未来自然田园、体现生态观光旅游和山水风光的大型生态农家乐园。苏州吴中经济开发区行政大楼、苏州国际教育园（苏州大学文正学院、东吴外国语师范学校、苏州蓝缨学校等12所院校）的落户，更是给越溪的发展注入了新的活力。

旺山生态园钱家坞景区

越溪是一个既有江南水乡特色，又具现代城市气息的新型城市！

苏州市吴中区城南街道

城南街道位于苏州南大门，东邻苏嘉杭高速，西至友新高架，北接吴中城区，南与吴江接壤，街道设6个社区，5个居委会，18个自然村，20个居民小区，区域面积约17.5平方公里，常住人口2.2万，外来人口9.6万人。辖区有着悠久的历史文化，国家重点保护文化遗产宝带桥名扬海外；在这块土地上还孕育着省级吴中经济开发区的成长和发展；同时，也是中外客商云集的投资沃土，目前，辖区内已有中外18个国家和地区投资企业2000多家，其中外商投资企业300多家。投资领域涉及精密机械加工、电子及IT产业、新型建材、精细化工、生物制药、轻纺服装等行业。区域内公园、菜场、学校、酒店、商城、医院、银行、商贸等生活服务配套设施齐全。

城南街道党工委、办事处始终以邓小平理论和“三个代表”重要思想为指导，坚持以科学发展观统领经济社会发展全局，以构建社会主义和谐社会为目标，以建设社会主义新农村为契机，努力实现街道经济和社会事业全面、和谐、快速发展。2006年街道经济和社会事业各项工作取得显著成绩。全年引进外资注册资金1500多万美元，内资注册资金1.4亿元人民币；街道六个村改社区的经济收入达 1860 万元人民币，同比增长31%；街道人均纯收入达10295元人民币，同比增长10%。街道连续两年荣获苏州市红旗街道优秀奖和吴中区先进基层党组织，5个社区被苏州市评为安全小区，1个被吴中区评为安全小区，1个获得市级先锋村、区级和谐示范社区，4个社区获得区级先锋村。各社区均建立“五位一体”综合治理警务站，5个社区分别建立了“六位一体”社区卫生服务站，具备完善的社会救助、劳动就业、医疗卫生、综合治理等服务保障体系，为构建平安、文明、和谐城南奠定坚实的基础。

宝带桥

街道办公楼

长桥街道是苏州市吴中区行政中心的所在地，苏州市的南大门，地域面积15.8平方公里，下辖7个社区，户籍人口2万多人，常住人口10多万人。街道的蠡墅古镇，历史悠久，文化底蕴深厚，是越国大夫范蠡曾隐居的地方。境内始建于唐代元和年间的53孔宝带桥，是中国十大名桥之一，亦是每年中秋观“五十三孔照影来”的串月奇景的佳处。街道西部是具有悠久历史、传统文化的自然山水风景名胜地——石湖风景区。

近年来，长桥街道依托江苏省新材料星火密集区、长桥科技创业园和苏州市动漫产业基地，大力发展精密机械、轻工电子、动漫影视等特色产业的同时，充分利用自身优势，全力打造苏蠡路和澄湖路两大核心商业街，三产服务业迅速崛起，金十六区娱乐总汇、新岛咖啡中国总部、美之国装饰城和家居广场、锦江之星大酒店等品牌企业纷纷进驻，城市形象不断提升，给长桥新一轮的发展带来了巨大的潜力

资产公司创业楼

晟地置业——S半岛

长桥晨色

广场文艺演出

美之国家俱广场

和空间。2006年长桥街道实现地区生产总值24.2亿元，其中三产增加值12亿元，占地区生产总值近50%，完成全口径财政收入4.58亿元，地方财政一般预算性收入2.53亿元，街道、社区二级集体经济总收入9300万元，居民年人均纯收入13080元。经济综合实力提升的同时，社会各项事业同步得到了较好的发展，街道呈现欣欣向荣的良好局面，2006年长桥街道评为苏州市级“先锋镇”、财政收入上台阶先进街道。

长桥，已成为了一个既有江南水乡特色，又具现代城市气息的新型街道。

豪庭大酒店

发展中的长桥

苏州市吴中区苏苑街道办事处

省委常委、组织部长王国生在区委书记金海龙的陪同下视察南区社区

苏苑街道党工委、办事处建于2002年7月，由原苏苑、月浜二个街道合并而成。街道位于苏州市区南大门，是吴中区委、区政府所在地，东临京杭大运河，南至澹台湖，西濒西塘河，北与苏州市区相毗邻。辖区面积4平方公里，常住人口4.5万余人，建有11个社区居委会。共有17个基层党组织，在册党员1030名，驻有机关企事业单位240家。

全面推进和谐社区建设。社区基础设施完备，社区的办公活动场所平均达到300平方米，建立了“五室三站二栏二校一场地”，办公实行自动化。南区社区被评为省、市“和谐示范社区”，嘉宝花园被评为省、市“文明社区”和“绿色社区”，是省“廉洁文化进社区示范点”和“民主法治示范社区”。

进一步优化辖区环境。近年来累计投入3000万元，对南区、月浜一、二村、东吴新村小区等老新村进行综合改造，解决了公共设施老化、两污合流、停车难、环境差等问题，使老小区旧貌换新颜。

坚持以人为本服务居民。积极推动社会事业发展，认真实施“社会保障工程”，科教、文化、卫生等工作全面发展，建有4000平方米的苏苑社区（党员）服务中心和1000多平方米的文体活动中心，11个社区全部建立了居家养老服务中心。

形成了全覆盖的社区防控体系。建立了“社会治安管理服务中心”，集警务、民兵应急分队、居民护楼哨为一体。推行大技防进社区，设置全天候监控探头，各类治安案件明显下降。

争创特色品牌。街道成立的苏苑社区艺术团、“苏苑之声”民乐队、“苏苑之韵”舞蹈队，推出的“月浜文化墙”、每年一届的“社区文化艺术节”，开设的未成年人“假日课堂”等，在构建和谐社区中发挥了重要作用，成为特色品牌。

老新村综合改造后的小区一景

南区社区服务中心

“手拉手、心连心”大型文艺演出

“苏苑之声”民乐队

长达130米的“月浜文化墙”

苏州市吴中区龙西

①

②

龙西街道位于西塘河以西，西接友新路横塘分界处，南邻长桥运河，北至淐长河，面积约3.25平方公里，辖9个社区居委会，常住人口约5.85万人。

狠抓政府实事工程建设。2006年总投入1800万元，实施环境建设，对吴中苑社区四个小区进行老新村改造，主要为雨污分流、弱电入地、墙面粉饰、路灯改建、景观美化、增加停车位、安装电子监控设备。对盘蠡苑小区进行路面整修、绿化景观改造、增加停车位。对水香街2公里路段进行全面整治，着重对沿街商铺门面改装无框玻璃门、连接式防盗门、墙面粉饰、空调外机包装。另外还对水香五村、七村等部分零星小区进行环境整治，效果显著。**群众参与，政府引导，社区文化亮点不断。**全面实施文化环境建设。从服务内涵、特色品牌着手，社区文化活动为目标，积极开展丰富多彩的文化活动。一年来共组织、参与各类文化活动20多场次，观众人数4万人次，营造了良好的社区文化氛围。**因地制宜，勇于探索，积极开展特色社区的创建。**充分利用和挖掘各社区现有的优势资源，强化社区服务功能，提升社区品位，着力培育新型社区，大力推进新型特色社区建设。

③

街道办事处

2006年4月以来，街道累计投入20万元，形成了吴中苑学习型社区。新苑科普型社区，新景苑文体型社区，盘蠡苑银龄型社区，水香苑绿色型社区。**延伸触角，丰富内涵，做优做强社区“阳光假日课堂”**。街道把加强未成年人思想道德建设作为社区建设的一项重要任务，以“阳光假日课堂”为载体，不断延伸触角，丰富内涵，充分发挥了社区教育的引导、补充作用，全力构筑了学校、家庭、社会三位一体的未成年人思想道德教育网络。

2006年，街道投资近30万元扩建“阳光假日课堂”，面积由原来的30平方米扩展至300平方米。教育内容由原来单一的艺术培训转向集文学、艺术、品格、家教培训为一体；教育班次由原来的寒暑假开班转至目前常年办班。截止目前，龙西街道“阳光假日课堂”已拥有“南樵书院”、“缀云轩”儿童画工作室、“绿韵”琴行等诸多教育品牌。

街道党工委、办事处，在区委、区政府的正确领导下，各项社区建设都取得了丰硕成果。一是党的组织建设有了新的加强，由原来的九个社区党支部，已发展为下辖两个社区党委，七个社区党总支，一个非公经济党支部，五十六个社区党支部；二是党员队伍有了新的发展，由原来的60多名党员发展壮大到现在的684名党员；三是党建共建有了新的变化，由原来的四十八家，发展到现在的八十四家；四是党员素质有了新的提高。特别是经过2005年的党员先进性教育活动，涌现出了退休不退志，不计名利甘为社区做好事的何铁军等十佳优秀共产党员；五是党的“爱心工程”力度不断加大。近年来，街道党工委通过“一家亲爱心超市”、慈善分会等途径，每年春节前都要拿出近三万元的爱心基金，走访慰问辖区困难党员、困难群众，及时给他们送去党组织的温暖；六是党的“民心工程”又有了新的“视点”。继去年吴中苑社区老新村改造后，今年又在新苑社区实施了老新村改造工程，努力为社区居民创造一个洁净优美、安全舒适的社区生活环境。

① 区四套班子领导携有关单位视察老新村整治工程

② 街道召开党员代表大会

③ 街道表彰一批十佳新人新事

④ “温馨家园·幸福龙西”社区欢乐广场开幕式

⑤ “阳光假日课堂”少儿美术工作室

⑥ 街道举办首届社区趣味运动会

苏州市吴中区

凤凰台

香山街道位于素有人间天堂美誉的苏州城西15公里的太湖之滨，是苏州太湖国家旅游度假区中心区域。占地面积近20平方公里，街道辖区5个行政村、3个社区居委会。常住人口2.8万人，其中：外来人口1万人。

香山街道旅游资源丰富。区内的山水湖泊、岛屿长桥相映衬，景点各具特色，秀山丽水，举目如画。旅游涉外宾馆、旅游公司、国际旅行社以及各类旅游娱乐设施齐全。

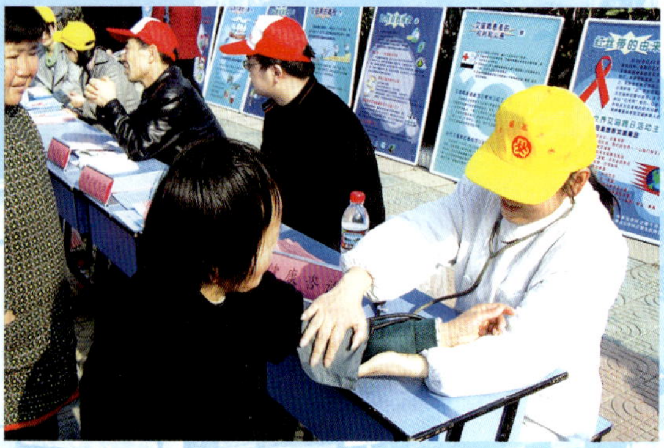

关爱生命，为民义诊

香山街道认真贯彻“以苏州太湖国家旅游度假区为龙头，加快形成环太湖旅游经济产业带”的发展战略，在基础设施投人、旅游项目建设等方面做了大量工作，初步形成了以“太湖山水、古吴文化、桥岛风光、田园野趣、美食度假、游乐

太湖之星

太湖新天地

香山街道办事处

世界”为特色，以“度假、休闲、观光、游览、康复、运动、娱乐”为主要内容，设施、环境、服务较为完善的度假休闲胜地。

2006年香山街道坚持以科学发展观为指导，经济发展和各项社会事业继续保持了快速稳步发展的良好势头，为新一轮开发建设夯实了基础。全年实现GDP5.1亿元，完成全口径财政收入1.18亿元，完成地方财政一般预算收入1.0亿元，接待国内外游客70万余人次，旅游总收入8.8亿元，全社会固定资产投资7.2亿元。辖区内的旅游品加工工业园、渔洋山太湖生态草鸡养殖基地及旅游服务配套产业正朝气蓬勃地发展。

香山花园安置小区

太湖公园

蒯祥纪念园

苏州市吴中区临湖镇

1

湖桥村是苏州市新农村建设示范村、江苏省村庄改造示范村、江苏省康居示范村。全村辖有28个自然村、32个村民小组，有1278户居民、4388人。在苏州市新农村建设示范村《规划》的导向和《强村富民》目标的激励下，通过2006～2007两年来的快速发展和建设整治，一个充满生机、蓬勃向上的新湖桥正在逐步形成。村党委、村委会将继续坚持“两个率先”，进一步强化规划的科学性、导向性和权威性，以科学发展观统领经济社会发展全局，为把湖桥村建设成为功能区域分明、基础设施配套、产业特色鲜明、生态环境优美、经济持续发展、农民生活富裕、农村管理民主、社会和谐文明的新农村而努力！

1 5 村委会

2 3 水产养殖基地

4 道路建设

6 7 8 河道建设

2

3

湖桥村

4

5

6

7

8

苏州市吴中区木渎镇姑苏村

苏州市吴中区木渎镇姑苏村位于木渎新区、金桥开发区地段，西靠木东公路，北临苏福公路，金枫南路横贯中间，村内有七子山、凤凰山，风景宜人，交通便利，地势优越。全村面积9.6平方公里，总人口5400人，总户数1480户，共有34个村民小组，分布在27个自然村内。村党委下设九个党支部，其中非公有党支部3个，全村现有党员149名。

为加快城市化进程，2003年11月由上级政府批准，原姑苏村、凤凰村、七子村合并成姑苏村。近几年来，村经济运行质量不断提高，村经济收入迅猛增长，村经济实力得到了历史性增强。姑苏村将进一步提高服务意识，全方位优化投资环境，继续营造“亲商、富商、安商”的良好氛围。以优质高效的服务吸引更多的投资者到姑苏安家落户。

村辖区内拥有7个工业区，民营企业115家，外资企业4家，工业厂房11万平方米，村年租金收入1200万元，村级集体净资产1.1亿元，全村人均收入13000元。为进一步深入农村经济体制改革，增加村民收入，2004年成立了姑苏村股份合作社，把村级资产量化到每个村民手中，使村民既有按劳分配的收入，又有持股分配的红利，切实提高农民的生活水平。

在村级经济快速发展的同时，注重本村的精神文明建设，大力发展社会公益事业，完善各种配套设施，改善村容村貌，提高村民的生活质量。近年来，先后投资近千万元，被评为江苏省文明村、江苏省卫生村、苏州市先锋村、吴中区社会主义新农村建设示范村。如今姑苏村已形成了一个健康祥和的氛围，家庭和睦，尊老爱幼，邻里团结，百姓安居乐业，构建了一个和谐的新农村。

苏州市吴中区先锋社区

先锋社区位于姑苏城南“金十六区”，东邻吴中经济开发区，西傍吴越春秋石湖风景区。社区由原先锋、庄桥、翻身三个行政村撤并而成，区域面积2.6平方公里，13个自然村，29个居民小组，常住居民918户，3380人，外来人口2万多人。社区党委下设三个党支部，12个非公经济党支部，党员人数194人，二委班子人员10名，目前社区有三个资产股份合作社，一个物业股份合作社，集体总资产13145万元，集体净资产9287万元，2006年经济总收入1700万元，居民人均收入13100元。2006年新建厂房和商业用房23500平方米，辖区现有各类企业150多家，社区集体经济收入列吴中区村级收入前10位，每年支付失地农民补偿400万元，并为失地农民办理了城保，新型农村合作医疗保险率达100%，社区先后获得了“省卫生村”、区“文明社区”、“民主法制示范社区”、“五好文明家庭先进集体”、“人口和计划生育先进集体”、“关心下一代四有五无先进居委会”、“和谐示范社区”、苏州市实践“三个代表”重要思想、实现“两个率先”“先锋社区”和苏州市新农村集体财务规范化管理“示范单位”。

苏州市吴中国裕资产

董事长 胡 浩

苏州市吴中国裕资产经营有限公司成立于2004年7月，是一家经江苏省人民政府核准，苏州市人民政府批复，由苏州市吴中区人民政府投资设立的国有独资企业。

公司注册资金10000万元，实行“自主经营、独立核算，自负盈亏”。公司经营范围：对授权范围内的国有资产进行经营、管理；对授权投资的城市建设项目、交通设施等进行经营、管理。

新侨大厦

根据区政府“做大、做强、做美”的战略需要和区政府对公司具体工作职能要求，公司积极参与政府的重大项目融资建设，目前在建项目有吴中职教中心。

公司法人代表胡浩。下设职能部门有：董事长室、总经理室、副总

职教中心项目鸟瞰图

经营有限公司

经理室、财务总监室、资产经营科、资产管理科、财务科、办公室。公司以“积极探索、务实创新、稳健经营、服务经济”为宗旨；以国有资产增值保值为最终目标。目前，公司拥有下属企业东山宾馆、东山雕花楼宾馆、苏州国裕物业管理有限公司、苏州国裕建设项目管理有限公司、苏州新侨房产置业有限公司、苏州市潭山硫铁矿、吴中区财会培训中心（财苑饭店）；参股企业有苏州市江远热电有限责任公司、苏州吴中供水有限公司、苏州市吴中区燃气有限公司三家大型企业。公司目前总净资产10亿元。

雕花楼宾馆

东山宾馆

地　　址：苏州市东吴北路62号计委大厦七楼

电　　话：（0512）65131986、65131984

传　　真：（0512）65131986

电子邮件：wzgy_705@163.com

财会培训中心

苏州市吴中区工业资产经营有限公司

苏州市吴中区工业资产经营有限公司是由吴中区政府投资设立，经市政府批复、省政府核准，并授予国有资产投资主体资格的国有独资公司，成立于2002年7月。公司注册资本5000万元人民币，经营范围为授权范围内的国有资产的投资、经营、管理。公司内设总经理室、副总经理室、财务总监室、办公室、党务办公室、企业资产管理科、资产经营科、三产管理科、财务科、劳动人事科。

公司围绕一个中心即国有资产的保值增值，通过盘活存量、优化增量，立足主业，集聚发展，目前已拥有以苏州市吴中区金茂工业园有限公司、苏州华东镀膜玻璃有限公司为骨干的17家全资企业及控股公司。全资企业吴中区金茂工业园系区政府重点工程，总投资1.3亿元人民币，10万平方米的标准工业厂房及吴中技工学校已投入使用；控股公司苏州华东镀膜玻璃有限公司为国家重点高新技术企业，主要生产销售各种镀膜玻璃、钢化玻璃、玻璃深加工产品及本企业产品装饰工程，其中“钻石”牌钢化玻璃荣获江苏省名牌产品称号。

华东镀膜玻璃公司生产线

缂丝厂商业用房

董事长、总经理：王也鸣
地址：苏州市吴中区县前街72号经济大厦14-15楼
电话：0512-65251693
传真：0512-65287651
邮编：215128

东吴外国语高等师范学校
江苏省外国语学校

DONGWU FOREIGN LANGUAGE TEACHERS COLLEGE
JIANGSU FOREIGN LANGUAGE SCHOOL

1994年经省人民政府批准建立东吴外国语师范学校；2000年学校与上海外国语大学联合创办上海外国语大学苏州外国语实验学校；2002年11月，经省教育厅批准（苏教发[2002]230号），上外苏州实验学校更名为江苏省外国语学校；2005年5月，东吴外国语师范学校升格为东吴外国语高等师范学校（苏教发[2005]79号）；2006年7月，江苏省外国语学校晋升为省四星级学校（苏教基[2006]21号）。

江苏省外国语学校、东吴外国语高等师范学校两校一体，坐落在苏州国际教育园区，环境优美，设施一流，先后通过省合格实验室、省一级图书馆验收，曾先后被评为江苏省德育先进学校、江苏省绿色学校、江苏省模范教工之家、苏州市文明单位、苏州市教育信息化示范学校、苏州市首批双语实验学校、苏州市教育科研先进单位。

学校有一支优秀的教师队伍，现有专任教师276名，中学正高级教师、省特级教师1名，区级以上学科带头人、名校长、名教师45名，中高级职称教师超过60%，获得“聘请外国文教专家单位”A级资格证书，常年聘请外籍教师在校任教。

学校管理严格有序，形成了优良的校风、教风和学风，教学质量高，学生先后在全国、省中学生英语能力竞赛及数理化等学科竞赛中获一等奖486人次，历年高考、中考、师范专升本考试都取得优异成绩，已向清华、北大、香港大学、复旦、南大、东南大学、上外等名校输送了一大批学生。

学校着力营造高品位的文化氛围，培育“自强不息、开拓创新”的学校文化精神；着力构建英语教育文化环境，外语特色鲜明，学生英语成绩好，口语水平高，师范毕业生就业率100%，在各地中小学英语教学中受到普遍欢迎。

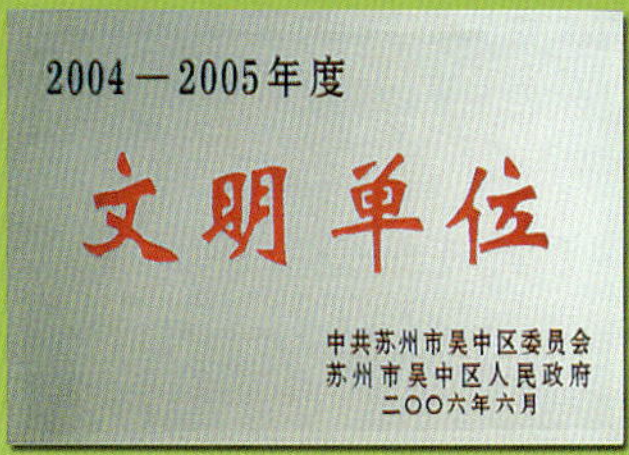

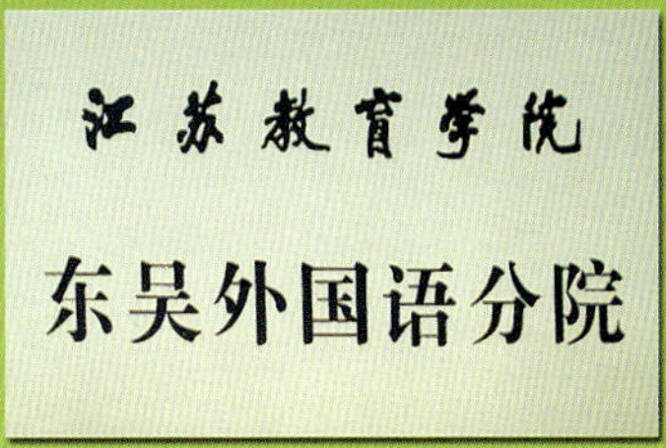

四星级高中挂牌仪式

新教学大楼

外籍教师上课

地址：苏州市吴中区吴中大道圣陶路1号　　邮编：215104
电话：（0512）66551954　66551066　66553066　　传真：66551954
网址：http://www.dwws.cn　http://www.jsfls.com
E-mail：dwws001@163.com

苏州市吴中区苏苑高级中学

优美的校园环境

吴中区苏苑高级中学创办于1991年。1997年，通过江苏省重点高中的验收。2005年，晋升为江苏省四星级普通高中。

学校占地7.53公顷，总投资5000多万元，建筑总面积3.6万平方米，校园绿化面积2.9万平方米。学校目前拥有37个班级，1970名学生；教职工共166人，其中专任教师140人，具有中高级职称的114人。

办学十多年来，学校全面贯彻党的教育方针，以培养学生的创新精神和能力为核心，凸现素质教育这一最高办学宗旨；以办成具有一流设施、一流师资和一流教育质量的现代化学校为办学目标，致力于教育教学的研究改革，教育质量稳步提高。学校也因此被先后授予省德育先进学校、省园林式单位、省实施素质教育先进学校、苏州市文明单位等50余项荣誉称号。学校在德、智、体、美、劳等方面均取得了可喜的成绩。学校多年来为全国一流名牌大学输送了大量人才，高考的录取率平均达95%以上。

高效的课堂教学

丰富的校园生活

苏州市吴中区碧波实验小学

江苏省科协徐耀新书记到学校视察

江苏省电教馆馆长鞠宗其到学校视察

新加坡儒廊小学专程到学校游学机器人课程

江苏省碧波实验小学坐落在苏州城南美丽的宝带桥西侧，现有33个教学班，1500多名师生员工。多年来，学校坚定不移贯彻科学发展观，以“一切为了每一位孩子的发展”为办学理念，以“德育为首，教学为主，质量为本”为办学宗旨，积极创建以科技教育为特色的品牌学校。

2006年，师生在各级各类竞赛中获奖累计500多人次，第四次参加“亚太地区国际青少年机器人奥林匹克大赛”又荣获金牌，是国内参赛学校首个三连冠得主。学校先后获得全国青少年科普创新示范学校、苏州市文明单位、苏州市德育示范学校、苏州市教育信息化先进单位、吴中区科教文卫先进单位、吴中区优秀教师群体等全国、省、市、区集体荣誉29项，为学校实施“十一五”规划奠定了一个良好的基础。

优美的校园环境

伴你成长——中国农业银行

中国农业银行苏州市吴中支行在实施商业化经营中，全行500多名员工紧跟时代步伐，不断更新观念，以创建一流银行为目标，以服务地方经济为己任，内强素质，外树形象，经济效益和社会效益不断提高，充分展现了农行的实力、活力和魅力。

资金实力强大 存款总量和增量市场份额自1998年以来已连续多年位居当地金融同业第一，全辖各营业机构存款总量均超亿元。国际结算市场份额自2000年以来连续多年位居当地同业第一。

网点网络广泛 至2006年末，全行下辖38个对外营业网点，其中：支行营业部1个、二级支行17个、分理处18个、储蓄所2个，遍布吴中、相城两区各个乡镇及苏州城区。“精品网点”建设加快，金融产品不断创新，自助服务设备数量最多，网络优势日益凸现。

业务品种齐全 目前开办的业务种类包括存贷款业务、储蓄业务、票据业务、结算业务、代理代办业务、国际业务、中间业务、理财业务、金穗信用卡业务、房地产信贷业务、电子银行业务等，是服务领域最广、服务对象最多、业务功能齐全的银行。

品牌形象良好 分别于2001、2002、2003年相继成为吴中、相城两区首家获得吴县市文明行业、苏州市文明单位、江苏省文明单位的金融单位，品牌形象和社会地位不断提升。

中国农业银行苏州市吴中支行将继续以一流的产品、一流的服务，为地方经济发展注入更多的活力，为每一位客户提供更广阔的空间和更强大的支持。

中国农业银行 苏州市吴中支行
AGRICULTURAL BANK OF CHINA SUZHOU WUZHONG BRANCH

电话：0512-65655688 客户服务热线：95599
邮编：215128 网站网址：www.95599.cn
地址：江苏省苏州市东吴北路138号

中国农业发展银行

苏州市吴中区支行

行长 丁吉明

以业务发展为主线，努力实现领先发展的目标。

1.以传统业务为基础，稳定信贷规模。传统业务仍然是支行的立行之本，是农发行履行职责，服务“三农”，执行政策的根本。

2.大力发展商业性贷款业务，延伸农发行服务链。

一是大力支持农业产业化龙头企业。目前已与四家农业产业化龙头企业建立了正常的信贷业务。截至2006年底，贷款余额2853万元，主要支持其开展粮食、棉花的加工。

二是积极支持粮食市场项目建设。2005年末，支行了解到苏州市粮食批发交易市场搬迁重建后，专门组织人员上门宣传，了解项目情况，宣传农发行政策，建立银企互信合作关系。春节过后，支行组织专门人员，对项目进行了认真的研究，通过支行调查，市行审查，经省行审批，成功实现了项目合作。项目贷款总额2500万元，及时支持了项目的按时开工，目前项目建设进展顺利。

3.以低风险贷款为突破，实现业务发展的新飞跃。在上级行的支持下，支行发挥分辖吴中、相城两个区的优势，主动与两区政府接洽，组织低风险贷款项目组，由副行长带队，对两区项目进行调研。历时两个月，通过走访企业，实地调研，政府协调，先后向上级行报批了相城区生态农业示范园粮食生产基地项目贷款和吴中区优质粮食生产基地建设项目贷款。经省市二级分行调研、审批，分别同意了支行的项目贷款，给予相城区生态农业示范园1.7亿元贷款，给予西山国家现代农业示范园3亿元贷款，目前已按工程进度和上级行有关要求分别投放了1.2亿和1亿元，有效地支持了工程项目建设。

江苏银行 BANK OF JIANGSU

苏州吴中支行 Branch wuzhong,suzhou

江苏银行是在2007年1月由江苏省内无锡、苏州、南通、常州、淮安、徐州、扬州、镇江、盐城、连云港十家城市商业银行根据公平自愿原则，按照“合并统一法人、综合处置不良资产、募集新股充实资本、构建现代银行体制”的要求，新设成立的全新的现代股份制商业银行。

江苏银行总行位于南京市，注册资本78.5亿元。截至2006年12月末，下辖总行营业部和10家分行，共有支行级营业网点414个，从业人员7100多名，各项存款1335.76亿元，各项贷款852.35亿元，总资产1471.98亿元，资本充足率达到13.03%。

江苏银行的经营理念

江苏银行的根本宗旨：立足江苏，服务江苏，大力支持江苏经济社会发展。

江苏银行的经营目标： 实现股东价值最大化和保护存款人利益。

江苏银行的市场定位：以支持地方中小企业、民营经济为主，同时参与地方重大项目、重点企业的建设和发展。

江苏银行坚持机制灵活、决策灵敏的经营优势，公司治理更加健全，经营管理更加规范，业务品种更加齐全，市场空间更加广阔，资产质量更加优良，社会支持更加有力，比较优势更加明显，品牌形象更加鲜明，并努力建设成为“资本充足、内控严密、运营安全、服务和效益良好”的现代股份制商业银行。

江苏银行苏州吴中支行自2004年6月成立以来，立足吴中，服务吴中，大力支持吴中经济社会的发展。坚持以支持吴中中小企业、民营经济为重点，同时参与吴中地方重大项目、重点企业的建设和发展，为吴中的经济建设作出了一定的贡献。

为了更好地支持吴中区的乡、镇经济的发展，江苏银行苏州分行决定将于2007年6月在吴中区木渎镇开设江苏银行苏州分行首家乡镇支行，该行的设立将使江苏银行苏州吴中支行服务吴中经济的覆盖面更宽、更广。

江苏银行苏州吴中支行将继续竭诚为吴中的企事业单位和广大居民提供更方便、准确、高效的服务，共创吴中和谐而美好的明天。

苏州市吴中区公共汽车有限公司

总经理 许建忠

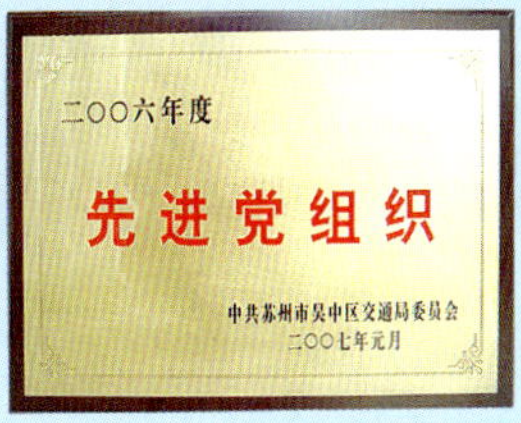

苏州市吴中区公共汽车有限公司主要经营城市公共交通运输、中长途班车、出租车等旅客运输。近年来，公司立足长远、从发展的角度出发，大力发展城市公共交通运输，现属苏州市四家公交企业之一。2003年12月，根据企业改制及构筑大交通格局的需要，公司与苏州汽车客运集团有限公司进行资产重组，联合经营，从而在规范化、集约化水平上有了显著提高。

目前公司开通有苏州市区至西山、光福、镇湖、苏州国际教育园、车坊、浦庄等方向的28条公交线路。2006年又开通了木渎、东山、吴中经济开发区镇区公交线。目前公司拥有各类营运车辆445辆，公司共有职工850人。

苏州市吴中区公共汽车有限公司拥有健全的职能管理机构：办公室、运输经营科、财务审计科、安全机务科、综合开发科，下辖六个运输分公司、吴中汽车站，陆慕修配厂、农贸市场等生产部门，公司于2005年6月16日通过了ISO 9001质量管理体系认证，并与2006年通过了复审。公司所属部门中吴中汽车站为二级客运站，日发班次356班，日均旅客流量3000人次，担负苏州至皖、浙、沪、豫及江苏境内的省际、市际、区内客运任务，涉及班车线路70余条。

面对竞争日益激烈的运输市场和不断增长的社会需求，公司坚持以市场为导向，全面实施高标准、高效率的现代化企业管理制度，致力于运力更新、服务创新，以“安全优质、服务至上”为企业宗旨，为广大市民提供更优质、更完善的服务。

苏州吴中供水有限公司

苏州吴中供水有限公司是由区政府参股，江苏吴中集团有限公司控股的公用事业型企业。下设15万吨红庄水厂、20万吨吴中新水厂、5千吨渡村水厂和10万吨角直增压站。

2006年公司扩大区域供水范围和供水规模，完成了总概算2.4亿元的角直供水管道工程中的10万吨增压站工程，仅用10个多月时间快速高效地完成了总概算5.37亿元的20万吨吴中新水厂建设和20多公里DN1600-2000大口径管道铺设工程。

办公大楼

2006年公司积极推行"优质服务、保障供水、关怀民生、造福吴中"的服务宗旨。公司积极推行一站式首问制供水服务体系，执行24小时咨询服务和维护抢修工作制度，做好用户信息反馈和友情提示工作。建立和接受室外管网测漏巡检制度，全力保障供水管网安全。同时积极做好供水生产安全自动化监控系统，以一丝不苟的工作态度，保证全年出厂水、管网水、末梢水的水质综合合格率达100%，保证水质各项指标达到国家饮用水标准。全年供水营业收入11230万元，供水量6100万吨，回收水量5270万吨，回收率达86%，各项工作经济指标均位居全国供水行业先进水平。

2006年公司大力推进"向上、务实、创新、高效"企业文化建设。公司坚持晨升晚降国旗和广播操制度，坚持以人为本，重视人才培养，努力提高企业管理水平和供水服务质量。通过各项规范化、程序化和制度化的建设，有力地推进了企业各方面的进步。公司连续二年被吴中集团评为金奖企业，公司党支部被评为吴中区先进基层党组织，公司工会组织被评为先进集体，公司团总支获得"区十佳基层团组织"、"区红旗团支部"、"共青团工作先进集体"以及"集团团委先进集体"等荣誉称号。

供水服务大厅

苏州市吴中区燃气有限公司

苏州市吴中区燃气有限公司是2004年1月由原苏州市吴中区液化气公司、苏州市吴中区管道液化气有限公司、苏州市吴中区木渎管道液化气有限公司一并转企改制后新成立的股份制公司。现公司由苏州燃气集团有限责任公司国企资本、苏州市吴中国裕资产经营有限公司国企资本、民资三方组成，注册资本2000万元。公司地址在苏州市吴中区月苑街29号，董事长张振强，总经理胡文兴。公司下设管道分公司、液化气分公司、木渎办事处三个分公司，并投资控股苏州市吴中区角直天然气有限公司。

公司主要经营天然气、液化石油气及相关器材设备的销售、燃气工程的设计、安装等。公司的主要任务是负责液化气的运输、贮存、销售，管道液化气、天然气的输配，保证为吴中地区居民及工商用户供气及售后服务。公司有贮存能力1000吨（2000立方米）的液化石油气储罐场，有月浜、木渎、河东工业园天然气调压站，有东山CNG-LNG（压缩－液化）天然气输配站，有郭巷塘南液化天然气站，光福、西山等设有液化石油气瓶组站，吴中城乡设有瓶装液化气供应站。

公司一切以百姓为中心，以发展燃气事业为己任，为百姓提供更多的选择、合理的价格、最好的服务。公司现有天然气民用户28247户，各类工商用户149户，瓶装液化气用户52831户。2006年液化石油气年销售量15000吨，天然气销售量987万立方米。现有市政中压燃气管道133.65千米，小区低压燃气管道186.52千米，在建设发展吴中城区燃气的同时，向吴中经济开发区和各乡镇延伸，逐步建立吴中区域内的燃气管线网络。

苏州市吴中区人才市场

苏州市吴中区人才市场隶属于吴中区人事局领导，承载着本行政区域内的人才资源开发、人才交流、人才培训、人事代理、人才派遣、档案托管、毕业生就业指导等职能工作。人才市场初建于1992年，1998年5月拥有了1500平方米的人才市场大楼，开展了轰轰烈烈的人才资源开发工作，为吴中区的社会经济发展积聚了大批人才。为此，先后被评为苏州市文明市场、苏州市样板市场、江苏省文明市场等称号。

为配合区委、区政府对吴中城南工业带开发战略的实施，人才市场本着面向生产第一线的宗旨，2004年1月搬迁至吴中经济开发区，与开发区人力资源市场联合组建新的人才人力资源市场。组建后的人才市场招聘大厅面积1500平方米，配有大型室内、外滚动式电子显示屏，招聘摊位99个；能同时容纳3000名求职者面试，为用工单位和求职者提供良好的招聘面试环境和优质高效的服务。市场每周三举办人才集市，每周二、周五举办劳动力集市。2006年共举办招聘集市159期，9600家次单位进场设摊，累计提供岗位22.3万个，18万人次进场应聘。与集市市场相配套的“中国东吴人才热线”网站，以全新的版面、全新的内容、完善的功能，迅捷的信息，对人才资源开发发挥了重要作用。一年来发展网上会员单位120多家，发布网上招聘广告1000多条，新登记人才信息3万多条，网站访问量达120万人次。有形市场和无形市场的有机结合，构建了吴中区人才资源开发良好的平台，充分显示了新市场强劲的人才集聚效应。

吴中区人才市场秉承“客户至上，信誉第一，服务人才，服务社会，不断提高服务质量”的品质方针，本着诚信务实的工作作风，在提供有效服务前提下，不断完善、不断创优，努力使人才市场更专业、更规范、更具规模、更富特色，为人才找到更合适的岗位，为企业发展找到更优秀的人才而尽最大努力。

地址：苏州吴中经济开发区吴中商城大街157号　　邮编：215128
电话：0512-65259221、65256937　　传真：0512-65255044
网址：http://www.dwrc.cn

太湖西山国家森林公园缥缈峰景区

位于苏州太湖西山岛，总面积5平方公里，由缥缈峰、水月坞、涵村坞组成。缥缈峰为太湖七十二峰之首，海拔336米，因经常被云雾笼罩，犹如传说中的缥缈仙境而得名。景区有10公里的环山公路和5公里的步行道，可从两个山坞乘车或步行直达峰顶，将三万六千顷湖光山色尽收眼底。主要景点有“水月观音”造像的发源地水月禅寺、“洞庭山碧螺春”茶的发源地墨佐君坛、唐代“茶圣”陆羽像、梁羽生武侠小说中的八阵图石阵（百臼馆）、明代四大才子聚会的琴台（百墩馆）、峰顶瞭望塔、许愿池、碑廊、无碍泉、贡茶院、茶文化展示馆、农耕文化展示馆、百鸟园、观赏鱼廊等20余处。

缥缈峰景区的规划于2003年3月由苏州市人民政府批准，2005年起由西山镇人民政府组织建设，总投资1亿元。景区于2007年3月20正式对外开放。

苏州市西山缥缈峰景区旅游服务中心
联系人：徐经理、刘经理
地址：江苏省苏州市吴中区西山镇堂里村
电话：0512 – 66272858
传真：0512 – 66279387
邮编：215113
网址：xszx.blog.wxedu.net
电子信箱：szxszxwlzx@163.com
公交线路：58路、69路西山群力桥下
直达景区的环山公交即将开通

苏州市吴中区

胥王园

胥王园位于胥江和太湖交界处，又名胥王庙、伍公祠，是纪念伍子胥的主题公园，是吴人端午的起源地。伍子胥是我国古代杰出的政治家、战略家、军事家、规划大师、水利专家。又是苏州古城总设计师。该园始建于公元前484年，几经兴衰，2005年，苏州市胥口镇政府筹资3000多万元恢复重建。已成为占地3.4公顷，建筑面积2650平方米的气势恢弘的园林精品，建筑格局上分成胥王陵、祠区、园区、园外园四部分，文化上体现胥王卓绩、太湖放生、祭祀、探索古吴文化、德育基地、勤政廉政教育等六大旅游主题。

地址：苏州胥口（胥江河边）
邮编：215164
电话：0512-66877528　66877128
传真：0512-66877528
http：// www.szxwm.com
E-mail:xwm@szxwm.com

A&J 苏州太湖度假区安洁绝缘材料有限公司

SUZHOU ANJIIE INSULATION MATEPIAL CO.,LTD

先进的生产设备

安洁绝缘材料有限公司坐落于国务院批准建立的首批国家级旅游度假区—苏州太湖度假区工业发展区内，南与清新秀丽的太湖风景相伴，西与光福机场为邻，是一家专业从事电子电器、电脑笔记本、手机、家用电器、电子玩具、LCD、LCM显示器背光模组以及高科技通信产品周边器材等行业而配套附件产品厂家。其集绝缘材料的开发、设计、生产及销售于一体、为客户提供各式、全面规格的高科技电子绝缘材料.

公司发展历程:

1999—12，公司注册成立，占地0.37公顷.
2002—05，通过ISO 9001:2000品质管理体质认证.
2005—01，通过ISO 14001:2004环境管理体系认证.
2005—03，通过三星公司的ECO—Partner认证.
2005—06，通过华硕公司的G.A认证.
2005—10，通过索尼公司的G.P认证.
2005—10，占地1.87公顷的新厂房投入生产.
2006—03，CNC精雕项目正试量产.
2006—09，企业资源规划管理系统(ERP)上线运行.
2006—09，扩散板加工项目批量生产.

至今，安洁绝缘材料有限公司已由投资300万元的加工厂，发展为固定资产超过4000万元、年销售超过1.5亿元的中型企业.

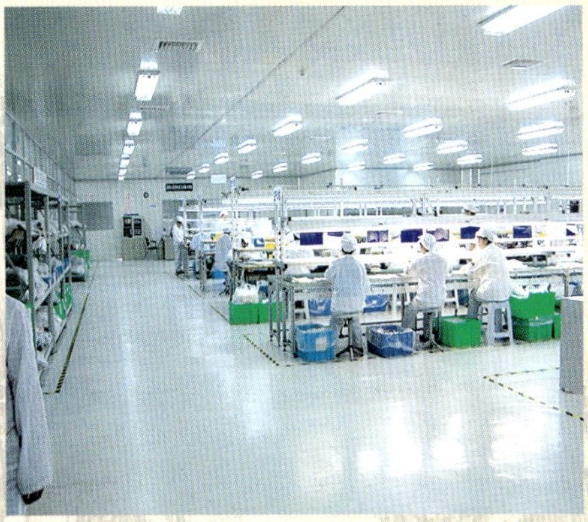

洁净的生产环境

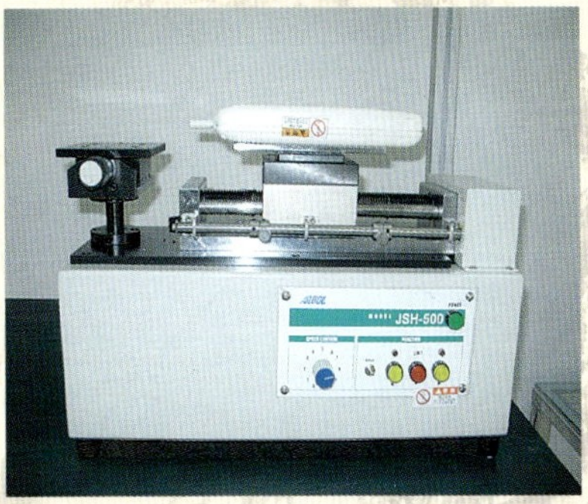

精准的测量仪器

生产加工销售范围:

1.电子绝缘、屏蔽、EMI产品系列：PC、PET、PVC、PE、PP绝缘垫片，PC、PP、PVC、FR系列（94—VO）防火材料，防火快巴、铜箔、铝箔、导电布、聚酰亚胺（KAPTON）、麦拉（MYLAR）、云母片、红青壳纸、NOMEX纸等.
2.进口特殊胶带系列：3M、SONY、NITTO、TESA系列胶带等.
3.扩散板、导光板的裁切、成型加工，产品CNC精雕加工.

主要客户:

华硕、广达、三星、索尼、三洋、富士康、英业达、友达、仁宝、伟创、明基、维讯、泰山光电等100多家客户.

一流的管理系统

安洁绝缘材料有限公司一贯坚持“致力于超越客户的期望，持续改进，不断提供价格合理的优质产品和增值服务来满足客户”的企业宗旨，确保产品以“优质、快捷、周到、价平”的承诺服务于广大客户，坚持以“创新、超越，追求片片精品；守法、节能，生产绿色产品”的经营理念为指导，逐步完善管理体系，为客户提供安全、可靠、优质的产品 .

舒适的职工宿舍

一期生产车间

苏州丝梦领带厂

法人代表：潘士敏

苏州丝梦领带厂位于苏州太湖国家旅游度假区内，地处太湖之滨，环境优美，交通方便。

该厂成立于1990年，现新厂区面积4000平方米，注册资金200万元。本厂以生产各类领带，头巾为主，同时还生产各式真丝内衣裤、靠垫、领结、发圈、各种男女围巾等产品，年生产能力，领带100万条，丝巾200万条，服装20万套，产品100%远销欧美、日本等国，而深受海内外客户的赞誉。

本厂以“质量第一、信誉第一”为宗旨，全心服务于客户，谨望海内外客户前来光顾合作。

地址：苏州太湖国家旅游度假区工业发展区

电话：0512-66211918 传真：0512-66211971

邮政编码：215164